PC 5446 AUD

BEIHEFTE ZUR
ZEITSCHRIFT FÜR ROMANISCHE PHILOLOGIE

BEGRÜNDET VON GUSTAV GRÖBER
FORTGEFÜHRT VON
WALTHER VON WARTBURG UND KURT BALDINGER
HERAUSGEGEBEN VON MAX PFISTER

Band 271

ALBERT AUDUBERT

———

Gíria et Argot
Dictionnaire d'argot
brésilien (gíria) –
argot français

Plus particulièrement des villes de São Paulo
et Rio de Janeiro dans les années 1960 et 1970

MAX NIEMEYER VERLAG TÜBINGEN
1996

A la mémoire de mes amis

Paul Jean Monteil
et
Vítor de Almeida Ramos

Die Deutsche Bibliothek – CIP-Einheitsaufnahme

[Zeitschrift für romanische Philologie / Beihefte]
Beihefte zur Zeitschrift für romanische Philologie. – Tübingen : Niemeyer
  Früher Schriftenreihe
  Reihe Beihefte zu: Zeitschrift für romanische Philologie
  ISSN 0084-5396
NE: HST
Bd. 271. Audubert, Albert: Gíria et Argot. – 1996

Audubert, Albert:
Gíria et Argot : dictionnaire d'argot brésilien (gíria) – argot français ; plus particulièrement des villes de São Paulo et Rio de Janeiro dans les années 1960 et 1970 / Albert Audubert. – Tübingen : Niemeyer, 1996
  (Beihefte zur Zeitschrift für romanische Philologie ; Bd. 271)
NE: HST

ISBN 3-484-52271-2   ISSN 0084-5396

Gedruckt auf alterungsbeständigem Papier.
Satz und Druck: MZ-Verlagsdruckerei GmbH, Memmingen
Einband: Heinr. Koch, Tübingen

Table des matières

Avant-propos

Fin juillet d'un bel été des années cinquante à Paris. Une journée qui allait être décisive dans la vie de mon ami Albert Audubert. Nous remontions le Boul'Mich. La veille, il venait d'en finir avec les épreuves orales de l'agrégation. Et moi, j'avais parlé de *L'Etymologie hier et aujourd'hui* au 10ème Congrès de l'Association Internationale des Etudes Françaises. Nous étions tous les deux dans la fleur de l'âge. Albert était inquiet. L'agrégation est plutôt un jeu du hasard que de l'amour. Seuls soixante-dix des 130 candidats, ou plus, avaient été déclarés admissibles à l'oral. Et parmi ceux-ci, 25 seulement devaient être admis. Il allait consulter les résultats et je l'accompagnais. La liste des 25 noms était affichée. Albert commençait par le 25ème en remontant. Je n'oublierai jamais son visage qui devenait de plus en plus blême en arrivant à la dernière dizaine. Et puis, un cri de joie suivi d'une sorte de danse d'allégresse: il était septième! Son avenir immédiat comme agrégé de l'Université (grammaire) était assuré. Les 10 premiers pouvaient choisir un poste à l'étranger. Je lui suggérais l'Amérique latine, le Brésil par exemple. Mais il s'est décidé pour la France des îles, Ajaccio! Après y avoir enseigné une année au Lycée Fesch il avait hâte d'en revenir – et de repartir cette fois pour le Brésil. Ce Corrézien, né à Végennes, de dix ans mon cadet, je l'avais connu à Bâle où je revenais tous les ans de Berlin pour travailler avec Walther von Wartburg, le grand patron, au FEW. Et Albert était le premier assistant français travaillant au FEW (1953–1956), envoyé par le regretté Jean Séguy. Au Brésil, détaché par la Direction Générale des Affaires Culturelles, Scientifiques et Techniques du Ministère des Affaires Etrangères, il a enseigné tout d'abord pendant une année à l'Université du Rio Grande do Sul à Porto Alegre. Mais dès 1960, il est devenu, à l'Université de São Paulo, Directeur du Centre d'Etudes Françaises. Il y est resté une bonne douzaine d'années, déployant de nombreuses activités: organisant l'Association des professeurs brésiliens de français de l'Etat de São Paulo, association étendue par la suite à l'ensemble du Brésil; en créant des stages annuels de perfectionnement des professeurs de français et des échanges réguliers de professeurs et d'étudiants avec la France, et faisant tenir, à São Paulo, le Premier Colloque de L'AUPELF en Amérique latine (en 1973, sous la présidence du Recteur Mallet). Pendant ce long séjour, il a dirigé de nombreux travaux de recherches, de maîtrise, de doctorat, en langue et en littérature comparée franco-brésilienne. Rentré en France, il a été détaché au CNRS, puis nommé en 1974 maître de conférences de linguistique brésilienne à la section de portugais de l'Université de Bordeaux III, où il a été chargé aussi de fonctions administratives (direction de la section de portugais, Vice-présidence de L'U.F.R. d'Etudes Ibériques). En 1978–1979, il a fait partie du jury de l'agrégation de portugais, et de 1986 à 1988 il a siégé au Conseil Supérieur des Universités. Les décorations ne manquaient pas de venir: il est Officier dans l'Ordre National du Mérite et Officier des Palmes Académiques. Et tout récemment, en juin 1992, Mme Ségolène Royal, Ministre de l'Environnement, lui a demandé de l'accompagner en tant que spécialiste du Brésil et son interprète personnel, à Rio de Janeiro pour assister au Sommet Mondial de l'Environnement.

Mais cet itinéraire bio-scientifique ne permet de connaître Albert Audubert qu'à moitié. Il manque le côté humain, individuel et social, qui n'est pas moins important. Après son agrégation de 1958 que nous avons déjà évoquée, j'ai accompagné Albert dans son pays natal en Occitanie. En nous approchant, en voiture, de son patelin de 2 à 300 habitants il devenait de plus en plus nerveux et impatient. Il ne manquait qu'une chose, le hennissement du cheval qui s'approche de l'écurie. Son père qui – pour se divertir – aimait à marcher sur des échasses, même à plus de 70 ans (il est dans les 95 aujourd'hui!), tenait un petit bistro à La Chapelle-aux-Saints, au bord de la route vers Vayrac. Il était aidé par maman Audubert, ronde comme une bonbonnière, maternelle, personnifiant la bonté et la sagesse. C'est dans cette ambiance d'une humanité profonde qu'on faisait chabrol, soupe exquise, teintée de vin rouge. Le pays était tout aussi charmant, mais de plus, imbibé d'histoire et de préhistoire. A quelques centaines de mètres du bistro, on avait découvert l'homme préhistorique de La Chapelle-aux-Saints qui «est considéré actuellement comme l'exemple le plus typique de l'espèce de Neandertal» (Lar 1960). Dans le cadre de l'Année de l'Archéologie a eu lieu un Colloque international «Les Moustériens charentiens», tenu à Brive et La Chapelle-aux-Saints du 26 au 29 août 1990. Dans la préface d'un guide, *La Chapelle-aux-Saints et la préhistoire en Corrèze* (La Nef 33000 Bordeaux, 109 p.), Albert Audubert rappelle, en tant que maire, la découverte le 3 août 1908 par les frères Bouyssonie du squelette de ce néandertalien qui a vécu il y a 400 ou même 500 siècles («on ne sait plus très bien!» selon Jean-Paul Raynal dans son avant-propos). Côté sud, près de Vayrac, on gravit le Puy d'Issolud qui a toutes les chances de correspondre à l'Uxellodunum de César. Par l'autre rive de la Dordogne, on entre dans les Causses du Quercy, célèbres par le gouffre de Padirac et par Rocamadour, le plus fameux lieu de pèlerinage du moyen âge après Jérusalem, Rome et Saint-Jacques-de-Compostelle. Et en montant de La-Chapelle-aux-Saints au bourg voisin de Végennes, on voit de l'autre côté de la vallée, à Curemonte, le château qui a appartenu à Colette. On comprend qu'Albert avait la nostalgie de son pays. En revenant du Brésil, il a acheté la grande maison du village (on dirait ‹a casa grande› au Brésil), qui était en ruines, et l'a fait restaurer, au milieu des arbres centenaires. Tout le long de l'année, des amis y viennent de tous les coins du monde. Dans ce milieu familial, dans ce pays où le ‹tu› et le ‹salut, mon vieux› sont de règle et le ‹vous› un mot étranger, Albert a vite gagné ou regagné la confiance et l'amitié de tout le monde: depuis 1977 il est maire de sa commune. Sa popularité s'est répandue dans toute la région: en 1979, il fut élu Conseiller général de Beaulieu-sur-Dordogne pour la durée d'un mandat de six ans et un temps Vice-Président du Conseil Général de la

VIII

Corrèze. Il est toujours Vice-Président de l'Association des Maires de la Corrèze et Président de l'Association Corrézienne d'Aide à la Santé Mentale (il a réussi à faire tenir à Brive, le 15 et 16 mai 1992, le *Ier Carrefour européen des pratiques innovantes en santé mentale: la réinsertion par le travail*). Lorsque je suis allé le voir à l'époque où il était conseiller général, il rentrait de Beaulieu chez lui pour manger en famille, et c'était pendant les repas qu'il recevait sans cesse des coups de téléphone – on était sûr de l'atteindre à ce moment-là! Mais c'était alors Henri, son frère cadet, mais aussi vif d'esprit qu'Albert – il s'occupe des moutons et de la ferme familiale et avait la même voix que son aîné – qui décrochait et réglait les affaires pour permettre à Albert de continuer à ronger son gigot à l'ail!

Le *Dictionnaire de l'argot brésilien (Dicionário de gíria brasileira)* prend sa valeur devant l'écran de sa vie. Il a acquis sa formation à l'Université de Toulouse, puis surtout à Bâle dans le cadre sévère de l'école de von Wartburg, où il travaillait pour le FEW et contribuait à la préparation de la 3ème édition du Bloch-Wartburg (Dictionnaire étymologique de la langue française – P.U.F.), paru en 1960. Plus tard, il a publié divers articles de revues (Revista de História; Lingua et Literatura (Université de São Paulo); Le Français dans le monde; Fondation Gulbenkian, Centro Cultural Português (Lisbonne/Paris), et comme fruit de son activité pédagogique un petit livre *Do Português para o Francês* (São Paulo 1967; 3ème éd. 1983) ainsi que, avec B. Pottier et C. Paes, *Estruturas lingüísticas do português* (1972). Mais ce qui, dans le cadre du présent livre, nous frappe en premier lieu, c'est son intérêt pour l'argot et la langue populaire au Brésil. Il a pris note de tous les termes qu'il entendait autour de lui et qui attiraient son attention au cours des douze années qu'il a passées au Brésil. Il faut, en effet, comprendre *gíria* dans un sens très large, englobant des termes du langage populaire. En fait, il s'agit plutôt du ‹brésilien non conventionnel› qui inclut, comme le *Dictionnaire du français non conventionnel* de Jacques Cellard et Alain Rey (1980), différentes couches de langue, depuis l'argot jusqu'au langage très familier, de *cana* «prison» (gíria), p. ex., d'un côté, jusqu'à *zebra* «personne stupide» (fam.), de l'autre. Dès 1987, Albert Audubert a publié un premier échantillon de ses enquêtes: *L'usage et le langage de la «maconha (marihuana)» au Brésil* (Arquivos do Centro Cultural Português XXIII), Lisboa/Paris (Fundação Calouste Gulbenkian) 1987, 131–144 (j'y ai rendu attentif dans la ZrP 104, 1988, 579). Ce dictionnaire est donc un recueil de termes, non exhaustif, certes, mais appartenant tous à ce langage non conventionnel, parlé dans les années soixante et au début des années soixante-dix. Max Pfister et moi-même, nous remercions Albert Audubert d'avoir mis à notre disposition cette collection de termes réellement existants et, pour la plupart, relevés par lui personnellement, termes d'un niveau de langue le plus souvent négligé par les dictionnaires normatifs. Nous remercions de même M. Harsch-Niemeyer d'avoir assumé les frais non négligeables de la publication de l'ouvrage dans les Beihefte et Mme Tiana Shabafrouz-Ralalaniriana, une de mes collaboratrices de longue date, de la saisie du texte sur ordinateur, à partir d'un tapuscrit pas toujours facile à déchiffrer.

Heidelberg, 1995   Kurt Baldinger

Prefácio

O dicionarista, o lexicólogo, na famosa classificação de Roman Jakobson das funções da linguagem, é, por definição, um metalingüista. Vale dizer, exerce a função dita *metalingüística*, informa-nos sobre a codificação lexical do idioma, permitindo que o remetente e o destinatário da mensagem se capacitem da comunidade do código que usam e facilitando as comutações de códigos (quando se trata de usuários de línguas diferentes). Conhecemos também o paradoxo jakobsoniano: a função metalingüística e a função poética estão em oposição diametral entre si; enquanto em metalinguagem a sequência das unidades equivalentes («rosa = flor da roseira») é usada para construir uma equação (sinonímica), na poesia, a equação das unidades equivalentes (figuras de som e de sentido) é usada para construir uma sequência, a mensagem poética, que, como tal, promove a primeiro plano a sua própria *materialidade*. Este paradoxo, que opera em nível classificatório, evidentemente, não exclui que os poetas façam poemas metalingüísticos, aliando as duas funções (caso, entre tantos, de João Cabral de Melo Neto em sua «Psicologia da Composição»), nem obsta que os lexicólogos, em seu perscrutar metalingüístico de equivalências – muitas vezes verdadeira espeleologia semântica – terminem fazendo trabalho de poetas, ou pelo menos, preparando o terreno para o livre desgarre de significantes próprio da função poética. Mallarmé, que foi etimólogo-poeta em «Les Mots Anglais», sabemos, tinha o *Littré* ao alcance da mão, toda vez que perseguia a «dispersão volátil» do espírito, para facetá-la em signos. A *gíria* e o *argot* são idioletos do código mais vasto das respectivas línguas. Oferecem, por um lado, um aspecto «maudit», de jargão marginal e cifrado; por outro, uma surpreendente e espontânea dimensão oracular: pela boca do povo falam desbocadamente os poetas, chamem-se eles Villon ou Rabelais, ou tanjam a viola maledicente e libertina de nosso Gregório de Matos Guerra, o «boca do Inferno». *Gíria* e *argot*, na mesma medida em que são uma fotografia verista, sabida e ingênua, pitoresca e pungente, de vivências e sobrevivências, são também constantes gráficos de operações poéticas implícitas, metafórico-metonímicas, um poema da criatividade libérrima do povo, o *inventalínguas*, como diria Maiakóvski.

Albert Audubert, «chroniqueur» da fala brasileira popular urbana, veio até nós, de sua pequena La Chapelle-aux-Saints nativa, na região que confina com o Périgord trovadoresco, para a trepidante Alameda Santos desta nossa Paulicéia Desvairada, repetindo translatíciamente, em circunstância contemporânea, a peripécia de alguns compatriotas seus do Século das Descobertas. Só que em vez de ficar 10 meses nestes Brasis, como Jean de Léry, o viajor-cronista da *Histoire d'un Voyage Faict en la Terre du Brésil*, deixou-se ficar entre nós por mais de 10 anos, na Tropicália agora de concreto, já descrita por Roger Bastide. Apaixonou-se pela terra, transubstanciou-se nela, apreendeu-a em «modo antropofágico», em estilo de devoração, à maneira recomendada por Oswald de Andrade, – este, protagonista de uma aventura inversa, pois afirma ter descoberto o Brasil no umbigo do mundo, enquanto afiava sofisticadamente seus dentes canibais num ateliê parisiense da Place Clichy.

Hoje, o Prof. Albert Audubert – o amigo Audubert –, brasileiro honorário da Capela-de-Todos-os Santos, pode ensinar gíria brasileira não apenas aos franceses, mas aos brasileiros em primeiro lugar, pois que a conhece e *transa* como poucos. Sua *Gíria* e *Argot* é obra de dicionarista e de poeta. Feita com a paciência do «savant» e com a sensibilidade do amador de palavras. Com amor, humor e fervor. Obra indispensável para os estudiosos e agradabilíssima para os leitores, que não poucas vezes ficarão surpreendidos com a fidelidade com que o cartesiano idioma do autor capta, em verbete didaticamente escorreito, a mobilidade lúdica, o barroquismo polissêmico e dessacralizador, mas por vezes atravessado mesmo de uma tinta metafísica, da inventiva popular.

Participemos então, gratulatoriamente, com o nosso providencial «língua» e sabedor francês, deste colorido (e condimentado) festim lexicofágico que ele aqui nos oferece, servido à moda da casa, na referta e sempre acolhedora mesa convivial de nosso idioma.

São Paulo, 1974   Haroldo de Campos

Préface

La publication de ce livre n'aurait pas été entreprise sans les encouragements et la bienveillante insistance de nombreux amis brésiliens et français. Il y a en effet quelque présomption à tenter de recenser et fixer une langue dont la nature même est de se modifier constamment et de se dérober le plus souvent à la compréhension générale, allant jusqu'à paraître étrangère, ou pour le moins étrange, aux autochtones mêmes du pays où elle se pratique; présomption plus grande encore de vouloir lui chercher des équivalents dans une autre langue. Voilà pourquoi je ne me dissimule pas les imperfections et les lacunes que doit nécessairement comporter le présent travail. Mais si, malgré tout, je me résous à le produire tel qu'il est, c'est dans l'espoir qu'il pourra rendre quelque service à ceux pour qui la connaissance d'un pays ne se limite pas à la pratique des usages et des textes consacrés mais consiste aussi à approcher le peuple et ses innombrables auteurs anonymes dans les foules denses des rues, des gares, des stades, des bas-fonds ou des plages.

Il s'agit donc ici, avant tout, de la langue du peuple, et particulièrement du peuple des deux plus grands centres urbains du Brésil que sont São Paulo et Rio de Janeiro.

Dans cette perspective, il serait vain de vouloir isoler la langue proprement argotique de la langue populaire plus générale. Pierre Guiraud[1] a bien montré qu'il est impossible d'établir en fait une distinction entre ces deux expressions linguistiques, que la langue des malfaiteurs est issue et se nourrit de celle des classes populaires, qu'il se produit des échanges et un brassage constant entre ces deux niveaux de langue. On trouvera donc dans ce lexique, toujours selon une distinction établie par Guiraud, d'une part un vocabulaire technique désignant les activités particulières des délinquants de tout ordre et d'autre part des mots expressifs et affectifs traduisant la vision personnelle qu'ont ces (mauvais…) sujets parlants de la société et du monde.

S'il est possible de recenser assez précisément le premier type de vocabulaire, en revanche l'inventaire du second est pratiquement illimité et demanderait plusieurs volumes, s'agissant d'une langue essentiellement orale dans laquelle excelle le Brésilien avec sa spontanéité naturelle, son esprit inventif, son humour, son goût inné du «bate-papo»…

Partant avant tout de dépouillements de journaux plus spécialisés dans le genre et d'enquêtes sur le terrain, j'ai consacré plus particulièrement mes recherches au monde de la délinquance – et de sa répression – monde où l'on est tous les jours empêtré et englué dans les problèmes de la vie et de la survie: on y voit défiler le long cortège de toutes sortes de violences, de crimes, d'escroqueries, de

---

[1]   Pierre Guiraud: L'argot (P.U.F. – Que sais-je?) – p. 30 et sq.

vols, de trafics, de vices, de perversions, de maladies, d'alcoolisme, de drogues, le mirage de l'argent, la fréquentation quotidienne de la mort…

Mais je n'ai pas négligé pour autant l'argot des activités ne relevant pas de la criminalité, celui des professions ou des groupes sociaux très liés entre eux, tels les écoles, les usines, les théâtres et cinémas, la musique, les journaux et l'information, les champs de course et les jeux, les sports entre lesquels le football, sport-roi au Brésil, occupe de loin la première place; cependant, de ces activités, je n'ai retenu ici que ce qui était connu du plus grand nombre. J'ai délibérément laissé de côté des argots trop spécialisés ou trop restreints encore, comme celui de certains contrebandiers ou des adeptes du surf sur les plages d'Ipanema. J'ai dû aussi délaisser le langage de l'«umbanda» et de ses croyances qui demanderait à lui seul une longue étude. Mais je me suis attaché à relever le plus précisément possible l'argot de la jeunesse, «*a gíria jovem*», car il apparaît désormais que ce que l'on considérait naguère encore comme une simple tranche d'âge se comporte bien comme un véritable groupe social replié sur lui-même, en conflit plus ou moins permanent avec les générations antérieures. D'une façon générale, le vocabulaire qui est ici présenté est celui des années 70 en ce qui concerne la «gíria jovem», vocabulaire le plus mobile, puisqu'il se renouvelle avec la jeunesse, c'est-à-dire en très peu d'années et non plus au rythme ancien des générations; celui qui se rapporte à la délinquance ou aux autres activités, qu'il soit technique ou affectif, embrasse une plus large période, assez difficile à dater avec précision; il se maintient parfois depuis plusieurs décennies, ce qui montre bien que cette langue n'est pas aussi éphémère qu'on le pense généralement. Il est inutile d'insister sur l'importance des moyens de communication modernes comme instrument de sa propagation et de sa conservation. De même, l'apparition des formes nouvelles de la délinquance, avec l'éclatement des sociétés closes de malfaiteurs et des lois qui les régissaient, faisant place à un type de banditisme moins concerté et beaucoup plus «sauvage», a fortement contribué à l'éclatement et à l'ouverture de ce langage secret et à sa diffusion dans les classes populaires.

J'ai essayé d'éviter, dans la mesure du possible, un travers dans lequel tombent souvent les trop rares lexiques brésiliens en la matière: ce sont des espèces de fourre-tout où voisinent argot, régionalismes et termes scientifiques véritables; me limitant aux deux grandes capitales, j'ai donc écarté les régionalismes (mais certains sont parfois argotiques aussi) et la langue si intéressante des «*caïpiras*» ou «*caïçaras*» de la province. Voilà pourquoi on ne trouvera pas ici, par exemple, la savoureuse langue de Bahia que connaissent bien les admirateurs de Jorge Amado. Mais il est un auteur de la ville que j'ai pratiqué avec une dilection particulière, dramaturge et chroniqueur des rues et des banlieues, qui cultive avec un grand art et une gourmandise toute rabelaisienne la langue et la vie du bas-peuple et que je n'hésiterais pas, pour ma part, à inscrire parmi les plus grands du Brésil aujourd'hui, je veux dire Plínio Marcos. Dans un genre plus suave, plus intellectuel et pétillant d'esprit, je n'aurais garde d'oublier le regretté Stanislaw Ponte Preta.

Au cours de ce travail, j'ai été amené à fréquenter aussi l'argot d'autres pays d'Amérique Latine, en particulier le «lunfardo» de Buenos Aires dont on trouvera plus loin une petite bibliographie. C'est une langue à laquelle la musique, le tango bien sûr, et les plus grands auteurs, J.L. Borges en particulier, ont donné ses lettres de noblesse; elle a suscité des poètes et des académies. Ce qui est assez curieux c'est de relever dans l'argot brésilien une quantité non négligeable de mots provenant du «lunfardo» lui-même. Il y aurait une étude très intéressante à faire sur la mobilité de l'argot en Amérique espagnole et portugaise: il faudrait souvent même partir d'Italie, ce pays qui a tant fourni de citoyens aux deux Amériques. Je signale à ce propos un article intéressant de Giovanni Meo Zilio: *Genovesismos en el español rioplatense* (in Nueva Revista de Filología Hispánica, vol. XVII, núms. 3–4 – El Colegio de México) et le livre de Arnulfo D. Trejo: *Diccionario etimológico latinoamericano del Léxico de la Delincuencia* (Manuales UTEHA N° 365 – México – 1965) où l'on trouvera une très bonne documentation et confrontation entre les argots du Brésil *(gíria)*, de l'Argentine *(lunfardo)*, du Chili *(coa)*, du Pérou *(replana)*, du Mexique *(caliche)*, des communautés du Sud-ouest des U.S.A. *(pachuco)*, des gitans espagnols *(caló)*, de l'Espagne *(germanía)* et du Portugal *(calão)*.

Notons au passage qu'il n'y a quasiment aucune parenté entre *«gíria»* et *«calão»* et qu'on est assez fondé d'appeler enfin «brésilienne» la langue ici présentée.

Pour alléger le travail, j'ai utilisé fréquemment un système de renvois, tout en sachant bien qu'il n'existe jamais de parfaits synonymes; en ce qui concerne la partie française, il arrivera qu'on ne trouve aucune équivalence: c'est qu'elle m'a échappé ou tout simplement qu'elle n'existe pas... Certains regretteront peut-être aussi qu'il n'y ait pas davantage de citations ou d'exemples, mais je rappelle qu'il s'agit d'une modeste étude d'un seul qui est désormais ouverte, pour se corriger et s'enrichir, à la collaboration de tous les intéressés, brésiliens et français. J'ai très rarement traduit les exemples, ce qui est d'ailleurs souvent très difficile; ce serait le propre d'un manuel de thème ou de version mais j'espère que la définition et les équivalences permettront de s'y essayer.

Je tiens à remercier ici tous les amis connus et moins connus qui m'ont apporté spontanément leur contribution. Que les autres me pardonnent de citer seulement Haroldo de Campos, le plus zélé des stimulateurs, et mon collègue de l'Université de São Paulo, Dino Preti, l'un des trop rares professeurs brésiliens s'intéressant à l'argot, qui m'a facilité la consultation d'un matériel d'accès souvent difficile.

On trouvera ici une bibliographie, sans doute encore incomplète, sur la *«gíria brasileira»*, le *«lunfardo»*, le *«calão»* et l'argot.

Je suis très reconnaissant à mon ami Kurt Baldinger, grand maître des études romanes, des efforts qu'il a déployés pour réaliser la publication de ce travail. Je suis conscient que je ne mérite pas les éloges de sa présentation. Mes sincères remerciements vont aussi à Max Pfister et à M. Harsch-Niemeyer pour la publication dans le cadre des *Beihefte*.

La Chapelle-aux-Saints, 1974   A.A.

Gíria Brasileira

DICCIONARIO MODERNO, organisado por Bock (Biblioteca d'«O Coio»), Rio de Janeiro 1903, (typ. Rebello Braga), 143 p.

LINCOLN DE ALBURQUERQUE, A vida dos Ladrões, (Officinas typographicas do «Diário Español»), 1922, 75 p.

RAUL PEDERNEIRAS, Geringonça Carioca – 1a ed. 1922 Rio – (Officinas graphicas do «Jornal do Brasil»), 49 p. – 2a. ed. 1946 revista e aumentada, (F. Briguiet e Cia.), 67 p.

ORESTES BARBOSA, Ban-ban-ban! – «Chrónicas», Rio 1923 – (editores Benjamin Constant et Miccolis), 294 p. – suivi d'un lexique «a gyria», pp. 281–294.

ANTENOR NASCENTES, O linguajar carioca em 1922, (Süssekind de Mendonça e Cia.), Rio, 126 p.

ANTENOR NASCENTES, A gíria brasileira, (Livraria Acadêmica), Rio 1953 (Biblioteca brasileira de filologia N° 3), 181 p.

ARY DOS SANTOS, Como nascem, como vivem e como morrem os criminosos, (Ed. Saraiva), S. Paulo, avec un lexique, pp. 229–284.

MANUEL VIOTTI, Dicionário da gíria brasileira, (Ed. Universitária Ltda.), S. Paulo 1945, 372 p.

MANUEL VIOTTI, Novo dicionário da gíria brasileira (refundido, corrigido e muito aumentado), (Livr. Tupã edit.), Rio 1957.

EDMYLSON PERDIGÃO, Linguajar da malandragem, Rio 1940, 142 p.

CORIOLANO NOGUEIRA COBRA, Manual de investigação policial (Escola de Polícia de S. Paulo, Coletânea Acácio Nogueira, S. Paulo 1956), comportant un «Linguajar dos criminosos», pp. 291–341.

General JONAS MORAIS CORRÊA, Subsídios para um vocabulário de gíria militar (Biblioteca Jonas Corrêa. Introdução ao vocabulário de gíria militar, Rio MEC 1961 do Exército, editora 1958)

FLORESTAN FERNANDES, Folclore e mudança social na cidade de S. P., (Ed. Anhambi), S. Paulo 1961, 475 p.

BENEVIDES ANDRADE, Chave de Cadeia, (Gráfica editora Helios Ltda.), Rio 1963

MANUEL BANDEIRA e CARLOS DRUMMOND DE ANDRADE, Rio de Janeiro em prosa e verso, vol. 5, Coleção Rio 4 séculos, (Livraria José Olimpio), Rio 1965, 581 p.; avec un lexique de STANISLAW PONTE PRETA (Sérgio Pôrto), A gíria de hoje, pp. 370–379.

ARIEL TACLA, Dicionário dos marginais, (Gráfica record editora) 1968, 140 p.

E. D'ALMEIDA VITOR, Pequeno dicionário de gíria entre delinquentes (Pongetti), Rio 1969, 39 p.

MAURO MOTA, Os bichos na fala da gente, Recife, (Instituto Joaquim Nabuco de Pesquisas sociais), MEC 1969

LUIS DA CÂMARA CASCUDO, Locuções tradicionais no Brasil, Recife (Univ. Federal de Pernambuco) 1970

CID FRANCO, Dicionário de Expressões Populares Brasileiras, 3 vols. Editôras Unidas Ltda. (editôra Clássico-científica), S. Paulo 1971

Felisbelo da Silva, Como agem os ladrões, (Ed. Prelúdio Ltda.), S. Paulo – 4a. ed. 1965
Dicionário de gíria, (Editôra Prelúdio Ltda.), S. Paulo – 6a. ed. 1974, 120 p.
Euclides Carneiro da Silva, Dicionário da gíria brasileira, (Edições Bloch) 1973, 218 p.
Jayme Ribeiro da Graça, Tóxicos, (Editôra Renes) Rio 1971, 126 p.; avec «in apêndice: a gíria do vício», pp. 119–123
Gíria dos viciados, in: O Médico Moderno, Fevereiro de 1972, pp. 79–104.
Alexandre Passos, A gíria baiana (Livraria São José) 1973, 102 p.
Antonio Giannela, A gíria do automóvel, Tese de Mestrado, USP 1972, 86 p.
Fernando Marson, A gíria militar, Tese de Mestrado, USP 1969, 69 p.
Circe Citro de Azevedo, A jovem gíria dos jovens, (Monografia de conclusão de licenciatura 1973), in: Letras de Hoje, P.U.C. do Rio Grande do Sul, março de 1974
Plínio Marcos, Navalha na carne (Sanzala)
Quando as máquinas param (Obisco)
Histórias das quebradas do mundaréu (Nórdica) et sa collaboration au quotidien «Última Hora»
Stanislaw Ponte Preta et ses chroniques dans «Última Hora»
Belinho (Felisbelo da Silva), A gíria sensual (Luzeiro editora), S. Paulo 1974, 157 p.
Souto Maior, Mário, Dicionário folclórico da cachaça, Recife 1973
A morte na boca do povo, Recife 1974
Journaux: «Última Hora», «Notícias Populares», «O Dia», «O Pasquim», «O Bondinho» – des articles dans les revues «Manchete», «O Cruzeiro», et les journaux «O Estado de S. Paulo», «A Folha da Tarde», «A Folha de São Paulo», «O Jornal da Tarde», «O Jornal do Brasil»

On consultera, en lexique bilingue:

J. Keating, Phraseologia popular franco-portugueza e vice-versa, (Francisco Alves e Cia., Rio – S. Paulo – Belo Horizonte – Aillaud, Alves e Cia.), Paris/Lisboa 1911
Augusto R. Rainha, A tradução e versão francesas (Franciso Alves) 1957

Voir aussi:

Heinz Kröll, Bibliographische Übersicht der wichtigsten Veröffentlichungen auf dem Gebiete der portugiesischen Sondersprachen, in: Aufsätze zur portugiesischen Kulturgeschichte, I. Band, Hgg. von Hans Flasche (Aschendorffsche Verlagsbuchhandlung), Münster-Westfalen 1960

Dictionnaires de «calão»

Alberto Bessa, A gíria portugueza, (Livraria Central de Gomes de Carvalho editor), Lisboa 1901
Albino Lapa, Dicionário de Calão, (Sociedade Gráfica Nacional Ltda.), Lisboa 1959

Dictionnaires de «lunfardo»

José Gobello y Luciano Payet, Breve diccionario lunfardo, (A. Peña Lillo editor), Buenos Aires 1959
José Gobello, Vieja y nueva lunfardia, (Ed. Freeland), Buenos Aires 1963

XVI

Federico Cammarota, Vocabulario familiar y del lunfardo, (A. Peña Lillo editor), 1a edición 1963, 2a. edición 1970

Antonio Dellepiane, El idioma del delito y diccionario lunfardo, Los libros del mirasol 1967

Juan Carlos Andrade, Horacio San Martin, Del debute chamuyar canero, (A. Peña Lillo editor), Buenos Aires 1967

Guillermo Alfredo Terrera, Sociologia y vocabulario del habla popular argentina, (Editorial Plus Ultra), Buenos Aires 1968

Luis C. Villamayor, Enrique Ricardo del Valle, El lenguaje del bajo fundo, (Editorial Schapire S.R.L.), Buenos Aires 1969

Julian Centeya y Washington Sanchez, Porteñerias, (Ed. Freeland), Buenos Aires 1971

Luis Ricardo Furlan, La poesia lunfarda, (Centro Editor de America Latina), Buenos Aires 1971

Dictionnaire latino-américain

Arnulfo D. Trejo, Diccionario etimológico latinoamericano del léxico de la Delincuencia, (UTEHA – Union Tipográfica Editorial Hispano-Americana), México 1968

Dictionnaires d'argot

Loredan Larchey, Les excentricités du langage français, Paris 1861

Lucien Rigaud, Dictionnaire d'argot moderne, Paris (Paul Ollendorf) 1881

Alfred Delvau, Dictionnaire de la langue verte, (Marpon et Flammarion), Paris 1883

Georges Delesalle, Dictionnaire Argot-français et Français-argot, Paris (Ollendorf) 1896

Aristide Bruant, L'argot au XXème siècle, Dictionnaire français d'argot, (Flammarion), Paris 1905

L. Sainéan, Le langage parisien au XIXème siècle, (de Boccard), Paris 1920

Henri Bauche, Le langage populaire, (Payot), Paris 1946

Albert Dauzat, Les Argots, (Delagrave), Paris 1946

Géo Sandry et Marcel Carrère, Dictionnaire de l'argot moderne, 1953 (10ème éd. 1973)

Jean Riverain, Chroniques de l'argot, (Guy Victor éditeur), Paris 1963

Albert Simonin, Le savoir-vivre chez les truands, (Hachette), Paris 1967

Petit Simonin illustré par l'exemple, (Gallimard), Paris 1968

Jean Marcillac, Dictionnaire Français-argot, (Editions de la pensée moderne), Paris 1968

L'argot sans peine – La méthode à Mimile, par Alphonse Boudard et Luc Etienne, (La Jeune Parque) 1970

Robert Giraud, Petite flore argotique, (Ed. Dominique Halévy)

Jean Lacassagne et Pierre Devaux, L'argot du milieu, (Albin Michel), Paris 1948

André Bourdeau, Connaissance de la Drogue, (Editions du Jour), Montréal 1970

Pierre Bensoussan, Qui sont les drogués?, (Robert Laffont), Paris 1974

Pierre Guiraud, L'Argot, («Que sais-je»? – PUF), Paris 1956; avec une bibliographie

Le Langage (organisé par Martinet), (Pléiade) 1968, pp. 620–647, Les Argots par Denise François

Abréviations

adj.	adjectif
adv.	adverbe
interj.	interjection
loc. adj.	locution adjective
loc. adv.	locution adverbiale
pr. dém.	pronom démonstratif
s. f.	substantif féminin
s. f. pl.	substantif féminin pluriel
s. m.	substantif masculin
s. m. pl.	substantif masculin pluriel
v. intr.	verbe intransitif
v. pr.	verbe pronominal
v. tr.	verbe transitif
P. M.	Plínio Marcos
V.	Veja

A

ABACAXI (s.m.)

1) Tout travail difficile à exécuter, toute activité difficile à réaliser – «Esse dicionário foi um abacaxi» (ç'a été coton, (duraille) de faire ce dictionnaire) – V. l'antonyme CANJA

2) Affaire compliquée, embrouillée, qui cause du tort ou des soucis – «Foi se meter num abacaxi» – «Não sabe como descascar aquele abacaxi» (Mastic, merdier, os, pépin, sac de noeuds, sac d'embrouilles) – V. ENCRENCA (2)

3) Chose ou personne désagréable, ennuyeuse «Aquele filme é um abacaxi» (Barbant, barbe, chiant, embêtant, emmerdant) – V. CHATO (2). On dit d'un mauvais film, d'une mauvaise pièce «C'est un navet». – V. MICHO (2)

ABADESSA (s.f.) – V. CAFETINA

ABAFADOR (s.m.) – V. AFANADOR

ABAFAR

1) (v.intr.) – Dominer tous les autres, être le meilleur, briller de tous ses feux – «O Chico está abafando no Rio» (S'arracher, faire des étincelles, rupiner, rupiner à mort, casser la baraque, casser les manivelles)

2) (v.tr.) – ABAFAR A BANCA

a) V. ABAFAR (1)

b) Au jeu, gagner tout l'argent du banquier

3) V. AFANAR

ABAFO (s.m.) – V. AFANO

ABAJUR (s.m.)

1) Chapeau (Bada, bibi, bitos, boîte à cornes, borsalino, doulos, galure, galurin)

2) Auxiliaire du voleur de voitures, dont la fonction est d'observer les pas de la victime – V. CAMPANA (1)

ABANO (s.m.) – V. ANTENA

ABERTO (adj.) – V. PRAFRENTE

À BESSA (loc.adv.) – V. BESSA

ABICHARAR (v.intr.)

Devenir pédéraste

ABILOLAÇÃO (s.f.)

Rage, folie – «A sua maior abilolação era quando alguém demonstrava nojo por êle» – P.M.

ABILOLADO (adj.)

1) Cafardeux, triste (Déponné, emmouscaillé, enquiquiné, ensuqué, qui a le bourdon)

2) Fanatique, ardent – «Sou um Corintiano abilolado» (Fana, mordu)

3) Amoureux fou «ficou – pela menina»

4) V. BIRUTA

ABILOLAR (v.intr.)

Devenir fou – «Não tirava a mina da cuca... Um troço de abilolar» (P.M.) (Un truc à devenir dingue) – V. BIRUTA

ABOALHADO (adj.) – V. ZEBRA (1)

ABOBRINHA (s.f.) – V. LUCA

ABOCANHAR (v.tr.)

1) Obtenir par violence, ruse ou opportunisme, usurper (Agricher, chiper, choper, fricoter, ratiboiser)

2) V. TOMAR NA MARRA

ABONADO (adj.)

Riche (Bourré, grossium, plein aux as, riflo, rupin, qui a le sac, qui en a, qui a mis du beurre dans les épinards)

ABONAR-SE (v.pr.)

Devenir riche – V. ABONADO

ABONO (s.m) – V. ARAME

ABOTICAR (OS OLHOS)

Ecarquiller les yeux (Allumer les lampions) – V. HOLOFOTES (1)

ABOTOAR

1) (v.tr.) Saisir au collet, attaquer quelqu'un au corps à corps (Agrafer, agricher, argougner, attraper par le colback, serrer)

2) V. MORFAR (4)

3) ABOTOAR O PALETÓ – V. BATER AS BOTAS

4) (v.intr.) – V. BATER AS BOTAS

ABOTOADURAS (s.f.)

Menottes (Bracelets, brides, cadènes, chapelet, ficelles, pinces, poucettes)

ABRE (s.m.) – V. PINGA

ABRE-CAMINHO (s.m.) – V. ARAME

ABRIDEIRA (s.f.)

1) V. PINGA

2) Apéritif à base d'eau-de-vie (Apéro)

ABRIR

1) (v.intr.) – V. AZULAR

2) Sourire en permanence

ABRIR-SE (v.pr.)

1) V. BICO (3) (ABRIR O BICO)

2) Se séparer d'un groupe de malfaiteurs, quitter un gang

ABRIR A CANCELA – V. AZULAR

ABRIR A GAIVOTA – V. AZULAR

ABRIR A TESOURA – V. AZULAR

ABRIR A TORNEIRA – V. VERTER ÁGUA

ABRIR AS PERNAS

1) Ne pas résister aux pressions, céder, capituler

2) Au football, jouer mal intentionnellement pour laisser gagner l'adversaire

ABRIR NO PÉ – V. ABRIR O PÉ

ABRIR NOS PAUS – V. AZULAR

ABRIR O ARCO – V. AZULAR

ABRIR O BICO

1) V. BICO (3)

2) Montrer des signes de fatigue (d'un athlète)

ABRIR O BUÉ – V. BUÉ

ABRIR O CHAMBRE (ABRIR DO CHAMBRE) – V. AZULAR

ABRIR O JOGO

Parler franchement – V. PAPO (1) (ENTREGAR O PAPO)

ABRIR O LIVRO – V. XINGAR

ABRIR O PALA – V. AZULAR

ABRIR OS PANOS – V. AZULAR

ABRIR O PÉ – V. AZULAR

ABRIR O PEITO – V. ABRIR O JOGO

ABRIR O PONCHE – V. AZULAR

ABRIR O SELO – V. RASGAR O SELO

ACALENTA-MENINO (adj. et s.) – V. BAMBA

ACAMPANAR (v.tr.) – V. CAMPANAR

ACAMPAR (v.intr.)

S'installer dans un endroit pour y faire de mauvais coups

ACENDER A VELA (A LAMPARINA)

Gifler (Balancer, donner, envoyer un atout, une baffe, etc.) – V. BOLACHA (1)

ACERTAR (v.intr.)

1) V. TIRAR A FORRA

2) Gagner au jeu (Faire la barbe, barbichonner)

3) ACERTAR OS PONTEIROS – Se mettre d'accord (en parlant d'associés)

4) V. DAR NA FINA

ACERTO (s.m.)

1) Accord, arrangement – V. ARRE-GLO (2)

2) V. ACHAQUE (1)

ACESO (adj.)

1) V. ALTO

2) V. LINHA-DE-FRENTE (1)

ACHACADOR (s.m.)

Celui qui extorque de l'argent en abusant de son autorité ou par un chantage quelconque

ACHACAR (v.tr.)

1) Extorquer de l'argent en abusant de son autorité ou par un chantage quelconque (Faire carmer, faire casquer, faire cigler, faire cracher, faire cracher au bassinet, faire raquer)

2) V. FACADA (DAR UMA FACADA)

ACHAQUE (s.m.)

1) Extorsion d'argent par abus d'autorité ou par chantage (Gouale – s.m.)

2) V. FACADA

ACHATAR O BEQUE

Amener quelqu'un à se taire ou à parler avec plus de modestie, rabaisser, rabattre le caquet (Clouer le bec, museler, river son clou à)

ACHEGADO AO BATENTE – V. PÉ-DE-BOI

ÁCIDO (s.m.)

Lysergamide ou L.S.D. Mescaline, psilocybine (Acide, D, 25, mesc, boutons). L'ingestion se fait soit en capsules, soit sur des morceaux de sucre ou des carrés de buvard, soit en piqûres)

AÇO (s.m.)

1) Arme blanche (Lame, lingue, rallonge, rapière, ratiche, saccagne, scion, surin)

2) V. PINGA

3) V. ARAME

ACOCHAR (v.tr.)

1) Serrer très fort la cigarette de marihuana

2) V. TREPAR

ACOELHAR-SE (v.pr.) – V. PENICO (2) (PEDIR PENICO)

AÇOUGUEIRO (s.m.) – V. ESFOLADOR

AÇUCAR (s.m.) – V. BRANCA-DE-NEVE

ACUCHILAR (v.tr.) – V. RISCAR

ADIANTAR SEU LADO – V. ARRUMAR (2) (ARRUMAR-SE)

ADUANA (s.f.) – V. DUANA

ADVOGA (s.m.)

Avocat (Bavard, débarbot)

AÉREO (adj.)

Distrait – V. DESLIGADO (1)

AFANAÇÃO (s.f.) – V. AFANO

AFANADOR (s.m.)

Voleur sans effraction (Arnaqueur, barboteur, chapardeur, chipeur, chopeur, empileur, enfileur, faisan, faucheur, pègre, pégriot, poisse, qui les a crochus, qui y met les doigts, roustisseur)

AFANAR (v.tr.)

Voler ' sans effraction, dérober (Barboter, bichotter, calotter, chaparder, chauffer, chiper, choper, chouraver, effacer, empiler, emplâtrer, enfiler, enfler, engourdir, escanner, fabriquer, faire, faucher, fourguer, lever, piquer, poisser, rafler, ratiboiser, refaire, rincer, roustir, secouer, s'endormir sur, soulever, sucrer, tirer) – V. BATER (1)

AFANO (s.m.)

Vol sans effraction, produit d'un vol (Affaire, barbotage, boulot, fauche, travail, turbin, vanne)

A FIM DE

1) ESTAR A FIM DE... (Suivi d'un substantif ou d'un infinitif) – Avoir grande envie de, être bien disposé à – «Estou a fim de um bom papo,

3

de uma feijoada, de um cineminha» – «Está a fim das coisas» (V. OURIÇADO (2)) – «O tarado estava a fim de tudo» – «Está a fim de bronquear» – «Estou a fim de sair prá uma chácara» (Se sentir bon pour)

«Hoje não estou a fim de agüentar esse cara» (Ne pas être nature à)

2) Employé absolument – ESTAR A FIM «Você já viu o filme?» – «Não, não estou a fim»

AFINADA (s.m.) – V. CAGAÇO

AFINADO (adj.)
Irrité (Arnaud, en boule, en carante, en pétard, en renaud, en rogne, en suif, furibard)

AFINAR
1) (v.intr.) – V. PENICO (2) (PEDIR PENICO)
2) (v.pr.) – V. EMPOMBAR

AFINFAR (v.tr.) – V. BAIXAR O PAU EM

AFOBAÇÃO (s.f.)
Grande agitation, affolement, panique

AFOBAR (v.tr. et pr.)
S'énerver, s'impatienter, être dans tous ses états (Perdre la boule, les pédales, manquer de toc, se paumer, se paniquer)

AFOBO (s.m.) – V. AFOBAÇÃO

AFOGAR O GANSO – V. TREPAR

AFRESCALHADO (adj.)
1) Négligent, qui se laisse aller
2) V. FRESCO (1, 2)

AFUNDAR (v.intr.) – V. MICHAR (3)

AGARRADO (adj.) – V. PÃO-DURO

AGIR NA LEVE – V. AFANAR, LEVE (DA LEVE)

AGRIÃO (s.m.) – V. BASE (NA BASE DO AGRIÃO)

ÁGUA (s.f.)
Chose facile – V. CANJA

ÁGUA-BRUTA (s.f.) – V. PINGA

ÁGUA-DE-BRIGA (s.f.) – V. PINGA

ÁGUA-QUE-GATO-NÃO-BEBE – V. PINGA

ÁGUA-QUE-PASSARINHO-NÃO-BEBE – V. PINGA

AGUADA (adj.)
Se dit d'une femme qui n'éveille aucun désir

ÁGUAS-DE-SETEMBRO – V. PINGA

AGUÇAR-SE (v.pr.) – V. AZULAR

AGÜENTAR A MÃO
Résister, tenir bon (Encaisser, tenir le coup)

AGÜENTAR FIRME – V. AGÜENTAR A MÃO

AGÜENTAR O APITO (O GALHO, O ROJÃO, A MARIMBA, A PARADA, AS PONTAS, O REPUXO, O TRANCO) – V. AGÜENTAR A MÃO, SEGURAR AS PONTAS

AGÜENTAR-SE (v.pr.) – V. AGÜENTAR A MÃO

ÁGUIA (s.m.)
1) V. BAMBA (1, 2)
2) V. LINHA-DE-FRENTE

AJEITAÇÃO (s.f.)
Couverture d'une action illicite

AJEITAR (v.tr.)
1) V. JEITO (2) (DAR UM JEITO)
2) AJEITAR O MANÉ – V. BARATINAR (1)

AJUNTAMENTO (s.m.)
Concubinage

AJUNTAR (v.intr. et pr.)
Vivre en concubinage, maritalement (Se maquer, se marier de la main gauche, se coller, vivre (être) à la colle)

AJUNTAR OS PANOS – V. JUNTAR OS PANOS, AJUNTAR

ALALÁ (s.m.)
Commentaire de journaliste à forme sensationnelle

ALARDE (s.m.)
Visite d'amis ou de parents à un détenu

ALARDIO (s.m.)

Gardien de prison (Gaffe, maton, matuche)

ALARGADO (s.m.) – V. TRINCHA

ALCAGOETAGEM (ALCAGUETAGEM) (s.f.)

Délation (Mouchardage)

ALCAGOETAR (ALCAGUETAR) (v.tr.)

Dénoncer (Balancer, boucaver, cafarder, donner, casser le morceau, manger le morceau)

ALCAGOETE (ALCAGUETE) (s.m.)

1) Délateur, indicateur (Balanceur, indic, donneur, donneuse, mouchard, mouche, mouton, qui en becte)

2) Réveil

3) Proxénète

ALCANÇAR (v.tr.)

Prêter (Passer, refiler)

ALCATRA (s.f.)

Fesse – V. HOLOFOTES (2)

ALCATRE – V. ALCATRA

ALCIDES (s.m.)

1) V. CAGÃO

2) V. BICHA (1)

ALEGRE (s.m.)

Horloge qui sonne, carillon (Tocante)

ALEGRIA (s.f.) – V. BRANCA-DE-NEVE

ALEIJADA (adj. et s.) – V. SELADA

ALEIJADO (adj.) – V. CAGÃO

ALFAFA (s.f.) – V. DIAMBA

ALFINETE (s.m.) – V. AÇO

ALGUM (s.m.) – V. ARAME, CARAMINGUÁS «Arranja algum pra mim!» – «Passa algum!»

ALIAMBA (s.f.) – V. DIAMBA

ALICERCE (s.m.) – V. CALCANTE (2)

ALILÁS (adv.) – V. LINHÁS

ALIMENTAR TAPURU – V. COMER CAPIM PELA RAIZ

ALINHADO (adj.) – V. ENCADERNADO

ALINHAVAR (v.tr.) – V. RISCAR

ALIVIAR (v.tr.)

1) V. AFANAR

2) Libérer, relâcher (larguer) – V. LIBERTINA, DESAFANAR-SE

3) V. BARRA (5) (ALIVIAR A BARRA)

4) Protéger quelqu'un

5) (v.pr.) a) péter b) chier c) copuler

ALIVIO (s.m.)

1) V. ADVOGA

2) Habeas-corpus – V. PATUÁ (4)

3) Argent versé pour obtenir la libération d'un prisonnier

4) V. AFANO

ALMOFADINHA (s.m.) – V. BICHA (1)

ALÔ (s.m.)

Avertissement – DAR UM ALÔ – «É só pra te dar um último alô: eu ando coberto»

ALOPRAÇÃO (s.f.)

Etat de quelqu'un qui est très inquiet, très agité

ALOPRADO (adj.)

1) Très inquiet, très agité

2) V. BIRUTA

3) V. MACONHADO (1, 2)

ALOPRAR (v.intr.)

Devenir très inquiet, très agité

ALPISTA (s.f.) – V. PINGA

ALTA (s.f.) – V. GRÃFINAGEM

ALTO (adj.)

Qui est sous l'effet d'émotions fortes, de la boisson ou de la drogue. – V. BARATINADO, BEBUM (2)

ALTO BORDO (loc.adj.)

1) Se dit d'un voleur qui ne fait que des gros coups (Grossium)

2) D'une prostituée importante

ALUGAR (v.tr.) – V. AMOLAR

ALUGUEL (s.m.) – V. INJEÇÃO (1, 2)

AMACIAMENTO (s.m.)

Mise en condition de la future victime (Travaux d'approche)

AMACIAR (v. tr.)

1) V. BOLINAR

2) V. BARRA (5) (ALIVIAR A BARRA)

3) V. ENGRAXAR

AMANHECER COM FORMIGAS (SAÚVAS) NA BOCA

Se faire tuer – V. MORFAR (4)

AMANSAR (v. tr.) – V. AFANAR

AMARGAR O TALO – V. COMER DA BANDA PODRE

AMARGOSO (adj.) – V. BAMBA (2)

AMARRA (s. f.)

Chaîne de montre (Bride)

AMARRADO (adj.)

1) V. GAMADO, VIDRADO – «Ele é amarrado no Chico e na patota toda»

2) Fiancé

3) Marié (Qui a la corde au cou)

4) V. BODE (2) (ESTAR DE BODE AMARRADO)

AMARRAR

1) (v. tr.) – V. FATURAR (2, a) «Amarrou uma cabrocha linda»

2) V. BARATINAR (1)

3) (v. pr.) Se marier (Se passer la corde au cou)

4) S'habituer à, aimer beaucoup quelqu'un, quelque chose – «Me amarrei no padre» – «Eu me amarrei nele porque é o cara mais bacana que já vi»

5) Se refuser à parler – V. BICO (3) (FECHAR O BICO)

6) V. BARATINAR-SE

AMARRAR A GATA – V. ÓLEO (2) (PÔR ÓLEO)

AMARRAR O BODE – V. BODE (2)

AMARRAR UM BODE – V. BODE (3)

AMARRAR O BURRO NA SOMBRA – V. (ESTAR) POR CIMA DA CARNE SECA

AMARRAR UM FOGO – V. ÓLEO (2) (PÔR ÓLEO)

AMARROTAR (v. tr.) – V. BAIXAR (3), BAIXAR O PAU EM

AMASSAR (O) BARRO (A TERRA)

Danser (En suer une, gambiller, guincher, tortiller de la brioche, tricoter des gambettes) – V. SAÇARICAR

AMEIXA (s. f.)

Projectile d'arme à feu, balle (Bastos, dragée, prune, pruneau, valda) – V. CUSPIR AMEIXA

AMERICANA (s. f.) – V. DIAMBA

AMIGÃO (s. m.) – V. CHAPA (1)

AMIGAR-SE (v. pr.) – V. AJUNTAR

AMIGO-DA-ONÇA (s. m.)

Faux ami, hypocrite (Faux derche) – V. CROCODILO (1)

AMIGO-DO-ALHEIO (s. m.) – V. AFANADOR

AMIGO-URSO (s. m.) – V. AMIGO-DA-ONÇA

AMIZADE (s. f.)

Employé comme vocatif «Amizade, o plá é o seguinte» – V. LIGAÇÃO (1)

On dit aussi: NOSSA-AMIZADE

AMOITAR – V. MOITAR

AMOLAR (v. tr.)

Importuner, excéder (Bassiner, casser les burnes, les claouis, les noix à, courir sur l'haricot à, emmerder, faire tartir, faire chier, jambonner, raser, tarabuster, tanner)

AMOLECER (v. intr.)

1) Relâcher sa sévérité – «O tira sentiu o calor da erva e amoleceu legal» – V. MOLEZA (2) (DAR MOLEZA)

2) V. BICO (3) (ABRIR O BICO)

AMOR VELHO (s. m.) – V. CASA DE CÃO

AMORECO (s. m.) – V. BEM (2)

AMOSTRA GRATIS (s. f.) – V. FICHINHA (1)

AMOSTREQUEIRO (s. m.)

Voleur à l'étalage (Acheteur à la course, à la foire d'empoigne, à la sauvette, renifleur de camelote)

AMPOLA (s.f.) – V. GARRAFINHA

ANALFA (s.m.)

Analphabète

ANASTÁCIO (s.m.) – V. OTÁRIO (1)

ANCÚ! (interj.)

Attention! (Acré! Fais gy! Gaffe! Pet! Polope! Vingt-deux!)

ANDAÇO (s.m.)

Diarrhée, dysenterie – V. CA-MINHEIRA

ANDADORA (s.f.)

Bicyclette (Bécane, clou, vélo, zinc)

ANDANTE (s.m.)

1) V. CALCANTE (2)

2) V. MOCOTÓ

ANDORINHA (s.f.) – V. PUTA

ANEL (s.m.) – V. BOTÃO (2)

ANEL DE COURO – V. BOTÃO (2)

ANGU (s.m.)

1) V. BODE (1)

2) V. BANZÉ (1, 2)

ANGU DE CAROÇO

1) V. ANGU (1, 2)

2) V. TRAMBIQUE (1)

ANGUZADA (s.f.) – V. ANGU (1, 2)

ANGUZEIRO (adj. et s.)

Glouton, goinfre (Morfal, morfalou)

ANINHA (s.f.) – V. PINGA

ANTA (s.f.)

1) V. BOFE (1)

2) Joueur de football sans expérience, qui se laisse facilement manœuvrer

ANTENA (s.f.)

Oreille – V. LIGAR (6) – LIGAR AS ANTENAS

APAGAR

v.tr. 1) Tuer

2) Endormir, faire perdre connaissance

v.intr.1) perdre courage, l'enthousiasme

2) S'endormir, dormir

3) Mourir

APAGAR A LUZ

Provoquer des désordres ou des bagarres

APARELHO (s.m.)

Local clandestin où se réunissent des groupes politiques, où l'on cache des armes

APARTA (s.m.)

Appartement – V. APETEÓ (1)

APELAR (v.intr.) – V. APELAR PRA IGNORÂNCIA

«AÍ ELE APELOU»

APELAR PRA IGNORÂNCIA

Recourir à la violence ou à la grossièreté, devenir agressif (quand on a épuisé toutes les autres possibilités de persuasion) – V. APRONTAR (1)

APELIDO (s.m.) – SER –: Etre très audessus de ce qu'on vient de qualifier

APERTAMENTO (s.m.) – V. APETEÓ (1)

APERTAR (v.tr. et intr.)

1) V. CUSPIR AMEIXA

2) APERTAR COM (ALGUÉM) – V. APERTO (DAR UM APERTO)

3) APERTAR O CINTO – Faire des économies sur la nourriture (Se serrer la ceinture)

APERTO (s.m.) – DAR UM APERTO

– «O majorengo deu um aperto nos caras» – V. PRENSA (DAR UMA PRENSA)

APERUAÇÃO (s.f.) – V. PERUAÇÃO

APERUAR (v.tr.)

1) V. BAGUNÇAR (2). ESCULHAMBAR (2)

2) V. PERUAR (2)

APETEÓ (s.m.)

1) Appartement (Crèche, gourbi, piaule, taule)

2) V. MATADOURO

APITAR (v.intr.) – V. BATER AS BOTAS

7

APITAR NA CURVA

1) Etre ivre – V. BEBUM (2), ÓLEO (2) (PÔR ÓLEO)

2) V. BROXEAR

APITO (s.m.)

1) V. BATENTE – «Que apito você toca?»

2) V. SEGURAR O APITO

APLICADÃO (adj.) – V. BARATINADO, PI-RADO

APLICAR

1) (v.tr.) – V. BAIXAR O PAU EM

2) V. BANHAR (1), TAPEAR

3) V. BARATINAR (3)

4) (v.pr.) – V. BARATINAR-SE

APLICAR A CASCATA – V. BARATINAR (1)

APLICAR A MILONGA

1) V. BATER UM PAPO

2) V. BARATINAR (1)

APLICAR O BRAÇO

1) V. BAIXAR O PAU EM

2) V. GRUDAR-SE

APLICAR O CONTO (PASSAR O CONTO)

Duper un ingénu – V. BANHAR (1), TAPEAR

APLICAR O PAU – V. BAIXAR O PAU EM

APLICAR O VERBO – V. XINGAR

APONTAMENTO (s.m.)

Rendez-vous (Rembour, rencard)

APONTO (s.m.) – V. APONTAMENTO

APORRINHAÇÃO (s.f.) – V. INJEÇÃO (1)

APORRINHAR (v.tr.) – V. AMOLAR

APRESENTAR (v.intr.)

Affronter la police sous l'action des stupéfiants

APRONTADOR (adj.) – V. ARENGUEIRO

APRONTAR

1) (v.intr.) Provoquer des inci-dents (Chercher la bagarre, des crosses, des patins, du rif, des ro-gnes, du suif) – «A gente vai apron-tar na valentona» – «O cachaceiro estava a fim de aprontar»

2) APRONTAR COM ALGUÉM – V. APRONTAR (1)

3) (v.tr.) Provoquer (des inci-dents) – «Aprontou a maior qui-zumba da paróquia»

4) APRONTAR ALGUÉM – «Se você der o pira eu te apronto» – V. APRONTAR COM ALGUÉM

5) APRONTAR UMA – Faire une incor-rection (Faire une cochonnerie, une crasse, un galoup, une saloperie, un tournant, une vacherie, jouer un tour de cochon) – V. SAFADEZA

APROVEITAR O EMBALO – V. EMBALO

APRUMAR-SE (v.pr.)

Améliorer sa situation ou sa santé – V. ARRUMAR (2) (ARRUMAR-SE)

AQUELA-QUE-MATOU-O-GUARDA – V. PINGA

AQUELE, AQUELA

Cet adjectif démonstratif s'em-ploie emphatiquement: «Vou te mandar aquela pinga!» – «Aquele abraço!» (Un salut comme ça!) – V. BAITA (UM BAITA DE...)

AR (s.m.)

1) ESTAR NO AR – Faire attention (Avoir l'œil, faire gaffe, ouvrir l'œil et le bon) – V. LIGAR (1), MAN-CAR-SE (1)

2) ESTAR FORA DO AR – Ne pas faire attention – V. DESLIGAR (1)

3) V. SAIR DO AR

ARAME (s.m.)

Argent monnayé (Artiche, aspins, auber, blé, braise, carbi, carbure, flouze, fraîche, fric, galette, grisbi, oseille, osier, pépettes, pèze, picail-lons, pognon, radis, ronds, sou-dure)

ARAMUDO (adj.) – V. ABONADO

ARANHA (s.f.)

1) V. BABACA

2) V. TOLO

ARAPUCA (s. f.)

Société montée dans l'intention de tromper des clients ingénus (Société bidon) – V. FAJUTO (2)

ARAPUQUEIRO (s. m.) – V. VIGARISTA

ARAQUE (s. m.)

1) Hasard
2) V. CONVERSA FIADA
3) Vol d'importance – V. LEILÃO
4) PASSAR (DAR) O ARAQUE – V. APLICAR O CONTO

ARAQUE (DE) (loc. adv. et adj.)

1) Par hasard – «Fez un gol de araque»
2) Faux, mensonger, trompeur – «Esse cara é doutor de araque» – V. FAJUTO (1, 2)

ARAQUEADO (adj.) – V. AZARADO

ARAQUEADO TURFE

Se dit du parieur ou du cheval qui ne gagne pas

ARARA

1) (s. m.) – V. OTÁRIO (1)
2) V. ZEBRA (1)
3) (s. f.) «Ficou uma arara comigo» – V. AFINADO
4) V. ARAPUCA

ARATACA

1) (s. m.) – V. ARARA (1, 2)
2) (s. f.) – V. ARAPUCA

ARCA-DE-NOÉ (s. f.)

Mont-de-piété (Clou, pégal, chez ma tante) – V. PENDURAR (2)

ARDOSA (s. f.) – V. PINGA

AREADO (adj.) – V. LIMPO (1)

AREAR CAÇAMBA

1) V. BATER PERNAS
2) V. ENGROSSAR

AREIA (s. f.)

1) BOTAR, PÔR AREIA – V. ENCRENCAR (1)
2) ENTRAR AREIA – «Entrou areia» (Y a de l'eau dans le gaz) – V. ENCRENCAR (3)

ARENÃ (s. m.) – V. VALENTÃO

ARENGUEIRO (adj. et s.)

Qui recherche les disputes, agressif, batailleur (Bagarreur, chableur, chicandier, chinetoc, chinois, crosseur, moëlleux, mauvais coucheur, pétardier) – V. APRONTADOR et LEVA-E-TRAZ

ARGOLADO (adj.) – V. AMARRADO (3) – «A turma argolada»

ARGOLAR (v. intr. et pr.) – V. AMARRAR-SE

ARGOLAS (s. f. pl.) – V. ABOTOADURAS

ARIFES (s. m. pl.)

Ciseaux (Fauchants, faucheux)

ARIGÓ (s. m.)

1) V. CAPIAU
2) V. OTÁRIO (1)

ARMA-LEVE (s. m.) – V. BATEDOR DE CARTEIRA – V. MÃO-LEVE

ARMA-PESADA (s. m.) – V. ATRACADOR – V. MÃO-PESADA

ARMADO (adj.) – V. ABONADO

ARMÁZIO (s. m.)

Boutique, magasin (Bouclard, boutoque, casingue, magase)

ARMAZO (s. m.) – V. ARMÁZIO

ARPÃO (s. m.)

Seringue à faire des piqûres de stupéfiants (schooteuse)

ARPUAR (v. tr.)

1) V. FLAGRAR
2) V. ENTRUTAR (3)

ARRANCA-RABO (s. m.)

1) V. BANZÉ (1, 2)
2) V. BATE-BOCA (1)

ARRANCA-TOCO (s. m.)

1) V. ARRANCA-RABO (1, 2)
2) V. BAMBA (2)
3) V. ARENGUEIRO

ARRANCAR AS PENAS – V. DEPENAR (1, 2)

ARRANCAR O SERVIÇO – V. TIRAR O SERVIÇO

ARRANCAR-SE (v. pr.) – V. AZULAR

ARRANJO (s.m.)

1) Concubine, maîtresse (Collage, connaissance, cousine, crampon, épouse, frangine, gerce, gonzesse, marque, ménesse, particulière, pot-au-feu, poule, soeur)

2) Affaire louche (Combine à la flan, magouille, micmac, tripotage) – V. TRAMBIQUE (1)

3) V. CASO (1)

ARRASTADO (s.m.) – V. ARRASTA-PÉ

ARRASTÃO (s.m.) – IR NO ARRASTÃO – V. ONDA (3) (IR NA ONDA)

ARRASTA-PÉ (s.m.)

Bal populaire (Bastringue, gambille, guinche, pince-fesses)

ARRASTAR A ASA A

Flirter, faire une cour assidue à (Faire du gringue à, du rentre-dedans à)

ARRASTAR AS CANELAS (OS CHINELOS)

1) V. AMASSAR (O) BARRO

2) V. AZULAR

ARREADO (adj.) – V. BROXA

ARREAR (v.intr.) – V. ARRIAR

ARREBENTO (s.m.) – V. PORRADA (2)

ARREBITAR (v.tr.) – V. AZEITONAR

ARREBITE (s.m.)

1) V. AMEIXA

2) Cigarette à moitié fumée que l'on conserve

3) V. BEATA

ARRECADAR (v.tr.)

Réunir l'argent provenant de subornations ou de la recette de prostituées (Passer à la caisse, relever les compteurs)

ARREGLAR

1) (v.intr.) – V. ACHACAR

2) Donner de l'argent aux policiers pour en obtenir des faveurs (Graisser la patte) – V. GEMER, ENGRAXAR

3) (v.pr.) ARREGLAR-SE – S'enten-

dre moyennant finance (des délinquants et des policiers)

ARREGLO (s.m.)

1) V. ACHAQUE (1)

2) Entente moyennant finance entre des délinquants et des policiers

ARRÊGO (s.m.)

1) V. ARREGLO

2) PEDIR ARRÊGO – S'avouer vaincu – V. PENICO (2) (PEDIR PENICO)

3) Interjection exprimant l'impatience ou l'irritation

ARRELIENTO – V. ARENGUEIRO

ARREPIAR (v.intr.) – V. AZULAR

ARRETADO (adj.)

1) Excité sexuellement

2) Susceptible, hargneux, qui s'emporte facilement

ARRETAR (v.tr.)

Provoquer le désir sexuel (Allumer)

ARRIAR

1) (v.intr.) Abandonner, renoncer, se décourager (Décrocher, se dégonfler, lâcher les bobs, lâcher les dés, laisser choir, laisser en frime, laisser glisser, laisser tomber, larguer, partir en brioche, partir en couille, passer la main, passer les dés)

2) (v.tr.) ARRIAR O PAU, O SARRAFO – V. BAIXAR O PAU EM

3) ARRIAR CASCATA – V. APLICAR O CONTO, CASCATA (3)

ARRISCAR UMA – V. FAZER UMA FEZINHA

ARROCHAR (v.tr.)

1) V. ABOTOAR (1)

2) Durcir la discipline dans une prison (Serrer la vis)

3) V. AFANAR

4) V. ACHACAR (1)

5) V. ESCRUNCHAR

ARROCHO (s. m.)

1) Pression, durcissement de la police (Tour de vis) – V. PRENSA (2)

2) V. ACHAQUE (1)

ARROJAR (v. intr.) – V. CUSPIR OS BOFES

ARROLHAR (v. tr.) – V. ENRUSTIR

ARROMBA-PEITO (s. m.) – V. MATA-RATO

ARROMBADO (adj.) – V. BICHA (1)

ARROMBAR (v. tr.) – V. RASGAR O SELO

ARROTAR (v. intr.)

Se vanter, être arrogant (Bêcher, en installer, jouer les gros bras, ramener sa fraise, la ramener, rouler les mécaniques, vanner) – V. FAROFEIRO

ARROTO-QUENTE (s. m.) – V. TECO (1)

ARROZ COM CASCA (s. m.)

Personne qui prend des airs d'importance – V. FAROFEIRO

ARRUMAR

1) (v. tr.) – V. BAIXAR O PAU EM

2) (v. pr.) ARRUMAR-SE – Améliorer sa situation, prospérer (Faire sa pelote)

ARU (s. m.) – V. OTÁRIO (1)

ÁS-DE-COPAS (s. m.) – V. BUNDA (1)

ASA (s. f.)

1) Bras (Aile, aileron, bradillon, brandillon, brancard)

2) V. ARRASTAR A ASA A

3) V. BATER ASA

ASA NEGRA (s. f.) – V. URUBU (2)

ASPIRADOR-DE-PÓ (s. m.)

Qui se drogue à la cocaïne (Priseur de came) – V. BARATINADO, PRIZE

ASPUDO (adj.) – V. CORNO

ASSANHADO (adj.)

1) V. FUÇADOR

2) Qui prend certaines libertés avec la décence, la pudeur; effronté «Mulata assanhada» – V. AVANÇADO (1)

ASSASSINAR (v. tr.)

Signer – V. CHAMEGAR

ASSEMBLÉIA (s. f.)

Séance collective de marihuana (Pot-party, smoke-party, tea-party) – V. SAUNA

ASSINATURA (s. f.) – V. TOMAR ASSINATURA

ASSUNTAR (v. intr.) – V. CRANEAR

ATACADO (adj.)

De mauvaise humeur – V. BODE (2)

ATAQUE (s. m.) – TER UM ATAQUE

Perdre son calme et devenir grossier ou violent

ATAZANAR (v. tr.) – V. AMOLAR

ATOCHAR (v. tr.)

1) V. BAIXAR O PAU EM

2) V. ENRUSTIR

ATOLADO (adj.) – V. ESTREPADO (2)

ATRACADOR (s. m.)

Voleur qui attaque à main armée, agresseur (Braqueur) – V. PESADA (3) (DA PESADA)

ATRACAR

1) (v. tr.) Attaquer, dévaliser l'arme à la main (Braquer)

2) V. ABOTOAR (1)

3) V. PAQUERAR

4) (v. pr.) V. GRUDAR (3) (GRUDAR-SE)

5) ATRACAR O BARCO – V. ACAMPAR

ATRACO (s. m.)

Attaque à main armée, hold-up (Braquage)

ATRAQUE (s. m.) – V. ATRACO

ATRASAR (v. tr.) – ATRASAR SEU LADO

Rendre plus difficile, plus délicate une situation – «Ele está atrasando o meu lado» – V. ADIANTAR

ATRAVESSADOR (s. m.)

Intermédiaire dans le trafic d'objets volés, de contrebande, de drogue, de billets de loterie; revendeur (Daubier)

ATUCANAÇÃO (s. f.) – V. GRILO (4)

ATUCANAR (v. tr.) – V. OURIÇAR (1)

AUTÓPSIA (s. f.)

1) Vol pratiqué sur une personne ivre ou endormie (Vol au poivrier)

2) FAZER AUTÓPSIA – Fouiller un détenu avant son incarcération (Faire la barbotte)

AUTOPSIAR (v. tr.)

1) Voler une personne ivre ou endormie (Vaguer, voler au poivrier)

2) V. AUTÓPSIA (2) (FAZER AUTÓPSIA)

AVACALHAÇÃO (s. f.)

Action de rabaisser, ridiculiser; manque de respect – V. ESCULHAMBAÇÃO (1)

AVACALHAR

1) (v. tr.) Rabaisser, ridiculiser, tourner en dérision – «Ele se sentia humilhado e avacalhado» – V. ESCULHAMBAR (1)

2) (v. pr.) – V. ESTREPAR-SE

AVANÇA

1) (s. m.) – V. AVANÇADO (1), BICÃO

2) (s. f.) Audace, hardiesse excessive (Culot, toupet)

3) Précipitation audacieuse vers un buffet garni

AVANÇADO (adj.)

1) Audacieux, effronté, hardi (Culotté, gonflé, pas cardiaque, qui a de l'estom, qui manque pas d'air, soufflé, tête de lard)

2) V. PRAFRENTE

AVANÇADOR (s. m.)

Dépositaire malhonnête d'argent ou de biens

AVANÇAR O SINAL

1) Outrepasser les bornes des choses admises, abuser, exagérer (Aller fort, aller mal, attiger, attiger la cabane, bousculer le pot de fleurs, broder, chariboter, charrier, cherrer, cherrer dans le mastic, dans les bégonias, chier dans la colle)

2) Avoir des relations sexuelles avant le mariage

AVARIADO (adj.) – V. BIRUTA

AVE (s. f.) – V. PUTA

AVENIDA (s. f.) – ABRIR, DAR, FAZER (UMA) AVENIDA EM

Blesser au visage d'un coup de couteau; marquer – V. FACONAÇO, RISCAR, RABO-DE-GALO (1)

AVIÃO (s. m.)

Personne très intelligente, très belle, ou très rusée – V. BACANA (2)

À VONTADE (loc. adj.)

Sous l'effet d'un stupéfiant (Vachement bien) – V. BARATINADO

AZARADO (adj.)

Victime du mauvais sort, malchanceux (Guignard, masquard, poissard, qui manque (qui n'a pas) de bol, de cul, de godet, de pot, qui n'est pas verni, qui l'a pas doré, qui est dans la vape, qui joue les misérables) – V. l'antonyme IMPELICADO

AZARANZAÇÃO (s. f.) – V. AFOBAÇÃO

AZEITEIRO (adj. et s.)

1) Qui recherche des aventures galantes (Baiseur, bandeur, cavaleur, chaud de la pince, chaud de la pointe, chaud lapin, coureur, dragueur, porté sur l'article, la bagatelle, la chose, le truc, queutard, tendeur, tombeur, un gars qui s'en ressent, qui a du dard, du gourdin)

2) V. CAFETÃO

AZEITONA (s. f.)

1) V. AMEIXA

2) V. AZEITEIRO (1)

AZEITONAR (v. tr.)

Blesser d'un coup de feu (Allumer, flinguer, seringuer, truffer)

AZOUGUE (s. m.) – V. PINGA

AZUADO (adj.) – V. BARATINADO

AZUCRINAÇÃO (s. f.) – V. AMOLAÇÃO

AZUCRINAR (v.tr.) – V. AMOLAR

AZUL (adj.)

1) V. BEBUM (2)

2) V. OQUEI – «Tá tudo azul»

AZULADINHA (s.f.) – V. PINGA

AZULAR (v.intr.)

S'enfuir, déguerpir, décamper (Se barrer, se calter, se carapater, se casser, se débiner, se défiler, se déguiser en courant d'air, s'évaporer, faire la malle, se faire la paire, ficher (foutre) le camp, jouer la fille de l'air, jouer des flûtes, jouer rip, mettre les adjas, mettre les bouts, mettre les voiles, se natchaver, prendre la tangente, prendre la poudre d'escampette, se tailler, se tirer, se trisser).

B

BÁ (s.m.) – V. BAFAFÁ

«O bá acabou com a chegada dos deixa-disso»

BABABA (s.m.) – V. BAFAFÁ

BABABI (s.m.) – V. BAFAFÁ

BABACA

1) (s.f.) Vagin (Abricot, baba, barbu, berlingot, boîte à ouvrage, bouton, chat, chatte, cicatrice, con, conasse, crac, cramouille, craquette, didine, fente, figue, frifri, grisette, minet, moule, nénuphar, raie, soissonnais rose, tirelire)

2) (s.m.) – V. ZEBRA (1)

BABADO

1) (s.m.) a) Affaire, question – «O babado é o seguinte» – «Qual é o babado?» – «Neca de babado complicado!» – V. PAPO (5), PLÁ (3), QUAL É O PLÁ?

b) Conversation longue et compliquée à laquelle on ne peut se fier – «Comigo não tem babado» – V. CONVERSA FIADA, FOFOCA

2) E OUTROS BABADOS – S'emploie à la fin d'une énumération: Et d'autres choses semblables, et cetera – V. CAMBAUS

3) (adj.) – V. GAMADO

BABALAÔ (s.m.) – V. MANDA-CHUVA (1)

BABAQUARA (adj. et s.)

1) V. CAPIAU

2) V. OTÁRIO (1, 2)

BABAQUICE (s.f.) – V. QUADRADICE

BABAU! (interj.)

C'est fini! – Tout est perdu! (C'est cuit!, c'est râpé!)

BABI (s.m.)

«Estar com os babi em cima» (Avoir ses papiers) – V. BABILAQUE (1)

BABILA (s.m.)

Papier où l'on place la drogue à priser (souvent la carte d'identité)

BABILAQUE (s.m.)

1) Papiers d'identité (Brêmes, faffes, fafiots, papiers)

2) Faux papiers (Balourds, tocs)

BACALHAU (s.m.)

1) Personne extrêmement maigre – V. TAQUARIÇO

2) V. BABACA (1)

BACANA (adj.)

1) V. ENCADERNADO

2) Très bon, excellent, épatant; très beau (Bath, champion, choucard, chouette, formid, foutral, au poil, au quart de poil, aux petits oignons, aux pommes, du nanan, de première, de première bourre, sympa)

3) V. FOLGADO (2)

4) V. ABONADO, GRANFA

5) Se dit du détenu qui bénéficie d'un traitement de faveur à cause de ressources personnelles

6) V. DAR UMA DE BACANA

BACANEAR-SE (v.pr.) – V. DAR UMA DE BACANA

BACANAÇO (adj.) – V. BACANA (1, 2, 3, 4)
BACANAGEM (s.f.)
  1) V. DENGO
  2) V. GRANFINAGEM
BACANÉRRIMO (adj.)
  Superlatif de BACANA
BACANINHA (adj.) – V. BACANA (1, 2, 3, 4)
BACANO (adj.) – V. ABONADO, GRANFA
BACANUDA (adj.f.) – V. CHUCHU (1)
BACATININADO (adj.) – V. BARATINADO
BACHI (s.m.) – V. CACHORRO (1)
BACHICHA (s.m.) – V. GRINGO
BACHINCHE (s.m.) – V. BOCHINCHE
BACURAU (s.m.)
  1) V. BLECAUTE
  2) V. BRUCUTU (1)
BACURI (s.m.)
  Petit enfant, gosse (Chiard, gis-
  quet, gluant, graine de bois de lit,
  lardon, loupiot, merdeux, mioche,
  môme, morpion, morveux, mou-
  flet, moujingue, moutard, salé)
BACURINHO (s.m.) – V. BACURI
BADALAÇÃO (s.f.) – V. ENGROSSAMENTO
BADALADO (adj.)
  Dont tout le monde parle avec les
  plus grands éloges, fameux – «A
  moda mais badalada do verão» – V.
  MANJADO (2)
BADALAR
  1) (v.tr.) – V. ENGROSSAR (2)
  2) (v.intr. et pr.) – S'exhiber – «A
  menina tava badalando de biquini»
BADAMECO (s.m.) – V. JOÃO-NINGUÉM
BADU – V. BIDU
BADU (SAIR DE BADU) (loc.adv.) – V.
  FRANCESA (SAIR À FRANCESA), FI-
  NINHO (DE FININHO)
BAFAFÁ (s.m.)
  Altercation, dispute, rixe (Bagarre,
  baston, bigorne, casse, coup de
  chien, coup de torchon, corrida,
  pétard, rififi, du sport) – «Bafafá na
  quermesse: dois furados a bala»

BAFO (s.m.) – V. ONDA (1)
BAFO DE BOCA (s.m.)
  1) V. ONDA (1)
  2) V. CONVERSA FIADA
  3) V. FAROFEIRO
BAFO DE ONÇA
  Mauvaise haleine d'un ivrogne
  (On dit de quelqu'un dont l'ha-
  leine sent l'alcool qu'il «repousse
  du goulot») – V. BOCA DE BOSTA, BTL
BAGA (s.f.) – V. BEATA
BAGACEIRA (s.f.) – V. PUTA
BAGALHOÇA (s.f.) – V. ARAME
BAGALHUDO (adj.) – V. ABONADO
BAGANA (s.f.) – V. BEATA
BAGAROTE (s.m.)
  1) V. ARAME
  2) (pluriel) – V. BAGOS
BAGAXA (s.f.) – V. PUTA
BAGO (s.m.)
  1) V. ARAME
  2) (pluriel) Testicules (Baloches,
  burnes, joyeuses, roubignoles, rou-
  pettes, roustons, valseuses)
BAGRINHO (s.m.) – V. PEIXINHO
BAGULHEIRO (s.m.) – V. DRAGÃO
BAGULINHO (s.m.) – V. BAGULHO (4),
  BALINHA
BAGULHO (s.m.)
  1) Produit d'un vol
  2) Objet de peu de valeur, rossi-
  gnol (De la came, de la gnognote) –
  V. MICHO (2)
  3) V. BOFE (1)
  4) V. DIAMBA
  5) V. BASEADO
BAGUNÇA (s.f.)
  Désordre, anarchie (Bordel, foutoir, merde, pagaille)
BAGUNÇADA (s.f.)
  1) V. BAGUNÇA
  2) V. BILONTRAGEM (1)
BAGUNÇAR
  1) (v.intr.) Faire du désordre

(Flanquer, foutre le bordel, la pagaille, mettre la barabille, semer la merde)

2) (v.tr.) Bouleverser (Chambarder, chambouler, flanquer (foutre) le bordel, la pagaille, semer la merde dans...)

3) Manquer de considération, de respect envers quelqu'un (Emmerder, faire chier, se ficher (foutre) de la gueule de – «Gosta de bagunçar os otários»)

4) Battre – V. BAIXAR O PAU EM

5) BAGUNÇAR O CORETO

a) En finir avec une fête par le désordre – V. BAGUNÇAR (1)

b) Déranger, troubler – «O velho palhaço continua bagunçando o coreto de seus concorrentes» – V. AMOLAR, BAGUNÇAR (2)

BAGUNCEIRO (adj. et s.)

Qui provoque des querelles (Semeur de merde) – V. ARENGUEIRO

BAIA (s.f.) – V. ENRUSTE (1)

BAIACU (s.m.)

1) V. BOLINHA (2)

2) V. BOFE (1)

3) V. OTÁRIO (1)

BAIANADA (s.f.) – V. SAFADEZA «Ela fez uma baianada comigo»

BAILE (s.m.)

1) V. BRONCA (1)

2) V. BANZÉ (1, 2)

BAILECO (s.m.) – V. ARRASTA-PÉ

BAINHA (s.f.) – V. BUCHO (3)

BAITA

1) Expression à valeur adjectivale intensive: «Um baita dum crioulo» – Un gros, un grand (Comac, maousse)

2) (adj.) grand, important (intensif) (Un drôle de...)

BAITOLO (s.m.) – V. BICHA (1)

BAIÚCA (s.f.)

1) V. FREGE-MOSCAS

2) Maison mal fréquentée (Taule)

3) V. ENRUSTE (1)

BAIXAR

1) (v.intr.) Apparaître soudainement (S'abouler, s'amener, rappliquer, (se) radiner) – V. DAR AS CARAS, PINTAR (1)

2) V. BAIXAR CANA – V. CANA

3) BAIXAR O PAU, O SARRAFO EM Battre, rouer de coups (Amocher, assaisonner, bigorner, botter le cul, bourrer la gueule, caroubler, cogner, coller (foutre) un jeton, dérouiller, encadrer, envoyer dans les cordes, au tapis, étriller, foncer dans les osselets, passer à tabac, rentrer dans le chou, dans la gueule, dans le lard, dans le portrait, rentrer dedans, sataner, sonner, tabasser, tanner le cuir, tomber sur le casaquin, sur le poil (les verbes «filer, flanquer, ficher, foutre», suivis des substantifs «avoine, danse» etc. – V. BIABA)

BAIXARIA (s.f.) – V. BANZÉ (1, 2) – «Bebum só dá baixaria» – «Vamos azular antes de dar baixaria»

BAIXO (ESTAR POR BAIXO)

1) Sans prestige – V. ESCULHAMBADO ET L'ANTONYME CIMA (ESTAR POR CIMA) (1)

2) V. LIMPO (1) – «Você só vive por baixo»

BALA (s.f.) – V. BALINHA

BALACO (DO BALACO) (loc.adj.) – V. BACANA (2)

BALACUBACO

1) (adj.) – V. BACANA (2) – ESTAR DO BALACUBACO – V. BACANA (2)

2) V. BILONTRA (1)

3) (s.m.) – V. BIGORNA

16

BALANÇAR A ROSEIRA (A ROSETA) – V. TREPAR

BALANÇAR O CORETO – V. BAGUNÇAR O CORETO

BALANÇAR O PÉ – V. AZULAR

BALÃO (s. m.)

1) V. BEBUM (2) – «Chegou em casa meio balão»

2) Voleur de personnes ivres ou endormies

BALÃO APAGADO

Personne endormie comme un ivrogne, facile à voler

BALASTRING (s. m.)

Petit tube servant à dissimuler différents objets, caché par le détenu dans son fondement (Plan)

BALINHA (s. f.)

Petite quantité de marijuana pour une cigarette

BALIZA (s. f.)

Petit bout de papier que les voleurs fixent à une porte pour vérifier si elle a été ouverte

BALUDO (adj.)

1) V. ABONADO

2) V. BEBUM (2)

BALURDO (s. m.)

1) V. PACO (1)

2) V. MÚSICA

BALZACA (s. f.)

Femme d'une trentaine d'années ou plus – V. COROA

BALZÁQUIA (s. f.) – V. BALZACA

BAMBA (adj. et s.)

1) Excellent dans tel ou tel point (Cador, caïd, fortiche, mariole, à la coule, à la hauteur, à la page, à la redresse, qui sait faire, qui en connaît un bout, un rayon) – V. QUENTE (3)

2) Fier-à-bras, fanfaron, matamore (Fortiche, gonflé, malabar, mariole, qui a du poil au cul, qui en a dans le ventre, qui est un peu là, qui n'a pas froid aux châsses, rouleur de mécaniques) – V. FAROFEIRO, MANDA-BRASA

BAMBA (s. f.)

Chance inespérée (Coup de bol, coup de cul, coup de pot) – V. PELO (1)

BAMBAMBÃ (adj.) – V. BAMBA (1, 2)

BAMBOLÊ (s. m.)

Alliance, bague (Bagouse)

BAMBOLEIO (s. m.) – V. REQUEBRADO

BAMBURRA – V. NA BAMBURRA (loc. adv.)

BAMBÚRRIO (s. m.) – V. BAMBA (s. f.)

BANANA

1) (adj. et s.) Personne faible, sans énergie (Chiffe, chiffe molle, cloche, emplâtre, lavette, mollasse, moule, nouille) – V. MANCO (1)

2) (s. f.) – V. CANJA

3) Geste obscène qui s'exécute avec le poing fermé et l'avant-bras replié; bras d'honneur

BANANEIRA QUE JÁ DEU CACHO

Personne vieille, qui ne sert plus à rien (Qui sent la fin de saison, qui est bon pour la casse, pour la refonte)

BANANOSA (s. f.) – V. ESTICA (1) – «Ficou na maior bananosa»

BANCA (s. f.)

1) BOTAR BANCA, PÔR BANCA – Se faire plus important qu'on n'est (Faire le malin, la ramener) – V. ARROTAR, FAROFA, FAROFEIRO, DAR BANDEIRA

2) TER BANCA – Etre considéré

3) V. ABAFAR (3)

4) V. TIRAR BANCA DE...

BANCAR VEADO – V. AZULAR

BANDA

1) (s. f.) – V. COMER DA BANDA PODRE

2) (loc. adv.) SAIR DE BANDA – V.

FRANCESA (SAIR À FRANCESA)
3) V. DAR (UMAS) BANDA(S)
BANDEIRA (s.f.)
   1) V. DAR BANDEIRA
   2) V. ENROLAR A BANDEIRA
   3) V. LEVAR UMA BANDEIRA
   4) NÃO TER BANDEIRA – Ne respecter aucun principe, faire les choses à sa guise – «Com ele não tem bandeira»
BANDIDA (s.f.) – V. PUTA
BANDO (s.m.) – V. GRUPO (I)
BANDOLA (s.f.)
   Promenade en voiture (Virée) – V. DAR BANDOLAS
BANG (s.m.) – V. DIAMBA, (BHANG)
BANGUE-BANGUE (s.m.) – V. BAFAFÁ
   «Gostava de filmes de bangue-bangue»
BANGU – ESTAR À BANGU, FAZER (UMA COISA) À BANGU
   Faire quelque chose sans réfléchir, sans aucune organisation
BANHAR
   1) (v.tr.) Tromper quelqu'un dans une transaction (Arnaquer, avoir, baiser, bidonner, blouser, carotter, couillonner, dindonner, doubler, empiler, entuber, envelopper, estamper, jouer un pied de cochon, posséder, refaire, rouler, roustir)
   2) (v.intr.) Disparaître sans partager le produit du vol (Faire jongler) – V. RUSTIR
BANHEIRA (s.f.)
   Plage, baignade – «Ontem deu uma banheira que vou te contar»
BANHISTA (s.m.)
   Voleur sur les plages
BANHO (s.m.)
   1) Tromperie en affaire (Arnaque)
   2) DAR BANHO – Tromper son complice dans le partage du butin – V.

BANHAR (2), RUSTIR
   3) Défaite totale dans un match (Déculottée, piquette, râclée, torchée) – DAR UM BANHO EM... – Vaincre facilement (Ficher, flanquer, foutre, passer une déculottée etc.) – DAR BANHOS = Avoir un grand succès – «O Chico está dando banhos como compositor» – «Essa gravação deve estar um banho» – V. ABAFAR (I), PERTURBAR
   4) Etat premier de l'exaltation qui suit l'absorption de drogue (Flash, rush) – V. PIRAR (I), BARATO (2)
   5) V. TOMAR BANHO
BANQUEIRO (adj.) – V. FAROFEIRO
BANZÉ (s.m.)
   1) Grand bruit, vacarme (Barouf, boucan, chabanais, grabuge, potin, raffût, ramdam, schproume)
   2) V. BAFAFÁ
BANZÉ-DE-CUIA (s.m.) – V. BANZÉ (2)
BÃO
   1) (adv.) Bien, bon – «Ah, bão!»
   2) (adj.) – V. BACANA (2)
BARALHAR AS COBERTAS
   1) V. GRUDAR-SE (a)
   2) V. AMARRAR-SE
   3) V. RASGAR O SELO
BARÃO (s.m.)
   Personne qui se croit importante
BARATA (s.f.)
   1) Religieuse, soeur (Frangine, frelotte, cache-théière, sister)
   2) V. BABACA
BARATINADO (adj.)
   Sous l'influence de la drogue, en état d'ivresse toxique (Camé, chargé, ensuqué, envapé) – V. BANHO (4), PIRAR (I)
BARATINAR
   1) (v.tr.) Chercher à tromper par de belles paroles (Baratiner, bourrer le crâne, le mou, chambrer,

chauffer, emberlificoter, embobiner, entortiller, faire du boniment, du char, du plat, du rentre-dedans, monter le coup, le job, le bourrichon, vendre sa salade)

2) Interroger avec astuce pour obtenir des aveux (Faire la causette, avoir à la baragouinette)

3) Intoxiquer avec de la marihuana ou quelque autre stupéfiant (Camer, défoncer, envoyer en l'air, schnoufer)

4) (v.pr.) BARATINAR-SE – Se droguer (Se camer, se défoncer, s'envoyer en l'air, se schnoufer)

BARATINO (s.m.)

1) V. CONVERSA FIADA

2) V. BRANCA-DE-NEVE

3) Intoxication par les stupéfiants (Défonce) – V. BARATO (2)

BARATO

1) (s.m.) Taxe ou commission, payée par les joueurs et réservée aux prélèvements opérés par l'Etat et la maison de jeux (Cagnotte)

2) Intoxication par les stupéfiants (Défonce) – «Uma bolinha que dá um barato danado», «Uma mistura para reforçar o barato» – «Curtir um barato» – V. BARATINO (3) – ESTAR DE BARATO = V. BARATINADO

3) Chose considérée excellente – «Acho São Paulo um tremendo barato» – V. BACANA (2), TROÇO (4), FINO (2) (O FINO)

4) Affaire, question, histoire – «Já sei qual é o teu barato» – V. PLÁ (3), PAPO (5), BABADO (1)

5) DEIXAR (NO) BARATO – Renoncer à se battre, à se venger – V. ARRIAR, BOLA (4) (NÃO DAR BOLA)

6) (adj.) – V. DEIXAR DE SER BARATO

BARBADA (s.f.)

1) Course de chevaux ou compétition dont on peut facilement prévoir le vainqueur

2) Tout ce qui s'obtient facilement («É uma barbada» = C'est du cousu-main, c'est du tout cuit) – V. CANJA

3) LEVAR DE BARBADA – Gagner avec la plus grande facilité (gagner les doigts dans le nez (dans le pif), dans un fauteuil, gagner facile)

BARBANA (s.f.) – V. BARBIANA (1, 2, 3)

BARBANTE (s.m.) – V. AMARRA

BARBARIDADE (s.f.)

1) Employé intensivement: De façon extraordinaire – «Comeu uma barbaridade» – «Jogou uma barbaridade» – V. BESSA (À BESSA)

2) Employé comme interjection d'étonnement: «Barbaridade!» (Merde alors!)

BARBARIZAR (v.intr.) – V. PERTURBAR (1,3)

BÁRBARO (adj.)

1) V. BACANA (2) – «Eu acho aquilo bárbaro»

2) V. ENCADERNADO

BARBEIRA (s.f.)

Lame de rasoir (Rasif) – V. AÇO (1)

BARBEIRADA (s.f.) – BARBEIRAGEM

BARBEIRAGEM (s.f.)

Mauvaise conduite d'un véhicule

BARBEIRO (s.m.)

Mauvais chauffeur (Chauffard)

BARBI (adj.) – V. BAMBA (2)

BARBIANA (s.f.)

1) V. ARRANJO (1)

2) Maîtresse d'un voleur, solidaire des mauvais coups (Bifteck, boulangère, casse-croûte, casse-dalle, marmite)

3) V. BABACA

BARBIANO (adj.)

Sympathique (Bath, chouette, au poil, sympa) – V. BACANA (2), PÃO

BARCA (s.f.) – V. PUTA

BARI (s.m.) – V. CURIOSO, PAPA (2)

BARNABÉ (s.m.)

Petit fonctionnaire (Rond de cuir, cul de plomb)

BARONESA (s.f.) – V. PINGA

BARRA (s.f.)

Situation, circonstance pour agir «Está estudando a barra»

1) A BARRA ESTÁ LIMPA (LIVRE) – Les circonstances sont opportunes pour agir, il n'y a pas de danger (C'est aux pommes, c'est bonnard, c'est franc, garanti franco)

2) ESTAR COM A BARRA LIMPA
a) Ne pas avoir d'obstacles à l'action (des malfaiteurs);
b) Etre bien vu – V. LIMPAR A BARRA

3) A BARRA ESTÁ SUJA (PESADA) – Les circonstances ne sont pas favorables à l'action, il y a du danger (Ça sent mauvais, ça sent le roussi, y a du coton, y a de la fumée)

4) ESTAR COM A BARRA SUJA
a) Avoir des obstacles pour l'action (des malfaiteurs);
b) Etre mal vu – V. SUJAR A BARRA

5) ALIVIAR (LIVRAR) A BARRA – Rendre à quelqu'un les circonstances plus favorables, aider (Donner un coup de main)

6) V. CAMPANAR A BARRA

7) V. FORÇAR A BARRA

BARRA-LIMPA (adj.)

Se dit de ce qui est correct, régulier (surtout d'une personne), qui respecte les règles (même d'un trafiquant) (Impec, régule, franco, réglo) – «É um cara barra-limpa» – «Um programa barra-limpa» – «Um plá barra-limpa»

BARRA-PESADA (adj.) – V. BARRA-SUJA

BARRA-SUJA (adj.)

Se dit d'une personne incorrecte, dangereuse – V. BISCA

BARRANCO (s.m.)

1) Restes d'une fête – «Chegando atrasado pegou barranco»

2) Amoureux éconduit – «Uma moça que namora o ex-namorado de uma amiga está pegando barranco»

BARRIGA (s.f.)

1) Information ou nouvelle sans fondement (Bobard) – V. ONDA (1)

2) Ouverture pratiquée dans une porte afin de la forcer

BARRIGUDA (s.f.)

Bière (Moussante) – V. LOURINHA, MULATA

BARRIGUDO (s.m.) – V. MORENA

BARRO (s.m.)

1) Cimetière (Boulevard des allongés, parc aux refroidis)

2) V. SOLTAR O BARRO

BARROADA (s.f.)

Transaction, affaire lucrative (Affure, velours) – V. TRAMBIQUE (1)

BARRUFAR (v.tr.)

Aspirer une bouffée de cigarette de marihuana – V. TAPA (DAR UM TAPA)

BARRUFO (s.m.)

Aspiration, bouffée de cigarette de marihuana fumée en groupe (Tirette, touche)

BASE (NA BASE DE…)

Expression indiquant de quel mode se déroule et se réalise une action: NA BASE DO AGRIÃO, NA BASE DO ARROZ DOCE – Tout allant pour le mieux, de façon parfaite; NA BASE DO FEIJÃO COM ARROZ – De façon routinière; NA BASE DA MALANDRAGEM – En se conduisant comme un voyou; NA BASE DO VALE-TUDO – En employant tous les moyens, licites ou non; NAQUELA BASE – De la façon que vous savez (pas très sérieuse)

BASEADO (s.m.)

Cigarette de marihuana (Joint, stick) – V. FININHO, MORRÃO, DIAMBA

BÁSICO (s.m.) – V. BASEADO

BASQUETE (s.m.) – V. BATENTE

BASQUETÓRIO (s.m.) – V. BATENTE

BATALHAR (v.intr.) – V. CAIR NA VIDA

BATATA (s.f.)

1) Gros nez (Patate, pied de marmite, quart de brie, truffe) – V. FORNALHA

2) Employé adjectivement – Authentique, sérieux, vrai (Officiel, pas du bidon) – «O negócio era batata» – «Vimos um Pelé batata»

BATATA (NA BATATA) (loc.adv.)

Sûrement, avec certitude (Au quart de poil) – «O menino respondeu na batata»

BATATOLINA (adv.) – V. BATATA

BATE-BOCA (s.m.)

1) Discussion, altercation (Engueulade, prise de bec, prise de gueule)

2) V. BAFAFÁ

BATE-CHINELA (s.m.) – V. ARRASTA-PÉ

BATE-COXA (s.m.) – V. ARRASTA-PÉ

BATE-FUNDO (s.m.) – V. BANZÉ (1, 2)

BATE-LÍNGUA (s.m.) – V. BATE-BOCA (1, 2)

BATE-PAPO (s.m.)

Conversation à bâtons rompus, bavardage, papotage (Parlote) – V. PAPO (1)

BATE-PAU (s.m.)

1) V. BAFAFÁ

2) Individu qui rend des services à la police, sans en faire partie

3) V. ALCAGOETE

BATE-PRONTO – DE BATE-PRONTO (loc. adv.) – V. ESTALO (NO ESTALO)

BATE-SACO (s.m.) – V. ARRASTA-PÉ

BATEDOR DE CARTEIRA (s.m.)

Celui qui pratique le vol à la tire, pickpocket (Fourchette, fourlineur, machinette, tireur)

BATENTE (s.m.)

Travail, gagne-pain (Biseness, boulot, coltin, job, turbin)

BATER (v.tr.)

1) Voler à la tire – «Hoje bateu três carteiras» (Barboter, chaparder, chiper, choper, chouraver, faucher, ratiboiser, refaire, soulever, sucrer, toucher, tirer, vaguer, vanner) – V. AFANAR

2) Manger goulûment (Bouffer, croquer, effacer, s'envoyer, se taper) – V. CASTIGAR (1)

BATER ASA (BATER AS ASAS) – V. AZULAR

BATER BOCA

Discuter violemment (S'attraquer, se crosser, s'engueuler, s'enguirlander)

BATER A(S) BOTA(S)

Mourir (Aller manger les pissenlits par la racine, avaler son bulletin (son extrait) de naissance, avaler sa chique, l'avaler, n'avoir plus mal aux crocs, calancher, caner, casser sa pipe, la casser, claboter, clamcer, claquer, crever, crounir, déposer son bilan, dépoter son géranium, déramer, se dessouder, dévisser son billard, éteindre sa bougie, sa lampe, son gaz, fermer son gaz, faire le saut, sa malle, sa valise, graisser ses bottes, se laisser glisser, la glisser, lâcher la rampe, oublier de respirer, partir les pieds devant, passer l'arme à gauche, perdre le goût de la biscotte, du pain, poser sa chique, prendre mesure d'un paletot de sapin, remercier son boulanger, remiser son fiacre, souffler sa veilleuse, tourner le coin)

BATER A ALCATRA NA TERRA INGRATA – V. BATER AS BOTAS

BATER A BRASA – V. CUSPIR AMEIXA

BATER A CAÇOLETA – V. BATER AS BOTAS

BATER BOLSA – V. CAIR NA VIDA

BATER (UMA) CAIXA – V. BATER UM PAPO

BATER A CANASTRA – V. BATER AS BOTAS

BATER A LINDA PLUMAGEM – V. AZULAR

BATER A PACUERA – V. BATER AS BOTAS

BATER O (UM) FIO

Téléphoner (Donner un coup de bigophone, de biniou, de grelot, de fil, tuber)

BATER O JUSTO

Dire la vérité, avouer – V. BICO (3), ABRIR O BICO

BATER O PACAU – V. BATER AS BOTAS

BATER O TRINTA-E-UM – V. BATER AS BOTAS

BATER OS TOCOS

Partir quelque part, en voyage (Se faire la malle)

BATER COM A COLA (O RABO) NA CERCA – V. BATER AS BOTAS

BATER (DAR) COM A LÍNGUA NOS DENTES – V. ALCAGOETAR

BATER COM AS DEZ – V. BATER AS BOTAS

BATER EM RETIRADA – V. AZULAR

BATER FUNDO – V. BAGUNÇAR (1)

BATER MUNDO

Voyager (Bourlinguer, rouler sa bosse)

BATER PERNAS

Vagabonder (Etre sur le trimard, glander, glandouiller, trimarder, vadrouiller)

BATER PINOS – V. BROXEAR

BATER SUJEIRA

1) Passer la main sur la poitrine pour annoncer l'approche imminente de la police

2) Arriver subitement (en parlant de la police)

3) V. ALCAGOETAR

4) V. BODE (1) (DAR BODE), ENGROSSAR (4)

BATER SUJO – V. BATER SUJEIRA

BATER UMA CARTEIRINHA – V. CORNEAR

BATER UM PAPO

Bavarder, faire la causette, papoter (Baratiner, jacter, jaspiner, discuter le bout de gras, discuter le coup, tailler une bavette, tenir le crachoir à) – V. PAPO (1)

BATERIA (s.f.) – V. BUNDA (1)

BATIDA (s.f.)

1) Descente de police en vue d'une fouille, d'une rafle (Coup de filet, coup de serviette, coup de torchon) – V. GERAL (2)

2) Perquisition (Perquise)

3) V. TROMBADA (2)

4) Apéritif à base d'eau-de-vie et de jus de citron

BATISMO (s.m.)

Initiation de toxicomanes

BATIZADA (s.f.)

1) Cocaïne impure (mélangée à du talc, de l'amidon, du sucre ou du bicarbonate)

2) Cigarette de marihuana impure (mélangée à de l'herbe, du persil etc.) – V. CAPIM (2)

BATOTA (s.f.)

1) Tricherie au jeu (Arnaque)

2) V. BORLA

3) Groupe de délinquants (Tierce)

4) Groupe de joueurs qui s'entendent pour tricher

5) Groupe de détenus qui ont des affinités entre eux

6) Groupe d'amis, de collègues très liés entre eux – V. MACACADA (1)

7) Groupe de drogués – V. POLÍTICA

BATUSQUELA (adj.) – V. MATUSQUELA

BATUTA (adj. et s.) – V. BAMBA (1)

BAZOFEIRO (adj. et s.) – V. FAROFEIRO

BEATA (s.f.)

Mégot d'une cigarette de marihuana – V. FININHO

BEATRIZ (s.f.) – V. BEATA

BEBA (s.f.) – V. PIFÃO

BEBAÇA (adj. et s.m.)

Qui a l'habitude de s'enivrer, ivrogne (Pochard, poivrot, sac à vin, soiffard, soûlard, soûlaud, soûlographe)

BEBAÇO (adj. et s.m.) – V. BEBAÇA

BEBEDICE (s.f.) – V. PIFÃO

BEBERRAZ (adj. et s.m.) – V. BEBAÇA

BEBERROTE (adj. et s.m.) – V. BEBAÇA

BEBUM (adj. et s.m.)

1) V. BEBAÇA

2) Qui a le cerveau troublé à la suite d'absorption excessive d'alcool, de vin; ivre (qui est allumé, asphyxié, bituré, blindé, brindezingue, chicoré, cuit, ému, éteint, fabriqué, fait, farci, mâchuré, murdingué, mûr, noir, noircicot, paf, pion, rond, rondibé, tarti, plein, plein comme une huître, comme un polonais, comme une vache, poivre, raide, rétamé, schlass; qui tient une beurrée, une biture, une cocarde, une cuite, une muflée, son pompon; qui a chargé, qui est dans le cirage, dans le brouillard, dans les vaps, qui en a un coup dans l'aile, dans le blair, dans le nez, dans le pif, qui s'est piqué le nez) – V. PICADO

BEBUNZADA (s.f.) – V. PIFÃO

BEBUNZADO (adj.) – V. BEBUM (2)

BEBUNZAR (v.tr.) – V. CHUPAR

BEBUNZAR-SE (v.pr.) – V. ÓLEO (2) (PÔR ÓLEO)

BEÇA (À BEÇA) (loc.adv.) – V. BESSA (À BESSA)

BECADO (s.m.) – «Estar com un becado legal» – V. DUANA

BEIÇAR (v.intr.) – V. BEIÇO (1) (DAR O BEIÇO)

BEIÇO (s.m.)

1) DAR O BEIÇO, PASSAR O BEIÇO – Contracter une dette sans intention de la payer (S'encroumer, planter un drapeau à, tirer une carotte à)

2) DE BEIÇO (loc.adv.), NO BEIÇO – Gratuitement (A l'oeil) – V. DE MEIA-CARA

3) V. BATOTA (1)

4) V. CONVERSA FIADA

5) FICAR DE BEIÇO CAÍDO – Etre très étonné (Etre asphyxié, baba, estomaqué, soufflé, comme deux ronds de flan)

BEIÇOLA (s.f.) – V. BICO (3), SABOREADORA

BEIJAR (A) CRISTINA – V. CRISTINA (2)

BEIJAR O COPO – V. CHUPAR

BEIJINHO (s.m.) – V. BARRUFO, TAPA

BELARMINO (s.m.) – V. BIRUTA

BELELÉU (s.m.)

1) IR PRO BELELÉU – V. BATER AS BOTAS

2) MANDAR PRO BELELÉU – V. MORFAR (4)

BELEZA (ESTAR DE BELEZA)

Ne rien faire (Avoir mal au coude, avoir un poil dans la main, ne pas en foutre une datte, un clou, une secousse, ne pas se la fouler, ne pas se fouler la rate, le poignet, ne rien branler, ne rien ficher (foutre), ne rien maquiller, ne rien se casser, tirer au cul, au flanc) – V. FOLGADO (2)

BELEZOCA (s.f.) – V. CHUCHU (1), PANCADÃO

BELEZUDA (s.f.) – V. BELEZOCA

BELEZURA (s.f.) – V. CHUCHU (1), PANCADÃO

BELISCAR (v.tr.)

1) V. ACHACAR (1)

2) BELISCAR UMA NOTA – V. FATURAR (1)

BELISCO (s.m.) – V. ACHAQUE (1)

BELOTA (s.f.)

Certaine quantité de marihuana, mélangée surtout avec du miel – V. DIAMBA, DESEMBELOTAR

BEM (Employé adjectivement)

1) Digne de considération, honorable – «Gente bem», «família bem» (Des gens bien, une famille bien)

2) Au masculin: «Meu bem» (Mon chéri, ma chérie)

BEM-APANHADA (adj.f.) – V. CHUCHU (1), PANCADÃO

BEM-TE-VI (s.m.)

Agent de police chargé de la circulation – V. TIRA (1)

BEMBON (ESTAR NO SEU BEMBON)

Etre tranquille, à l'abri des tracas (Vivre peinard, pépère) – V. VIDÃO

BENÉ

S'emploie dans l'interrogation «Será o Bené?» – Est-ce possible?

BENEDITO

«Será o Benedito?» – V. BENÉ

BENZINHO (adj.) – V. BEM (2)

BENZOCA (adj.) – Chérie – V. BEM (2)

BEQUE (s.m.)

1) V. BATATA (1)

2) V. ACHATAR O BEQUE

BERADA (s.f.)

Occasion favorable, chance – «Se sobrar uma berada, vê se não esquece de mim»

BERERÉ (s.m.) – V. BANZÉ (1, 2)

BERRADOR (s.m.) – V. BERRO

BERRADORA (s.f.) – V. SABOREADORA

BERRANTE (s.m.) – V. BERRO

BERRO (s.m.)

Revolver (Artillerie, calibre, feu, flingue, juge de paix, pétard, pé-toire, riboustin, rifle, rigole, seringue, silencieux, soufflant)

BESSA (À BESSA) (loc.adv. à valeur superlative)

1) Exprime une grande quantité, beaucoup (Bézef) – «Tinha gente à bessa» (Il y avait du monde à la pelle, en pagaille; une chiée, des bottes, des flottes, une tapée de monde) – «Comeu à bessa» (A tire-larigot) – V. PORRADA (3)

2) Exprime une intensité – «O rapaz é grande à bessa» (Vachement)

BESTA QUADRADA (s.f.)

Extrêmement stupide – V. QUADRADO (1)

BHANG – V. DIAMBA, (BANG)

BIA (s.f.) – V. BEATA

BIABA (s.f.)

1) Correction, volée de coups (Avoine, danse, décoction, dégelée, dérouillée, distribution, frottée, java, passage à tabac, peignée, pile, purge, raclée, rincée, rossée, rouste, tabassée, tannée, toise, tisane, tournée, trempe, trifouillée, tripotée) – V. BAIXAR O PAU EM

2) V. ATRACO

BIABAR (v.tr.) – V. BAIXAR O PAU EM

BIABISTA (s.m.) – V. ATRACADOR

BÍBLIA (s.m.)

Protestant (Parpaillot)

BICA (ESTAR NA BICA)

Etre sur le point de se réaliser (C'est dans le sac)

BICADA (s.f.)

Verre d'alcool qui se consomme d'un trait (Glass, godet). «Boire d'un trait» se dit : Faire cul-sec, siffler (siphonner) un glass, écluser un godet

BICÃO (s.m.)

1) Celui qui vit aux dépens des au-

tres, parasite, pique-assiette (Reptile, sangsue, ver intestinal)

2) Celui qui cherche à s'introduire dans des réunions, des fêtes, sans être invité; resquilleur

BICARBONATO (s.m.) – V. ARAME

BICARIA (s.f.)

I) V. FAROFA (1, 2)

2) V. CONVERSA FIADA

BICEGO (adj.)

Qui porte des lunettes (Binoclard)

BICHA (s.f.)

I) Pédéraste passif (Chochotte, emmanché, empaffé, enculé, enfoiré, enfiffré, enviandé, girond, lopaille, lope, lopette, pédale, pédalo, pédé, pédoque, qui est de la jaquette, de la pédale, qui en est, qui cause à rebours, tante, tantouse, tapette, tata) – V. COMER LOMBO

2) V. PINGA

3) Fièvre jaune

BICHADO (adj.)

Tuberculeux (Poitringle, tubard, qui a les éponges mitées, mitées à zéro)

BICHA-LOUCA (s.f.)

Pédéraste très vulgaire

BICHA-LOUQUICE (s.f.)

Comportement du «BICHA-LOUCA»

BICHÃO (s.m. et adj.)

I) V. BAMBA (1, 2)

2) V. DOBRADO

3) V. BICHO (I)

BICHAROCA (s.f.) – V. BICHA (I)

BICHEIRO (s.m.)

Vendeur de billets et responsable du «Jogo do bicho» – V. BICHO (6)

BICHO (s.m.)

I) Très souvent au vocatif: «Ô bicho!» – «É isso aí, bicho!» – «Corta essa, bicho!» – (Ta gueule, bébé!) – V. CHAPA (I), CARA (s.m.) (S'emploie aussi pour le féminin)

2) V. BAMBA (1, 2)

3) Elève débutant à l'Université ou dans une grande école (Bizuth, bleu)

4) Soldat débutant (Bleu, bleubite, bleusaille)

5) Gratification accordée à des joueurs de football en cas de victoire

6) Loterie très célèbre agrémentée de combinaisons avec une liste d'animaux – JOGO DO BICHO

7) BICHO QUE DEU – Ce qui s'est passé – «Perguntou o bicho que tinha dado»

BICHO-CARETA (s.m.)

Individu sans importance – V. BOLHA D'ÁGUA

BICICLETA (s.f.)

Lunettes aux verres grands, et généralement ronds. – V. CANGALHAS

BICO (s.m.)

I) Petit travail supplémentaire (Gratte, job, rab, rabiot, rallonge)

2) V. PINGA

3) V. SABOREADORA – ABRIR O BICO

à) Avouer devant la police (Accoucher, s'affaler, s'allonger, aller au refile, blutiner, cracher le morceau, déballer, se déballonner, se déboutonner, se dégonfler, manger le morceau, se mettre à table, vider son sac)

b) V. ALCAGOETAR

c) FECHAR O BICO – Se taire (La boucler, écraser, la fermer, fermer son bec, sa boîte, sa gueule, son claquemerde, la mettre en veilleuse, y mettre un bouchon, ne plus l'ouvrir, poser sa chique, taire sa gueule, ne pas moufter)

4) METER O BICO – Se mêler des affaires des autres – V. FUÇAR

5) BICO! BICO CALADO! (interj.) – Silence! (La boucle! écrase! la

ferme! rencaisse tes salades! ta bouche! ta gueule!) – V. CORTA ESSA

6) LEVAR NO BICO – V. BARATINAR (1)

7) V. DAR NO BICO

8) V. RACHAR (4) (RACHAR O BICO)

9) NÃO CHEGAR (SER) PARA O BICO DE... Ne pas être destiné à... «Um biju assim não chega pro teu bico» (Ce n'est pas pour ta bouche, pour ta gueule)

10) V. HABITANTE

BICO-DOCE (s.m.)

1) V. CONVERSA FIADA

2) Celui qui sait parler aux femmes (Baratineur)

BICO-DE-PAPAGAIO (s.m.) – V. DENTROSA (2)

BICO-SUJO (s.m.)

Témoin compromettant (Fargueur)

BICUDA (s.f.) – V. AÇO (1)

BICUDO (adj.) – V. BEBUM (2)

BICULA (s.f.) – V. BICADA

BIDU!

1) Interjection exprimant l'assentiment avec ce qui vient d'être dit – «Não ter mais gasolina vai ser muito duro – Bidu!» (Tu l'as dit!)

2) (adj.) – V. BACANA (2) «Caprichou no filme até ficar bidu»

3) DAR UMA DE BIDU – V. BIDUSAR

BIDUSAR (v.tr.) – Deviner

BIFE (s.m.) – V. BOLACHA (1, 2)

BIGORNA (s.f.)

Maison de jeux (de cartes) (Flambe)

BIGORNEIRO (s.m.)

Tenancier d'une maison de jeux (Tripotier)

BIGUANO (adj.)

1) Très grand (Comac, malabar, maousse, près du ciel)

2) V. BACANA (2)

BIJU (s.m.) – V. CHUCHU (1)

BILHETE CORRIDO (s.m.) – V. PAPEL QUEIMADO

BILONTRA (adj. et s.m.)

1) Homme qui mène une vie de plaisir, viveur (Bambocheur, fêtard, noceur, partouzard, rigolard, rigolo)

2) V. BISCA, VIGARISTA

BILONTRAGEM (s.f.)

1) Amusement immodéré, partie de plaisir (Bamboche, bamboula, bombe, bringue, foire, java, noce, nouba, rigolade, ribouldingue)

2) V. VIGARICE

BILOUCA (s.f.) – V. BICHA-LOUCA

BIMBA (s.f.) – V. BABACA

BIMBADA (s.f.) – V. PICIRICO

BINA (s.f.) – V. DIAMBA

BIOMBO (s.m.) – POR TRÁS DO BIOMBO Discrètement (En douce) – V. MACIOTA (NA MACIOTA)

BIQUEIRO (s.m.) – V. ARRASTA-PÉ

BIRA (s.f.) – V. BOTECO

BIRAIA (s.f.) – V. PUTA

BIRIBA (s.) – V. CAPIAU, OTÁRIO

BIRITA (s.f.) – V. PINGA

BIRITAR (v.intr.) – V. CHUPAR – «A patota biritou a noite toda»

BIRITEIRO (s.m.) – V. BEBAÇA

BIROSCA (s.f.) – V. BOTECO

BIRRA (s.f.) – V. DIAMBA

BIRUTA (adj. et s.)

Un peu fou (Branque, branquignole, braque, chabraque, cinglé, cintré, déboussolé, détraqué, dingue, dingo, fada, fêlé, fondu, frappé, givré, jojo, loufoque, louftingue, maboul, marteau, piqué, ravagé, sinoque, siphonné, sonné, tapé, timbré, toc-toc, toqué, qui a un grain, qui a une araignée dans le plafond, qui bouillonne du couvercle, qui grésille du trolley, qui ondule de la toiture, qui a reçu un coup de bambou, qui travaille du chapeau, du bigoudi)

BIRUTICE (s.f.)

Idiotie, imbécillité (Connerie)

BISCA (s.f.)

Individu de moeurs crapuleuses, voyou (Affranchi, arcan, dur, dur à respirer, frappe, fripouille, gouape, malfrat, marlou, poisse, truand). On dit souvent BOA BISCA – V. CACHORRO (1), VIGARISTA

BISCAIA (s.f.) – V. PUTA

BISCATE (s.m.)

1) V. BICO (1)

2) V. PUTA

BISCATEAR (v.intr.)

Vivre d'expédients (Faire de la gratte) – V. BICO (1), MINHOCAR

BISCATEIRA (s.f.) – V. PUTA

BISCATEIRO (s.m.)

Individu qui vit d'expédients

BISCOITO (s.m.)

1) V. AMEIXA

2) V. CHUCHU (1)

BISOLAR (v.tr.) – V. MANJAR (2)

BITÁCULA (s.f.)

1) V. FACHADA

2) V. FORNALHA

BITOCA (s.f.)

Baiser (Bécot)

BITOLA (s.f.)

Col de chemise (Colpince)

BITOLA LARGA (s.m.) – V. BOA-VIDA, FOLGADO (2)

BITOLUDO (adj.) – V. ZEBRA (1)

BITUCA (s.f.) – V. BEATA

BITUCÃO (s.m.) – V. BEATA

BIZU (s.m.)

Information, renseignement important – DAR O BIZU – V. DICA (1) (DAR A DICA)

BLÁ (s.m.)

1) BATER UM BLÁ – V. PLÁ (1)

2) METER UM BLÁ EM (ALGUÉM) – BARATINAR (1)

BLABLABLÁ (s.m.) – V. CONVERSA FIADA

BLECAUTE (s.m.)

Nègre (Bougnoule, gobi, mal blanchi)

BLITZ (s.m.) – V. GERAL (2)

BOA (adj. et s.)

1) V. CHUCHU (1), PANCADÃO – «A mulata era muito boa»

2) V. PINGA

3) V. MANGA ROSA

4) ESTAR NUMA BOA – Profiter au maximum – V. CURTIR (2), ESTAR NA DE... (3)

BOA-GENTE (adj. et s.) – V. PINTA (4) (BOA-PINTA)

BOA-NOITE (s.m.) – V. BICÃO (2)

BOA-PINTA (adj. et s.) – V. PINTA (4)

BOA-PRAÇA (adj. et s.) – V. PINTA (4) (BOA-PINTA)

BOA-VIDA (s.) – V. FOLGADO (2)

BOAZUDA (adj.)

Superlatif de BOA (1)

BOBEADA (s.f.) – DAR UMA BOBEADA – V. BOBEAR (1, 2)

BOBEAR (v.intr.)

1) Être distrait par hésitation ou bêtise – V. MARCAR BOBEIRA (1), DORMIR NO PONTO (1, 2)

2) Se faire tromper – V. TAPEAR, au passif

BOBEIRA (s.f.)

1) Vie oisive, qui prédispose aux mauvais coups – FICAR DE BOBEIRA – Ne faire absolument rien – V. FOLGADO (2)

2) Hésitation – V. MARCAR BOBEIRA (1)

3) ESTAR DE BOBEIRA – BARATINADO

BOBINHO (adj.) – V. BOBO (1, 2)

BOBO (adj. et s.)

1) V. OTÁRIO (1)

2) V. ZEBRA (1)

BOBO (s.m.)

Montre de gousset (Bobe, bobine, oignon, tocante, trotteuse) – V. FU-MAR

BOBO-ALEGRE (s.m.)

1) Réveille-matin

2) V. OTÁRIO (1)

BOBOCA (adj. et s.)

1) V. OTÁRIO (1)

2) V. ZEBRA (1)

BOCA! (interj.) – V. BICO!

BOCA (s.f.)

1) Endroit fréquenté par des délinquants, des prostituées etc. et où se pratiquent des transactions illégales

2) NA BOCA PARA – Sur le point de – «Na boca para viajar, ele quebrou a perna»

BOCA-AMARELA (adj. et s.) – V. AZARADO

BOCA DE ASFALTO (s.f.)

Coin de rue, de place, où se fait le trafic de la drogue (Trafic qui se fait en ville et non dans le «morro»)

BOCA-DE-BRAGA (s.f.) – V. ALCAGOETE

BOCA-DE-BOI (s.f.)

Pot de chambre (Jules)

BOCA DE BOSTA (s.f.)

Personne qui a mauvaise haleine (Qui repousse du goulot, qui tue les mouches à quinze pas)

BOCA DE FELE-FELE (s.f.)

Intrigant, médisant – V. FOFO-QUEIRO

BOCA DE FOGO (s.f.) – V. BICHA (1)

BOCA DE FUMO (s.f.)

Local où se fait le trafic de la marihuana et autres stupéfiants

BOCA-DE-LITRO (s.f.) – V. ALCAGOETE

BOCA DE PRAIA (s.f.)

Endroit du littoral où se fait le trafic de la drogue

BOCA-DE-SIRI (s.f.)

1) Expression utilisée pour signifier de garder un silence absolu (Motus et bouche cousue) – V. BICO (5)

2) FAZER BOCA-DE-SIRI – V. BICO (3) (FECHAR O BICO)

BOCA DE TROMBONE (s.f.) – V. ALCAGOETE

BOCA DO LIXO (s.f.)

Quartier fréquenté par des prostituées ou des toxicomanes; les basfonds (Zone)

BOCA DO LUXO (s.f.)

Quartier où sont localisées les boîtes de nuit les plus huppées

BOCA DO PÓ (s.f.)

Endroit où se fait le trafic de cocaïne

BOCA-DURA (adj. et s.) – V. BOCA-SUJA

BOCA-LEVE (adj. et s.) – V. BARRA LIMPA (1)

BOCA LIVRE (s.f.)

1) Fête où l'on boit et mange librement

2) DE BOCA LIVRE (loc.adv.) – Ouvertement

BOCA-MOLE (adj. et s.) – V. ALCAGOETE

BOCA PESADA (adj. et s.) – V. BARRA SUJA (s. et adj.)

BOCA QUENTE (s.f.)

Lieu de réunion de délinquants

BOCA RICA (s.f.)

1) Mariage avec une femme riche

2) Endroit favorable aux voleurs, surtout par l'absence de surveillance policière

BOCA-SUJA (s.m.)

Personne mal embouchée, grossière (Mufle, pignouf)

BOCA-TORTA (s.m.) – V. COMUNA

BOCADO (s.m.)

Employé adverbialement précédé de l'article indéfini: Un peu, passablement – «Tô um bocado durão» (Je suis plutôt (pas mal) fauché) – V. MEIO-SOBRE

BOCÃO (s.m.) – V. BOCA DO LIXO

BOCHECHO (s.m.) – V. ONDA (1)

BOCHICHO (s.m.) – V. ONDA (1)

BOCHINCHE (s.m.)
1) V. ARRASTA-PÉ
2) V. BANZÉ (1, 2)

BOCO-MOCO – V. BOKO-MOKO

BODE (s.m.)
1) Complication, confusion – Surtout dans l'expression DAR BODE: «Na hora de soltar a grana deu bode (estourou o bode)» – «Isso vai dar bode» (Ça va faire vilain) – V. ENCRENCA (2), BANZÉ (1, 2)
2) ESTAR DE BODE AMARRADO – Etre contrarié, de mauvaise humeur (Etre mal boumé, mal vissé, de mauvais poil, l'avoir à la caille, avoir (faire) une gueule d'empeigne, en avoir gros sur la patate, le cassis) – DESAMARRAR O BODE – Perdre sa mauvaise humeur
3) DAR O BODE – État d'intoxication précédé de vomissements résultant d'un usage excessif de drogue AMARRAR UM BODE – V. BANHO (4)
4) Celui qui est en train de s'abandonner aux premiers effets de la drogue – «Ele está bode» – V. BANHO (4), APAGAR (4)
5) «Está numa de bode» – V. BEBUM (2), RESSACA
6) V. BÍBLIA

BODEAR (v.intr.) – V. APAGAR (2, 4)

BOFE (s.m.)
1) Femme de peu d'attraits (Boudin, grognasse, pétasse, pouffiasse, trumeau) – V. CORUJA (1)
2) V. PUTA
3) V. BRUCUTU (1)

BOFETE (s.m.) – V. TABEFE

BOFUNFA (s.f.) – V. BUFUNFA

BOI (s.m)
1) Menstrues, règles (Affaires, anglais, coquelicots, doches, ours, trucs) ESTAR DE BOI – Avoir ses règles (Avoir ses affaires, ses anglais, etc., écraser ses tomates, faire relâche, repeindre sa grille; rue barrée)
2) V. BOFE (1, 2)
3) V. BICHA (1)
4) BREQUE

BÓIA (s.f.)
1) Nourriture (Bectance, bouffe, boustifaille, briffe, croustance, croûte, frichti, fripe, graille, graine, jaffe, tambouille, tortore)
2) V. DIAMBA
3) V. JOÃO-NINGUÉM – «O coitado não tem culpa de ser bóia»

BÓIA-FRIA (s.m.)
Ouvrier agricole qui travaille sans aucune garantie

BOIAR (v.intr.)
1) Manger, s'alimenter (Becqueter, bouffer, boulotter, boustifailler, briffer, se caler les amygdales, les joues, se les caler, casser la croûte, la graine, claper, croquer, croûter, effacer, grailler, grainer, jaffer, mastéguer, (se) morfaler, morfiler, tortorer, se taper la cloche)
2) Ne pas comprendre (Entraver que pouic, que dalle, piger (biter) que dalle, ne baiser que dalle) – V. BULHUFAS (2)

BOIEIRO (s.m.)
Détenu qui distribue la soupe (Gamelleur)

BOIOTA (s.m.) – V. BIRUTA

BOKO-MOKO (adj. et s.)
Personne ou chose étrange, excentrique

BOLA (s.f.)
1) Tête (Balle, bille, binette, bobê-

29

che, bobine, bouille, boule, bourrichon, boussole, bulbe, cabèche, ca-
boche, cafetière, caillou, calbombe,
carafe, cassis, chou, ciboule, ciboulot, cigare, citron, citrouille, colo-
quinte, coupole, dôme, fiole,
gueule, lampe, margoulette, melon,
patate, poire, pomme, portrait, ro-
tonde, saladier, sorbonne, théière,
trogne, trombine, tromblon, trom-
pette, tronche, terrine)

2) VIRADO DA BOLA, DE BOLA VI-
RADA – V. BIRUTA

3) Argent donné pour suborner
(Bouquet, fleur, violette) – V. CO-
MER BOLA, LEVAR BOLA

4) DAR BOLA

a) Accepter les galanteries en parlant d'une femme – «Parece que ela
lhe deu bola» (Il semble qu'il a un
ticket avec elle)

b) Attacher de l'importance à –
NÃO DAR BOLA – Ne pas attacher
d'importance (S'en balancer, s'en
ficher, s'en foutre)

5) DAR UMA BOLA – V. PUXAR (5)

6) V. BOLINHA (1)

7) BOLAS (pluriel) – V. BAGO(S) (2)

BOLAÇÃO (s.f.)
Idée originale, création, trouvaille

BOLACHA (s.f.)

1) Gifle, soufflet (Atout, baffe,
claque, giroflée à cinq feuilles,
mandale, mornifle, taloche, tarte,
torgnole) – V. ACENDER A VELA

2) Coup de poing, en général sur
la figure (Beigne, châtaigne, emplâtre, gnon, jeton, marron, mûre,
pain, pêche)

3) NÃO VALER BOLACHA – Ne rien
valoir (Ne pas valoir un clou, un
pet de chien (de lapin), ne pas valoir tripette)

4) NÃO DIZER BOLACHA – V. BICO (3)
(FECHAR O BICO)

5) Disque

6) Sous-verre en carton pour les
demis de bière

BOLADA (s.f.)
Grande somme d'argent, surtout
en billets (Paquet, packsif, pack-
son, taf)

BOLAR (v.tr.)

1) Echafauder, imaginer, préparer
avec soin (Chiader, concocter, mi-
joter, monter) – BEM BOLADO – Bien
préparé, imaginé (Bien chiadé,
bien goupillé, bien mijoté, bien
monté; c'est chié!)

7) V. MORAR

BOLETA (s.f.) – V. BOLINHA (1)

BOLHA (s.)

1) V. CHATO (1)

2) V. ZEBRA (1)

3) V. QUADRADO (1, 2)

BOLHA-D'ÁGUA (s.f.)
Personne incapable, incompétente;
bon à rien (Bon à lape, bon à nib,
casserole, lope, pauvre mec, pauvre
type, tocard) – V. JOÃO-NINGUÉM,
BOLHA (1, 2, 3)

BOLHUFA – V. BULHUFAS

BOLINA (s.m.)
Celui qui caresse sensuellement
(Peloteur)

BOLINAÇÃO (s.f.)
Caresse sensuelle (Pelotage)

BOLINADOR (adj. et s.) – V. BOLINA

BOLINAGEM (s.f.) – V. BOLINAÇÃO

BOLINAR (v.tr.)
Caresser en palpant d'une manière
sensuelle une partie du corps (Aller aux renseignements, pétrir la
cellulite, palucher, peloter)

BOLINHA (s.f.)

1) Stupéfiant sous forme de comprimé. Il s'agit le plus souvent

d'amphétamines qui s'utilisent soit en comprimés, soit en piqûres (bombita) ou poudre à priser (Amphés, amphettes, blues, bearts, bennies (benzédrine), dexies (dexédrine), cristal (méthédrine), max (maxiton), meth, speed). Il peut s'agir aussi de barbituriques (Barbs, arc-en-ciel) ou de tranquillisants (Downers, red).

2) Personne petite et grosse (Bibendum, boulot – fém. boulotte – pot à tabac)

BOLINHO (s.m.)
Surtout dans l'expression «NÃO É BOLINHO» – «Falar a gíria não é bolinho, não» – V. ABACAXI (1) et l'antonyme CANJA

BOLIVIANA (s.f.)
Cocaïne de mauvaise qualité – V. BATIZADA (1)

BOLO (s.m.)
1) V. ARAME, BOLADA
2) V. BODE (1), ENCRENCA (2) – «Quando deu o bolo, azulou»
3) DAR (O) BOLO – Ne pas venir à un rendez-vous (Poser un lapin)
4) NÃO É BOLO – V. BOLINHO (NÃO É BOLINHO)

BOLOLÔ (s.m.) – V. BAGUNÇA

BOLOSTRECO (s.m.)
Objet quelconque (Bidule, machin, truc) – V. JOÇA (1)

BOLOSTROCA (s.f.) – V. BOLOSTRECO

BOLUDO (adj.) – V. ABONADO

BOM
1) (adj.) – V. PINTA (3)
2) (s.m.) – O BOM – V. PASSADOR
3) V. ARAME

BOM DE BICO (adj. et s.) – V. FAROFEIRO

BOM DE PAPO (adj. et s.) – V. FAROFEIRO

BOM PASTO – V. BOCA RICA (2)

BOMBA (s.f.)
1) V. BASEADO, MORRÃO

2) Echec à un examen – LEVAR BOMBA NO EXAME – Etre refusé à l'examen, être collé, recalé (Etre bité, blackboulé, rétamé)

BOMBADA (s.f.) – V. PICIRICO

BOMBARDEADO (adj.) – V. CHUMBADO

BOMBONZINHO (s.m.) – V. CHUCHUZINHO

BONDÃO (s.m.)
Autobus qui transporte les détenus au Palais de Justice

BONDE (s.m.) – V. BOFE (1)

BONÉ (PÔR, BOTAR BONÉ EM) – V. CORNEAR

BONECA (s.f.)
1) V. CHUCHU (1)
2) V. BICHA (1)
3) BONECA DE TRAPOS – V. PUTA

BONECO (s.m.)
1) Photographie d'un assassin, d'une victime, de toute personne concernée par un crime
2) V. PÃO
3) Cocaïne présentée en petits flacons de verre ou de plastique – V. BRANCA-DE-NEVE
4) Premier montage d'un journal

BONÉRRIMA (adj.) V. BOAZUDA

BONITÃO (adj. et s.) – V. ENCADERNADO, PÃO

BONITO (adj.)
1) Se dit de l'endroit où le malfaiteur peut travailler tranquillement – «O ônibus está bonito» – V. l'antonyme SUJO (1)
2) V. ABONADO

BONZÃO (adj.)
1) V. BACANA (2)
2) V. BACANA (5) – «Os bonzões do presídio armaram uma treta cavernosa» P. M.

BOQUEJAR (v.tr.)
1) V. BARATINAR (1)
2) V. XINGAR
3) V. MILONGAR (1)

BOQUEJO (s. m.)

1) V. CONVERSA FIADA

2) V. ONDA (1)

BORBOLETA (s. f.)

1) V. PUTA

2) V. BICHA (1)

BORBULHANTE (s. f.) – V. PINGA

BORDEJAR

1) (v. tr.) – V. MANJAR (2)

2) (v. intr.) – Aller à la recherche de stupéfiants ou d'aventure amoureuse

BORDEJO (s. m.) – DAR UM BORDEJO

1) V. DAR BANDA(S)

2) V. BORDEJAR (2)

BORDINA (s. f.) – V. BIABA

BORDINAU (s. m.) – V. BANHISTA

BORDOEIRA (s. f.) – V. BIABA

BORESCA (s. f.) – V. PINGA

BORLA (s. f.)

Le fait d'induire volontairement en erreur, tromperie (Charre, s. m.)

BOROCOXÓ (s. m.)

1) Individu sans énergie (Mollasse, mollasson) – V. BANANA (1), MANCO (1)

2) V. BROXA

BORÓS (s. m. pl.) – V. ARAME

BORRA (s. f.) – V. NICA

BORRA-BOTAS (s. m.) – V. JOÃO-NINGUÉM

BORRACHA (s. f.) – V. CHEQUE (DE) BORRACHA

BORRACHÃO (adj. et s.) – V. BEBAÇA

BORRACHEIRA (s. f.) – V. PIFÃO

BORRACHO (adj. et s.)

1) V. BEBAÇA

2) V. BARATINADO

BORRACHUDO

1) (s. m.) – Chèque falsifié – V. FAJUTO (1)

2) (adj.) – V. ARENGUEIRO

BORRIFO (s. m.) – V. BARRUFO

BOSSA (s. f.)

1) Esprit d'invention, talent cré-

ateur – «O rapaz tem muita bossa»

2) Résultat de l'invention – «Inventou uma bossa genial»

3) En musique populaire, désigne la technique d'exécution aussi bien que la composition elle-même, son rythme, sa mélodie – «A bossa-nova é genial mas a bossa-velha é imortal»

4) Art de plaire ou de convaincre, habileté (le plus souvent pour tromper)

5) Mode, façon d'être – «Cada época tem a bossa que merece» – «Que bossa é essa?»

BOSSUDO (adj.) – V. PRA-FRENTE

BOTA-FOGO (s. m.) – V. CAFETÃO

BOTÃO (s. m.)

1) V. TIRA (1)

2) Anus (Anneau, bague, bagouse, cavu, chevalière, chouette (s. m.), coupe-cigare, dossière, échalote, figne, fion, oignon, oeil de bronze, oeillet, le petit guichet, pot d'échappement, rond, rondibé, trou de balle, troufignard)

BOTÃO DE COURO (s. m.) – V. BOTÃO (2)

BOTAR AREIA – V. AREIA

BOTAR A BOCA NO MUNDO (NO TROMBONE) – V. PÔR A BOCA NO MUNDO

BOTAR AS MANGUINHAS DE FORA

Agir en révélant des qualités ou des intentions qui étaient cachées jusque là

BOTAR BANCA – V. BANCA

BOTAR FÉ (EM)

Avoir confiance – «Não boto fé nesse troço de disco voador»

BOTAR NO PASTO – V. PASTO

BOTAR O PÉ NO MUNDO – V. AZULAR

BOTAR PARA DENTRO – V. ENCANAR

BOTAR PARA DERRETER – V. BOTAR PARA QUEBRAR

BOTAR PARA JAMBRAR – V. BOTAR PARA QUEBRAR

BOTAR PARA QUEBRAR
Donner le maximum de ce que l'on peut (Mettre le paquet, en mettre un coup)

BOTE (s.m.) – V. BOTECO

BOTECO (s.m.)
Débit de boissons très modeste (Bistrot, estance, troquet)

BOTUCA (s.f.)
1) Oeil – V. HOLOFOTES (1) – «Meteu as botucas na menina»
2) ESTAR, FICAR NA BOTUCA – V. BOTUCAR – «Os tiras estão na botuca»
3) Certaine quantité de marijuana

BOTUCAR (v.tr.) – V. MANJAR (2), CAMPANAR (1)

BOY (s.m.)
Jeune pédéraste – V. BICHA (1)

BOZÓ (s.m.)
1) Dés à jouer
2) V. BOTÃO (2)

BR-3 (s.f.)
1) Circulation sanguine dans la carotide
2) Veine de grande dimension

BRABO (s.m.)
Voiture modifiée pour obtenir de meilleures performances

BRACELETES (s.m.) – V. ABOTOADURAS

BRANCA (s.f.)
1) V. PINGA
2) V. AÇO (1)

BRANCA-DE-NEVE (s.f.)
Cocaïne (Bigornette, blanche, came, coco, neige, prise, reniflette, respirette)

BRANQUINHA (s.f.)
1) V. BRANCA (1, 2)
2) V. BRANCA-DE-NEVE
3) V. RABO-DE-SAIA

BRASA (s.f.)
1) V. PINGA

2) V. MANDA-BRASA, MANDAR BRASA, LARGAR BRASA, METER BRASA
3) V. PRA-FRENTE – «Ele é uma brasa (uma brasa legal)»

BRASEADO (adj.) – V. BEBUM (2)

BRASEAR (v.intr.) – V. MANDAR BRASA, METER OS PEITOS

BRASEIRO (s.m.)
1) Cigare (Barreau de chaise)
2) Echange de coups de feu (Rififi)
3) V. HOTELECO

BRASILEIRA (s.f.) – V. PINGA

BRASINHA (s.f.)
Mitraillette (Artillerie, lampe à souder, lance-parfum, machine à secouer le paletot, moulinette, seringue, sulfateuse, titine)

BRASUCA (adj.)
Qui se rapporte au Brésil

BRECAR (v.tr.)
Faire cesser, mettre fin à, mettre le holà à…

BREGOGÉRIO (s.m.) – V. BAGULHO (1)

BREGUEÇOS (s.m.)
1) Habits usagés (Nippes, frusques)
2) V. BAGULHO (2)

BREJO (s.m.) – V. IR PARA O BREJO

BREQUE (s.m.)
Soulier (Bateau, croquenot, écrase-merde, godasse, godillot, grolle, latte, pompe, targette, tatane, tige)

BREXÓ (s.m.)
Magasin de vêtements d'occasion

BRIGA-DE-FOICE (s.f.) – V. BOFE (1)

BRILHA DE ARGOLA – V. BRILHO

BRILHO (s.m.)
Bague sertie de diamants (Bagouse avec des diames)

BRILHOSO (s.m.) – V. BRILHO

BRIM DO TURCO (DO JUDEU)
Habits achetés à crédit

BRINCAR (v.intr.)

1) Pratiquer des actes libidineux (Se mettre en chantier)

2) NÃO BRINCAR EM SERVIÇO – Être extrêmement scrupuleux, rigoureux (être réglo, régule) – V. CAXIAS

BRISA (s.f.)

1) V. PINDAÍBA

2) Vagabondage (Cloche, vadrouille)

BRISAS (s.f. pl. employé adv.) – V. BULHUFAS (1), NECA

BROCA (s.f.)

1) V. RAGU (1), ESGURIDO – «Estou com uma broca danada»

2) Situation difficile, dure à supporter – «Aí a vida foi broca para ele»

BROCADO (adj.) – V. BICHADO

BROCHA (adj. et s.m.) – V. BROXA

BROCHAR (v.intr.) – V. BROXEAR

BRONCA (s.f.)

1) Réprimande énergique – «Deu uma bronca no filho» – «Levou uma bronca da vizinha» (Abattage, engueulade, chicorée, savon, suif)

2) Protestation, réclamation bruyante – V. ESTRILO (1). DAR A BRONCA – Etre très mécontent, se fâcher, réclamer énergiquement – «O cara deu a bronca, puxou da navalha» – V. EMPOMBAR

3) Cris, disputes qui dégénèrent en bagarre – «A bronca atraiu a justa» – «Na boca do lixo todo dia tem bronca» – V. BAFAFÁ

4) Plainte à la police – DAR (A) BRONCA, REGISTRAR BRONCA – Porter plainte (Porter le deuil, porter le pet) – «Estourou a bronca» = On a découvert le crime

5) Plainte, sujet de mécontentement envers quelqu'un – «Ele não tem bronca de mim» – «Essa é a única bronca que tenho a apresentar» – «Meu chefe está de bronca comigo» – «A bronca que tinha das pessoas era muito grande» (P.M.)

6) V. QUAL É A BRONCA ?

BRONHA (s.f.) – V. COVARDIA

BRONQUEAR

1) (v.tr.) Réprimander énergiquement (Assaisonner, casser quelque chose, passer quelque chose (à quelqu'un), engueuler, engueuler comme du poisson pourri, enguirlander, flanquer (filer, passer) un savon, un abattage, habiller, incendier, laver la tête, moucher, passer un suif, secouer les puces, sonner les cloches) – V. EMPOMBAR

2) Se plaindre de quelqu'un – «O Doutor Diogo era manjado pelos bandidos. Não era bronqueado» (P.M.)

3) (v.intr.) a) ESTRILAR (1); b) V. DAR (A) BRONCA

BRONQUITE (s.f.) – V. BRONCA

BRONZE (s.m.) – V. ARAME, CARAMINGUÁS

BROTINHO (s.m.)

Très jeune fille (Faux-poids, tendron)

BROTO (s.m.) – V. BROTINHO

BROTOLÂNDIA (s.f.)

La jeunesse, les jeunes – V. JOVEM GUARDA (2)

BROXA (adj. et s.m.)

Affecté d'impuissance sexuelle (Amputé de la défonceuse, dévitaminé du sous-sol, empêché du calcif, qui est en demi-molle, qui l'a en guimauve, en rideau, qui roule sur la jante)

BROXAR (v.intr.) – V. BROXEAR

BROXEAR (v. intr.)

Etre affecté d'impuissance sexuelle – V. BROXA

BRUACA (s. f.)

1) V. BOFE (1), CORUJA (1)

2) V. PUTA

BRUCUTU (s. m.)

1) Personne très laide (Blèche, blèchecaille, gueule de raie, gueule (tronche) à caler les roues du corbillard, à chier dessus, à coucher dehors avec un billet de logement, loquedu, moche, mochetée, remède contre l'amour, tarte, tartignolle, tartouillard, tartouse, tête de pipe, pas jojo)

2) Voiture de police blindée, utilisée pour réprimer les manifestations de rue

BRUEGA (s. f.)

1) V. PIFÃO

2) V. BAFAFÁ

BRUTA (adj.)

Enorme, très grand – «Um bruta desconto» – «Ficou com um bruta medo» – V. BAITA, TAMANHO FAMÍLIA

BRUXA (s. f.) – V. CAFINFA (1) – «A bruxa anda aí»

BTL – (Bafo de tigre louco)

Mauvaise haleine – «Fumou tanto que acordou com BTL» – V. BAFO DE ONÇA

BUATE (s. f.) – V. INFERNINHO

BUÇA (s. f.) – V. BABACA

BUCETA (s. f.) – V. BABACA

BUCHA (s. f.) – V. BELOTA

BUCHO (s. m.)

1) V. BOFE (1)

2) V. PUTA

3) Ventre (Ballon, bedaine, bedon, bide, bidon, buffet, bureau, burlingue, panse, tiroir)

BUCHUDA (adj.) – V. EMPURRAR O VAGÃO

BUDUNA (s. f.) – V. BIABA

BUÉ (s. m.)

Gémissement, pleurnicherie – ABRIR O BUÉ, CAIR NO BUÉ – Gémir, pleurer (Chialer, miauler) – V. CHIAR (1)

BUENA DICHA (s. f.)

Femme tzigane, romanichelle, souvent voyante (Manouche, rabouine, romano)

BUFA (s. f.)

Gaz intestinal qui s'échappe du fondement sans bruit, pet (Cloque, flousse, louise, pastoche, perle, perlouse)

BUFADOR (adj.) – V. BAMBA (2)

BUFANTE (s. m.) – V. BERRO

BUFAR (v. intr.)

Protester en se fâchant (Aller aux cris, charronner, pétarder, renauder, rouscailler, rouspéter, ruer dans les brancards) – V. CHIAR (1, 2)

BUFOSA (s. f.) – V. BERRO

BUFOSO (s. m.) – V. BERRO

BUFUNFA (s. f.) – V. ARAME

BUGALHO (s. m.)

Le globe oculaire

BUJÃO (s. m.)

Tube scellé contenant 10 grammes de cocaïne

BULDOGUE (s. m.)

Revolver petit et à canon court (Riboustin)

BULHUFAS (ou BULUFAS) (s. f. pl. employé adv.)

1) Absolument rien, rien du tout – «Ficou um mês no buque, sem direito a bulhufas» – «Não enxergo bulhufas» – «Não quero bulhufas de nada com você» – V. NECA

2) NÃO ENTENDER BULHUFAS – V. BOIAR (2)

3) BULHUFAS PRA VOCÊ – V. NECA

BUM-BUM (s. m.) – V. BUNDA (1)

BUNDA

1) (s.f.) – Derrière, postérieur (Baba, boîte à gaz, cadran solaire, croupion, cyclope, dargif, derche, disque, faubourg, fouignozof, jumelles, lune, miches, noix, panier, panier à crottes, père Fouettard, pétard, pétoulet, pétrus, popotin, proze, train, troufignon, trousse, troussequin, valseur, valse)

2) (adj.) – V. FUNCA (1)

BUNFA (s.f.) – V. BUFUNFA

BUQUE (s.m.)

Cachot disciplinaire dans une prison (Mitard, schtard, surbine)

BUQUETADA (s.f.) – V. BOLACHA (2)

BUQUETE (s.m.) – V. BOLACHA (2)

BURACO NO PANO (s.m.)

Poche (Fouille, fouillouse, glaude, pocket, profonde, vague)

BURACO QUENTE (s.m.)

Maison de jeux de basse classe – V. ESCOLAÇA

BURLOQUES (s.m.)

Boucles d'oreilles (Pendantes)

BURRINHOS (s.m. pl.)

Courses de chevaux (Courtines)

BURRISTA (s.m.) – V. PIVETE

BURRO (PRA BURRO) (loc.adv.) – V. À BESSA (1, 2)

BURRUGA (s.m.) – V. CUTRUCO

BUTE (s.m.)

1) Objet de bonne qualité, de valeur – V. FUMAR

2) V. BREQUE

BUTECO (s.m.) – V. BOTECO

BUTELO (s.m.) – V. GALALAU, BIGUANO (1)

BUTICO (s.m.) – V. BOTÃO (2)

BUTUCA (s.f.) – V. BOTUCA

BUZINAR (v.tr.) – V. ALCAGOETAR

C

CABAÇO (s.m.)

Hymen, virginité (Berlingue, berlingot, capital)

CABEÇA-DE-MINHOCA (s.m.) – V. BIRU-
TA

CABEÇA-DE-NEGRO (s.f.)

Marihuana de bonne qualité – V.
DIAMBA, MANGA ROSA

CABEÇA-INCHADA (s.f.) – V. DOR-DE-CO-
TOVELO

CABECEIRAS (s.f. pl.)

1) Réseaux d'informations qui s'étendent jusqu'aux quartiers les plus reculés

2) Coin de rue, endroit caché, retiré – «Tem um pinta segurando as pontas nas cabeceiras»

CABIDE (s.m.)

Suspension infligée à un artiste par la censure

CABRA (s.m.)

1) V. ALCAGOETE

2) V. CARA (s.m.)

CABRA SAFADO (s.m.) – V. BISCA

CABRA DA PESTE (s.m.) – V. BISCA

CABRAL (s.m.) – V. LUCA

CABRÃO (s.m.) – V. CORNO

CABREIRO (adj.)

1) V. ESCABREADO (1) – «Ficou meio cabreiro comigo»

2) V. BODE (2) (ESTAR DE BODE AMARRADO)

CABRICE (s.f.)

Méfiance

CABRITA (s.f.)

Femme – «Tem cabrita nova no embalo» – V. GATA (1), RABO-DE-SAIA

CABRITO (s.m.)

1) V. BAGULHO (1)

2) Voiture volée

3) O BOM CABRITO NÃO BERRA – Le véritable truand doit supporter l'adversité sans se plaindre

CABROCHA (s.f.)

1) V. RABO-DE-SAIA

2) V. ROXINHA

CÁBULA (s.f.)

1) V. CAFINFA (1)

2) Ecole buissonnière

CABULAR (v.intr.)

Ne pas assister aux cours, faire l'école buissonnière (Sécher les cours)

CABULOSO (adj.)

1) V. CHATO (1)

2) Qui porte malheur (Cadavre, pestouillard, porte-guigne) – V.
AZARADO

CAÇADA (s.f.)

Poursuite par la police de personnes suspectes

CAÇAMBA (s.f.)

1) Partie réservée aux détenus dans les voitures cellulaires – V.
MAMÃE-ME-LEVA

2) V. AREAR (CAÇAMBA)

CAÇAMBAR (v.tr.)

Dénoncer un camarade d'école, moucharder (Cafarder, cafter, caponner)

CAÇÃO (s.m.) – V. ARAME

CACARÁ (s.m.) – V. JOÃO-NINGUÉM

CACAU (s.m.) – V. ARAME

CACETADA (s.f.) – E CACETADA – V. FU-MAÇA (2)

CACETÃO (s.m.)
Grande quantité de – «Um cacetão de tempo» (Un bail, une paye) – V. PORRADA (3)

CACETE (s.m.)
1) V. CHATO (1, 2)
2) V. BIABA
3) V. NERVO (1)
4) V. ENTRAR NO PAU (NO CACETE)

CACHAÇA (s.m.) – V. BEBAÇA

CACHANGA (s.f.) – V. COSTELA (1)

CACHIMBO DA PAZ (s.m.)
Cigarette de marijuana fumée en groupe

CACHO (s.m.) – TER UM CACHO COM, ESTAR DE CACHO COM – Avoir le béguin pour (En pincer pour)

CACHORRA (s.f.) – ESTAR, FICAR COM A CACHORRA – V. DOR-DE-COTOVELO

CACHORRADA (sf.) – V. SAFADEZA

CACHORRINHO (s.m.) – V. ALCAGOETE

CACHORRO (s.m.)
1) Individu méchant, pervers (Charogne, dégueulasse, ordure, salaud, salopard, teigne, vachard, vache) – V. BISCA
2) V. BUNDA (1)
3) PRA CACHORRO (loc.adv.) – Exprime une grande quantité ou l'intensité – V. À BESSA

CACHORRO DE ENGENHEIRO (s.m.) – V. PINGA

CACIQUE (s.m.)
Directeur de prison (Mac)

CACUNDA (s.f.)
Dos, échine (Endosses, râble, soie)

CADÁVER (s.m.)
1) Ivrogne endormi facile à voler

2) Créancier (Qui fait du crayon, du croume)

CADÊ? Forme interrogative: «Cadê o menino?» Où est le petit?

CADEADO (s.m.) – V. SELADA

CADEIEIRO (adj.)
Qui a l'habitude de la prison

CADELA (s.f.) – V. PUTA

CAFA (adj.) – V. CAFONA

CAFAJESTADA (s.f.) – V. SAFADEZA

CAFAJESTE (s.m.) – V. CACHORRO (1)

CAFÉ-DE-SABIÁ (s.m.)
Orange

CAFÉ-PEQUENO (s.m.)
1) V. CANJA
2) V. JOÃO-NINGUÉM
3) V. BAGULHO (2), MICHO (2)

CAFÉ-REQUENTADO – V. BROXA

CAFETA (s.m.) – V. CAFETÃO

CAFETÃO (s.m.)
Proxénète, souteneur (Barbe, barbeau, barbillon, barbiquet, brochet, dos vert, hareng, jules, lacromuche, mac, maquereau, maquereautin, mangeur de blanc, marchand de barbaque, marlou, mec, mecton, merlan, pescale, poisse, poisson, sauret)

CAFETINA (s.f.)
Tenancière d'une maison de tolérance (Abbesse, daronne, latrone, marquise, maquerelle, mère maquerelle, sous-balloche, sous-broche, sous-mac, sous-macquesée, taulière)

CAFIFA
1) (s.m.) – V. CAFETÃO
2) (s.f.) – V. CAFINFA (1)

CAFINFA
1) (s.f.) Malchance (Cerise, déveine, guigne, guignon, manque de bol, manque de pot, pestouille, scoumoune) – V. l'antonyme PÊLO
2) (adj.) – V. AZARADO

CAFIOLA (s.m.) – V. CAFETÃO
CAFIOLO (s.m.) – V. CAFETÃO
CAFOFO (s.m.) – V. ENRUSTE (1)
CAFONA (adj.)
1) Se dit d'une personne de très mauvais goût dans sa façon d'agir, de parler, de se vêtir; démodé (Pas dans le coup, out, rétro) – V. FORA (1) ESTAR POR FORA
2) Se dit d'une chose de mauvais goût, vulgaire
CAFONAGEM (s.f.) – V. CAFONICE
CAFONALHA (s.f.)
1) V. CAFONICE
2) Ensemble de personnes aux goûts démodés
CAFONÉRRIMO (adj.)
Superlatif de CAFONA
CAFONICE (s.f.)
Mauvais goût, vulgarité
CAFONISMO (s.m.) – V. CAFONICE
CÁFTEN (s.m.) – V. CAFETÃO
CAFTINAGEM (s.f.)
Activité du souteneur, proxénétisme
CAFTINAR (v.intr.)
Pratiquer le proxénétisme
CAFTINISMO (s.m.) – V. CAFTINAGEM
CAFTISMO (s.m.) – V. CAFTINAGEM
CAFTINIZAÇÃO (s.f.) – V. CAFTINAGEM
CAFUFO (s.m.) – V. CAFOFO
CAFUMANDO (s.m.)
1) V. CAPIAU
2) V. LUSTRA
CAFUNGADA (s.f.)
Aspiration de drogue à priser (Reniflette) – V. PRIZE
CAFUNGAR (v.tr.)
Aspirer de la drogue en poudre, roulée le plus souvent dans un billet de banque (Sniffer) – V. PRIZE
CAGA-BAIXINHO (s.m.) – V. FICHINHA (1)
CAGA-SEBO (s.m.) – V. BACURI
CAGA-RAIVA (s.m.) – V. ARENGUEIRO

CAGAÇO (s.m.)
Peur (Chiasse, frousse, pétoche, pétouille, tracsir, traquette, traquouse, trouille) – V. PENICO (2) (PEDIR PENICO)
CAGANEIRA
1) (s.f.) – V. CAMINHEIRA
2) (adj.) – V. CAGÃO
CAGÃO (adj.)
Poltron (Capon, dégonflé, foireux, froussard, péteux, pétochard, trouillard, qui a la chiasse, les chocottes, les colombins, les copeaux, les flubes, les foies, les grelots, les jetons, le taf, les fesses en yoyo, les miches qui font bravo, qui les a à zéro, qui n'en a pas, qui n'a rien dans le bide (le ventre), qui n'a pas de raisiné dans les conduits) – V. PENICO (2) (PEDIR PENICO)
CAGATÓRIO (s.m.)
Lieux d'aisance, cabinets (Cabinces, chiottes, débourre, gogues, goguenots, tartisses, tartissoires, tasses, téléphone)
CAGÜETAGEM (s.f.) – V. ALCAGÜETAGEM
CAGOETE (CAGÜETE) (s.m.) – V. ALCAGOETE
CAGOETAR (CAGÜETAR) (v.tr.) – V. ALCAGOETAR
CAGUA (s.m.) – V. ALCAGOETE
CAGÜETA (s.m.) – V. ALCAGOETE
CAGÜIRA
1) (s.f.) – V. CAFINFA (1)
2) (s.m.) – V. JOÃO-NINGUÉM
CAIDINHO (adj.) – V. GAMADO – «Tá caidinho por ela»
CAÍDO (adj.) – V. GAMADO
CAIPIRINHA (s.f.)
Apéritif à base d'eau-de-vie et de tranches de citron vert
CAIR COM OS COBRES – V. ESPICHAR, PASSAR OS COBRES, GEMER

CAIR DA ÉGUA, DA JUMENTA – V. CAIR DO CAVALO

CAIR DE PAU EM (ALGUÉM) – V. METER O PAU (1, 2)

CAIR DO BURRO – V. CAIR DO CAVALO

CAIR DO CAVALO

1) Déchoir, perdre une bonne situation (S'enfoncer, se paumer)

2) V. ENSANGÜENTADO et ENCANAR à la forme passive

3) V. DAR COM OS BURROS NA ÁGUA

CAIR DO GALHO – V. CAIR DO CAVALO

CAIR DURO

Être très étonné, stupéfait (Etre asphyxié, baba, estomaqué, soufflé, comme deux ronds de flan, s'en faire boucher un coin, s'en faire couper la chique, s'en faire mastiquer une fissure)

CAIR FORA

1) V. AZULAR

2) Se tirer de, en finir avec – «Queria cair fora da estica»

CAIR NA CONVERSA

Se faire tromper par de belles paroles – V. BARATINAR (1) au passif

CAIR NAS FOLHAS – V. AZULAR

CAIR NA TIGÜERA – V. AZULAR

CAIR NA VIDA

Se livrer à la prostitution (faire le biseness, la retape, le raccroc, le ruban, le tapin, le trottoir, le truc, le turf, en écosser, en écraser, en écrémer, en faire, en mouler, en moudre, faire son persil, persiller, usiner)

CAIR NO MATO – V. AZULAR

CAIR NO MUNDO – V. AZULAR

CAIR NO ÔCO DO MUNDO – V. AZULAR

CAIR PELAS TABELAS – V. PREGO (6) (ESTAR NO PREGO)

CAITITU (s.m.)

Compositeur ou chanteur qui fait tous ses efforts pour qu'on diffuse ses disques

CAITITUADA (s.f.) – V. CAITITUAGEM

CAITITUAGEM (s.f.)

Efforts déployés par un compositeur ou chanteur pour diffuser sa production

CAITITUAR (v.intr.)

S'efforcer par tous les moyens de divulguer sa production (d'un compositeur ou chanteur)

CAIXA (s.f.) – V. BATER UMA CAIXA

CAIXA-ALTA (s.m.) – V. ABONADO

CAIXA-BAIXA (DE CAIXA BAIXA) – V. LIMPO (1)

CAIXA-D'ÁGUA (s.m.) – V. BEBAÇA

CAIXA DA COMIDA (s.f.)

Estomac (Bocal, boîte à ragoût, buffet, cornet, estome, garde-manger, lampe, tiroir)

CAIXA DE FUMAÇA (s.f.) – V. FORNALHA

CAIXA DO CATARRO (s.f.)

Poumons (Eponges)

CAIXA DO RELÓGIO (s.f.) – V. BOLA (1)

CAIXINHA (s.f.)

1) Somme d'argent accumulée par des personnes ayant les mêmes intérêts (Cagnotte)

2) V. GRAXA

CAJU

1) (s.m.) Année de vie (Berge, carat, pige)

2) (adj.) – V. BIRUTA

CALA-A-BOCA (s.m.)

1) Argent donné à une personne pour la faire taire, dans une affaire louche – V. BOLA (3)

2) V. ARAME

CALA-BOCA (s.m.) – V. AÇO (1), BERRO

CALÇA-COMPRIDA (s.m.)

Commissaire de police qui a de l'autorité, qui est respecté et ne se laisse pas influencer

CALÇA-CURTA (s.m.)

Commissaire de police influençable politiquement

CALÇADO (adj.)

1) V. ABONADO

2) Protégé (Pistonné) – V. PEIXINHO

CALÇA-FROUXA (adj.) – V. CAGÃO

CALCÂNEO (s.m.) – V. CALCANTE (1, 2)

CALCANTE (s.m.)

1) V. BREQUE

2) Pied (Arpion, bateau, fumeron, nougat, panard, patin, patte, paturon, péniche, pinceau, pingot, pingouin, ripaton)

3) NO CALCANTE – A pied (Pedibus com jambis, à griffes, à pinces)

CALÇAR O PEITO – V. BOIAR (1)

CALDO (s.m.) – V. ENGROSSAR (3) (ENGROSSAR O CALDO)

CALHORDA (s.m.)

Individu méprisable (Cloche, copaille, lope, lopette, pauvre bougre, pauvre mec, pauvre type, peigne-cul, pelure, tocard)

CALIBRADO (adj.) – V. BEBUM (2)

CALOTE (s.m.)

Dette contractée sans intention de la payer (Carotte, drapeau) – V. BEIÇO (1)

CALOTEAR (v.intr.) – V. BEIÇO (1) (DAR O BEIÇO)

CALOTEIRO (adj. et s.)

Mauvais payeur (Carotteur, carottier)

CAMAÇADA (s.f.)

1) V. BIABA

2) Accumulation de maladies vénériennes – V. ESQUENTAMENTO, GÁLICO

CAMARADA (s.m.)

1) V. CARA (s.m.)

2) V. COMUNA

CAMARADINHA (s.m.) – V. CHAPA (1)

CAMBADA (s.f.) – V. BATOTA (3)

CAMBALACHO (s.m.) – V. ESTOURO (2)

CAMBAUS (s.m. pl.) – OS CAMBAUS

Et le reste, et caetera – «Houve um sorteio com Fuscas, geladeiras, TVs, gravadores e os cambaus»

CAMBIAZO (s.m.)

Action de substituer des objets faux à des valeurs ou objets précieux – V. CONTO DO VIGÁRIO

CAMBITO (s.m.)

1) V. MOCOTÓ, GAMBITO

2) V. ESTICAR O CAMBITO

CAMBRAIA (s.f.) – V. PINGA

CAMBURÃO (s.m.) – V. MAMÃE-ME-LEVA, TAMBURÃO

CAMINHÃO-DA-SORTE (s.m.)

Revendeur de marijuana – V. ATRAVESSADOR, MACONHEIRO (1)

CAMINHEIRA (s.f.)

Diarrhée (Cavalante, chiasse, courante, foire)

CAMINHO (s.m.)

Pincée de poudre placée dans la «babila» – V. BABILA

CAMISINHA (s.f.)

Préservatif, capote anglaise

CAMPANA

1) (s.m.) Compère dans un vol (Allumeur, baron, équipier) – V. FILA (1), GRUPO (1)

2) (s.f.) Surveillance exercée par le complice du voleur, ou par la police – «Eles se botaram na campana de um fusca» – «Tiveram que fazer uma campana perto do mocó» – «Meteram uma campana firma em cima do lalau»

CAMPANAR (v.tr.)

1) Faire le guet pendant que les comparses agissent (Faire le pet, faire le sert, faire le vingt-deux). On dit aussi CAMPANAR A BARRA

2) Suivre discrètement quelqu'un

pour connaître ses habitudes (Filer le train, filocher)

CAMPANEAR (v.tr.) – V. CAMPANAR

CAMUNHECA (s.f.) – V. PIFÃO

CANA (s.f.)

1) Prison (Ballon, bigne, boîte, cabane, carluche, clou, gnouf, placard, ratière, schtard, schtib, séchoir, taule, trou, violon)

2) DAR A CANA – V. ENCANAR

3) V. JUSTA

CANASTRA (s.f.)

1) V. BATIDA (1)

2) V. BATER A CANASTRA

CANASTRÃO (s.m.)

1) Mauvais acteur (Ringard)

2) Virago très laide – V. BOFE (1)

3) V. BICHA (1)

CANASTRO (s.m.)

Le corps humain – V. DAR CABO DO CANASTRO

CANAVIAL (s.m.) – V. CANA (1), MOFO (1)

CANCHA (s.f.)

Expérience, métier – «Sem cancha o pivete meteu o berro na fuça do motorista»

CÂNDIDA (s.f.) – V. PINGA

CANDONGA (s.f.)

1) V. FOFOCA

2) V. BAFAFÁ

3) V. BENZOCA

CANEADO (adj.) – V. BEBUM (2)

CANECA (s.f.) – V. ENCHER A CANECA

CANELA (s.f.)

1) V. DOR-DE-COTOVELO

2) V. ESPICHAR, ESTICAR AS CANELAS

CANELAGEM (s.f.) – V. DOR-DE-COTOVELO

CANELUDO (adj.)

Jaloux (Jalmince)

CANFINFA (s.f.) – V. CAFINFA (1)

CANGALHAS (s.f.)

Lunettes (Bernicles, bicyclettes, carreaux, carrelingues, hublots, pare-brise)

CANGIBRINA (s.f.) – V. PINGA

CANGONHA (s.f.) – V. DIAMBA

CANGUARA (s.f.) – V. PINGA

CANHÃO (s.m.) – V. BOFE (1)

CANIL (s.m.) – V. CANA (1)

CANINHA (s.f.) – V. PINGA

CANJA (s.f.)

Se dit d'une chose facile à faire (Du beurre, du billard, du cousu-main, du miel, du nougat, de la nougatine, du sucre, de la rigolade, du mille-feuilles, de la tarte, une promenade, un parcours de père de famille, c'est dans la feuille, dans la poche) – V. GAGOSA (DE GAGOSA), MOLEZA et l'antonyme ABACAXI (1)

CANJANJA (s.m.) – V. PIVETE

CANJEBRINA (s.f.) – V. PINGA

CANJINHA (s.f.) – V. DIAMBA

CANO (s.m.)

1) DAR O CANO – «A gata deu o cano no paquerador» – V. MANCAR (2)

2) V. ENTRAR PELO CANO

3) V. CANUDO (1)

4) Chose ou situation difficile – «A chegada do Diretor foi um cano»

5) Mauvaise affaire – «A compra desse Fusca foi o maior cano»

CANOA (s.f.)

1) V. BATIDA (1)

2) NÃO EMBARCAR EM CANOA FURADA

a) Ne pas s'occuper d'une affaire pleine de risques (Ne pas se mouiller);

b) Ne pas se laisser tromper (Ne pas marcher) – V. TAPEAR

3) EMBARCAR NA MESMA CANOA – Faire la même chose

4) ENTRAR NA CANOA – V. ENTRAR NESSA

CANONA (s.f.) – V. MOFO (1)

CANTADA (s.f.)
Propos destinés à séduire – «Não se conquista uma garota sem uma boa cantada» – DAR, PASSAR UMA CANTADA EM… – V. CANTAR (1)

CANTANTE (s.m.) – V. VIGARISTA

CANTÃO (s.m.) – V. COME-QUIETO (1)

CANTAR (v.tr.)
1) Chercher à séduire par de belles paroles – V. BARATINAR (1)
2) V. BICO (3) (ABRIR O BICO)

CANUCHA (s.f.) – V. CANA (1)

CANUDEIRO (s.m.)
Tuyau de pipe à fumer la marihuana

CANUDO (s.m.)
1) Artère, veine (Conduit)
2) Tuyau de carton pour aspirer la cocaïne
3) Diplôme (Peau d'âne)

CANUNCHA (s.f.) – V. CANA

CAPA-PRETA (s.m.) – V. HOMEM DA CAPA PRETA

CAPAZ (adj.) – SER CAPAZ – Être possible – «Chove amanhã? – É capaz»

CAPIANGAGEM (s.f.) – V. AFANO

CAPIANGAR (v.tr.) – V. AFANAR

CAPIANGO (s.m.) – V. AFANADOR

CAPIAU (s.m.)
Paysan (Bouseux, cambrousard, croquant, glaiseux, patate, péquenot, petzouille, plouc)

CAPIM (s.m.)
1) V. ARAME
2) Marihuana falsifiée (Merde)

CAPIM-MIMOSO (s.m.) – V. ARAME

CÁPITA (s.m.)
Capitaine (Pitaine)

CAPITÃO DE AREIA (s.m.) – V. MALOQUEIRO (1)

CAPITÃO DE CAMA (s.m.) – V. BOCA DE BOI

CAPIVARA (s.f.)
1) V. ESCRACHA (2) – PUXAR UMA CAPIVARA – Vérifier le casier judiciaire d'un individu suspect
2) V. PÃO-DURO

CAPOTAR (v.intr.) – DE CAPOTAR (expression à valeur intensive) – «Vestia uma mini de capotar» – V. MACHUCAR (2) (DE MACHUCAR)

CAQUEIRADA (s.f.) – V. BOLACHA (1, 2)

CARA (s.f.)
1) V. ENFIAR (METER) A CARA NO MUNDO
2) V. METER A CARA
3) DAR AS CARAS – Arriver, se montrer (Amener sa viande, s'abouler, s'amener, s'apporter, se pointer, se radiner, rabattre, ralléger, rappliquer) – V. BAIXAR, PINTAR (1)
4) DAR NA CARA – Attirer l'attention
5) DAR DE CARA COM – Rencontrer, trouver sur son chemin (Se casser le nez sur)
6) LIVRAR A CARA DE ALGUÊM
a) Innocenter (Blanchir, défarguer) – «A gente tem que se livrar a cara dos cupinchas»
b) Faire sortir de prison
7) ESTÁ NA CARA – C'est évident (C'est affiché, catalogué, naturliche, officiel) – «Tá na cara que você é um sacana»
8) FAZ UMA CARA QUE… – Il y a longtemps que… (Ça fait un bail, une paye que…)
9) DE MEIA CARA – V. BEIÇO (2) (DE BEIÇO)
10) IR COM A CARA DE – sympathiser avec quelqu'un – «Não VAI COM A MINHA CARA» (sa tête ne me revient pas) – V. TOPAR (2)
11) DE CARA CHEIA – V. BEBUM (2)
12) V. QUEBRAR A CARA

13) V. ESTAR COM A CARA

14) COM A CARA MAIS LAVADA – Avec le plus grand cynisme – V. CARADU-RISMO, CARA-DE-PAU (2)

15) DE CARA – Immédiatement, à première vue – V. ESTALO, NO ESTALO

CARA

1) (s.m.) Individu (en général) (Citoyen, fias, gars, gniard, gniasse, gnière, gonze, gus, jules, matz, mec, moineau, paroissien, rombier, type, zèbre, zigue, zouave) – «É um cara legal» – V. PINTA (4) (BOA PINTA)

2) (s.f.) Femme (en général) – V. RABO-DE-SAIA

CARA-COMPRIDA (s.m.)
Cheval (Bourrin, canasson, carcan, carne, gail, hareng)

CARA-DE-PAU (adj. et s.)

1) Individu à la physionomie impassible et sans expression

2) Effronté, impudent, cynique – V. AVANÇADO

3) FICAR COM CARA DE PAU – Avoir une déception – V. FICAR NA MÃO (1)

CARA-REDONDA (s.m.) – V. OLHO LAS-CADO (1, 2)

CARADURA (s.) – V. AVANÇADO (1)

CARADURISMO (s.m.)
Cynisme, impudence

CARALHO

1) (s.m.) – V. NERVO (1)

2) PRA CARALHO (loc. adv.) – V. BESSA (À BESSA), PACA (adv.)

CARAMBOLA (s.f.)
Enchaînement d'arrestations de tous les membres d'un gang

CARAMELO (s.m.) – V. AMEIXA

CARAMINGUÁS (s.m. pl.)
Menue monnaie (Ferraille, mitraille, mornifle, picaillons, quin-caille, radis, rond, rotin, vaisselle de fouille)

CARANGÃO (s.m.) – V. CATA-OSSO

CARANGO (s.m)

1) Pou du pubis, morpion (Morbac) – V. HABITANTE

2) Fantassin (Biffin)

3) Automobile (Bagnole, chignole, chiotte, tacot, tire, trotti-nette)

CARANGOLA (s.f.) – V. CARANGO (3)

CARANGOTE (s.m.) – V. CARANGO (3)

CARANGUEJEIRO (s.m.)
Voleur de voitures

CARANGUEJO (s.m.) – V. CARANGO (2, 3)

CARÃO (s.m.) – V. BRONCA (1)

CARDEAL (s.m.)
Policier d'un rang très élevé

CARDINA (s.f.) – V. PIFÃO

CARECA

1) (s.m.) Fromage (Coulant, from-gis, frometon, fromegogue)

2) (adj.) – V. ONDA, PAPO CARECA

CARETA (adj. m.)

1) V. CAFONA (1), FORA (1) (ESTAR POR FORA), QUADRADO (1, 2)

2) V. CHATO (1)

3) Celui qui n'a pas bu, qui est sobre – «A patota toda biritou e só o fariseu ficou careta»

4) V. FARISEU (1)

5) (s.m.) – V. CARA (s.m.) – «Tinha lá caretas muito chatos»

6) DAR AS CARETAS – V. CARA (3) (DAR AS CARAS)

CARETÃO (s.m.) – V. CARETA

CARETICE (s.f.)
Habitude qui n'est plus à la mode – V. CAFONICE

CARGA (s.m.)

1) V. DEITAR CARGAS AO MAR

2) V. FAZER CARGA

3) V. DAR CARGA

CARIDADE (s.f.)
La mort (La blafarde)
CARIDOSO (adj. et s.)
Assassin, sanguinaire
CARINHA (s.f.) – V. BRANCA-DE-NEVE
CARINHOZINHO (s.m.)
Moyens mis en oeuvre pour faire avouer – V. VOMITÓRIO
CARNET (s.m.)
Paiement à tempérament (même pour la drogue) – «A erva já tem carnet»
CARNICEIRO (s.m.) – V. ESFOLADOR
CAROÇO (s.m.)
1) V. ARAME
2) V. AMEIXA
CAROÇUDA (s.f.) – V. DIAMBA
CARONA
1) (s.f.) Voyage obtenu gratuitement
2) (adj. et s.) – V. BICÃO (2)
CARRÃO (s.m.) – V. MAMÃE-ME-LEVA
CARRASPANA (s.f.)
1) V. PIFÃO
2) V. BRONCA (1)
CARREGAÇÃO (s.f.) – V. CAMAÇADA (2)
CARRO-NOVO (s.m.)
Prostituée débutante (Laitue)
CARROÇARIA (s.f.)
Corps (Chassis)
CARTÃO DE VISITA (s.m.)
Empreintes digitales (Piano) – V. ESCRACHA (3)
CARTAR (v.tr.)
Affecter, feindre, simuler (Battre, chiquer à) – CARTAR ALTO (Battre le rupin, chiquer au rupin)
CARTAS MAÇADAS – V. MACETE
CARTAZ (s.m.)
Notoriété, popularité (Cote)
CARTOLA (s.m.)
1) V. GRANFA
2) Haut dirigeant d'une association sportive

CARTUCHO (s.m.)
1) Quantité de marijuana pour faire trois cigarettes – V. MORRÃO (2)
2) Personne influente qui aide à obtenir des faveurs – V. MANDA--CHUVA (1)
CARVÃO (s.m.) – V. ARAME
CASA DA SOGRA (s.f.)
Endroit où tout le monde commande (Foutoir)
CASA DAS PRIMAS (s.f.) – V. AÇOUGUE
CASA DE CÃO (s.f.)
Maison d'arrêt (Centrouse)
CASA DE PEDRAS (s.f.) – V. CASA DE CÃO
CASACA (s.m.) – V. CAPIAU
CASACA-DE-PAU (s.f.)
Cercueil (Boîte à asticots, boîte-à-dominos, dernier paletot, paletot en sapin, paletot sans manches) – V. PIJAMA (PALETÓ) DE MADEIRA
CASÃO (s.m.) – V. CASA DE CÃO
CASARÃO (s.m.) – V. CASA DE CÃO
CASCA (s.f.)
1) Veste (Alpague, alzingue, rider)
2) Pardessus (Lardeuss, lardingue, lardoss, pardingue, pardeusse, pardosse, roupane)
3) ESTAR NA CASCA – V. LIMPO (1)
CASCA-DE-FERIDA (s.m.) – V. ARENGUEIRO
CASCA-DE-JACA (s.m.) – V. BIRUTA
CASCA-DE-LIMÃO (s.f.) – V. CABAÇO
CASCATA (s.f.)
1) V. CONVERSA FIADA
2) V. POTOCA, ONDA (1)
3) Paquet de papier qui ressemble à des liasses de billets et destiné à tromper un ingénu – V. CONTO DO VIGÁRIO
4) V. APLICAR A CASCATA, ARRIAR CASCATA
CASCATEAR (v.tr.) – V. BARATINAR (1)

CASCATEIRO (adj. et s.) – V. GAZETEIRO (1, 2)

CASCAVEL (s.f.)

Mauvaise langue (Vipère)

CASINHA (s.f.)

1) V. CAGATÓRIO

2) V. MIQUITO

CASCO (s.m.) – V. DAR NOS CASCOS, CRESCER NOS CASCOS

CASO (s.m.)

1) Aventure sentimentale – «Teve um caso com ela»

2) V. CRIAR CASO

CASÓRIO (s.m.)

Mariage

CASQUINHA (s.m.)

1) Professeur de faible niveau

2) V. PÃO-DURO

3) (s.f.) – V. TIRAR (UMA) CASQUINHA

CASTIGAR (v.tr.)

1) Avaler, ingurgiter (de l'alcool, etc.) (S'envoyer, s'envoyer derrière la cravate, s'enfiler, se taper) – V. BATER (2), CHUPAR

2) CASTIGAR O CRIVO – Fumer beaucoup (Bombarder)

3) Prendre des drogues – V. BARATINAR (3, 4)

CASTIGO (s.m.) – V. BARATINO (3)

CATA-OSSO (s.m.)

Autobus (Bus)

CATAPIMBA (s.f.) – V. BOLACHA (1, 2)

CATATAU (s.m.) – FICHINHA (1)

CATECISMO (s.m.) – V. ESPADA (1)

CATERINA (s.f.) – V. PUTA

CATICÓ (s.m.) – V. CATATAU

CATINGA-DE-ÁGUA (s.f.) – V. CAFINFA (1)

CATIRIPAPO (s.m.) – V. BOLACHA (1)

CATUPIRI (s.m.) – V. PORRA

CATUTA (s.f.) – V. PINGA

CAVAÇÃO (s.f.)

1) Moyens mis en œuvre pour améliorer sa situation

2) Situation obtenue par protection (Planque)

CAVADOR (adj. et s.) – V. PICARETA (1, 2)

CAVALO (s.m.)

1) V. OTÁRIO (1, 2)

2) V. BOCA-SUJA

3) V. CAIR (CAIR DO CAVALO)

CAVEIRISTA (s.m.)

Médecin (Doc, morticole, toubib)

CAVALO DOIDO (s.m.)

Modalité de vol à la tire pratiqué par des mineurs (V. TROMBADINHA) et qui consiste à bousculer et renverser la victime, et même à la blesser à coups de canif si elle réagit

CAXANGÁ (s.f.) – V. GOMA (3)

CAXIAS (s.m.)

Militaire ou civil extrêmement scrupuleux dans l'exercice de ses fonctions (Blanc-bleu, réglo, régule)

CÊ

Pronom de la troisième personne «VOCÊ» – «Cê tem de largar essa muié aí!»

CEBOLA (s.f.) – V. BOBO (s.m.)

CÊ-DE-EFE (s.m.) – V. CU-DE-FERRO

CEGANTE (s.m.) – V. BRILHO

CEGO (s.m.) – V. BOTÃO (2)

CEGUINHA (s.f.) – V. COVARDIA

CEGUINHO (adj. et s.) – V. JOÃO-NINGUÉM

CELESTINA (s.f.) – V. CAFETINA

CEM POR CENTO (loc.adj.) – V. BACANA (2) – «É um cara cem por cento»

CEMITÉRIO DE BAGAS

Endroit où l'on dépose et rassemble les mégots de cigarettes de marijuana ((BEATA)) en cas de danger

CERA (s.f.) – V. FAZER CERA

CERCANDO – ESTAR CERCANDO – V. FORA (1) (ESTAR POR FORA)

CERTINHA (s.f.)

Vedette des revues de strip-tease – V. CHUCHU (1)

CERTO (adj.) – ESTAR (MUITO) CERTO – V. DUDA

CHÁ (s.m.)

Décoction de marihuana – V. DIAMBA

CHÁ-DE-ALECRIM (s.m.) – V. BIABA

CHÁ-DE-CADEIRA (TOMAR CHÁ-DE-CADEIRA)

Ne pas être invitée à danser (Faire tapisserie)

CHÁ-DE-CASCA-DE-VACA (s.m.) – V. BIABA

CHACAL (s.m.)

1) V. BIRUTA
2) V. LIMPO (adj.) (1)
3) V. ALCAGOETE

CHÁCARA (s.f.) – V. CANA

CHÁCARA DO VIGÁRIO – V. BARRO (1)

CHACRINHA (s.f.)

1) Réunion d'un petit groupe d'amis
2) V. CONVERSA FIADA

CHAFA (s.m.) – V. CHAFRA

CHAFRA (s.m.)

Agent de la police militaire – V. TIRA (1)

CHAGOSO (adj.)

Se dit d'un individu qui est toujours sale (Cracra, crado, cradingue, craspect, crapoteux, crassouillard, débectant, dégueulasse, dégueulbif, salingue)

CHALEIRA (adj. et s.) – V. ENGROSSADOR

CHALEIRAR (v.tr.) – V. ENGROSSAR (2)

CHALEIRISTA (adj. et s.) – V. CHALEIRA

CHAMADA (s.f.) – V. BICADA

CHAMAR NAS CANELAS – V. AZULAR

CHAMAR NAS FALAS – V. BRONQUEAR (1)

CHAMEGÃO (s.m.)

Signature – PASSAR O CHAMEGÃO – V. CHAMEGAR

CHAMEGAR (v.intr.)

Signer

CHAMEGO (s.m.) – V. CHAMEGÃO

CHANCHADA (s.f.)

1) Mauvaise pièce de théâtre (Navet) – V. ABACAXI (3)
2) Tout ce qui se fait sans réflexion, sans jugement sérieux

CHANDOCA (s.f.)

Récipient de carburant truqué

CHANGA (s.f.) – V. ARAME

CHÃO (s.m.) – V. FAZER CHÃO

CHAPA

1) (s.m.) Ami sincère (Aminche, copain, équipier, frangin, frère, homme de barre, pote, poteau, social, vieille branche) – (S'emploie au féminin aussi)
2) (s.f.) – V. ARAME
3) V. MOBÍLIA

CHAPA-DE-FÉ (s.m.) – V. CHAPA (1)

CHAPADA (s.f.) – V. TROMBADA (2)

CHAPADO (adj.)

1) Bourré, très rempli – «O baile estava chapado de gatas bacanas» – P.M.
2) Parfait, complet, achevé – «É um idiota chapado»

CHAPÃO (s.m.) – V. CHAPA (1)

CHAPAR

1) (v.tr.) Donner un coup violent – «Foi chapado pelo ônibus do Rio» – «Chapou o olho do cara» (Amocher)
2) (v.pr.) Se gaver de drogue (Se bourrer le pif) – «Chapou-se de maconha»

CHAPÉU DE (TRÊS) BICOS (s.m.)

Chauffeur d'autobus

CHAPÉU-DE-COURO (s.m.) – V. TIRA (2)

CHAPINHA (s.m. et f.) – V. CHAPA (1)

CHAPINHA-DA-FÉ (s.m.) – V. CHAPA

CHAPOLETADA (s.f.) – V. BOLACHA (1)

CHAPOREBA (s.m.) – V. CHAPA (1)

CHARA (s.m.) – V. CHARUTO (3)

CHARANGA (s.f.) – V. FUBICA (2)

CHARLAR (v.tr.)

   1) V. BARATINAR (1)

   2) V. BATER UM PAPO

CHARO (s.m.) – V. BASEADO

CHARRÃO (s.m.) – V. DIAMBA

CHARRETINHA (s.f.) – V. DIAMBA

CHARUTO (s.m.)

   1) V. DENTROSA (2)

   2) V. BLECAUTE

   3) V. MORRÃO

CHATA (s.f.) – V. CORINGA

CHATÃO (s.m.) – V. CHATO (1)

CHATEAÇÃO (s.f.) – V. AMOLAÇÃO

CHATEAR (v.tr.) – V. AMOLAR

CHATÉRRIMO (adj.)

   Superlatif de CHATO (adj.)

CHATICE (s.f.) – V. AMOLAÇÃO

CHATO (adj. et s.)

   1) Individu importun (Barbant, barbe, bassin, canulant, canule, casse-pieds, casse-burnes, casse-burettes, casse-couilles, casse-noisettes, chiant, collant, crampon, embêtant, emmerdant, emmerdeur, emplâtre, enquiquineur, gluant, raseur, rasoir, scie, sciant)

   2) Se dit aussi d'un livre, spectacle, etc. (Barbant, chiant, embêtant, emmerdant, enquiquinant) – V. ABACAXI (3)

CHATURA (s.f.) – V. CHATICE

CHAVAQUISTA (adj. et s.) – V. FOFOQUEIRO

CHAVE-DE-CADEIA (s.f.)

   1) V. ESTOURO (2)

   2) V. BISCA

CHAVECO (s.m.) – V. XAVECO

CHEFÃO (s.m.) – V. MANDA-CHUVA (1)

CHEGADO (s.m.) – V. CHAPA (1)

CHEIA (adj.) – V. EMPURRAR O VAGÃO

CHEIO

   1) (adj.) ESTAR CHEIO – En avoir assez (Etre class, en avoir guigne, marre, plein le dos, plein le cul, quine, ras-le-bol, sa claque, en avoir soupé)

   2) V. BEBUM (2)

   3) (s.m.) – V. PACAU (1)

CHEIO-DA-ERVA (adj.) – V. ABONADO

CHEIO-DA-GRANA (adj.) – V. ABONADO

CHEIO-DA-NOTA (adj.) – V. ABONADO

CHEIO-DE-FOBÓ (adj.) – V. FAROFEIRO

CHEIRADA (s.f.) – V. PRIZE

CHEIRINHO-DA-LOLÓ (s.m.)

   1) Drogue aspirée – V. BRANCA-DE-NEVE

   2) Mouchoir imbibé d'éther

   3) V. CHEIRO (3)

CHEIRO (s.m.)

   1) V. BRANCA-DE-NEVE

   2) Héroïne (Antigel, cheval, dure, héro, horse, julie, jus, napht, smak, tigre, bombe (qualité de drogue riche), limonade (qualité de drogue pauvre). On appelle «grise» l'héroïne d'assez mauvaise qualité et impure, et «blanche» l'héroïne de bonne qualité. L'héroïne se mélange à du sel, de la lessive, de la quinine, de la lactose, des barbituriques, des amphétamines; parfois il n'y a même pas du tout d'héroïne...

   3) Pulvérisateur d'éther

CHEIROSA (s.f.)

   Cocaïne de bonne qualité – V. BRANCA-DE-NEVE

CHELPA (s.f.) – V. ARAME

CHEPA (s.f.) – V. XEPA

CHEQUE (DE) BORRACHA – V. BORRACHUDO (1)

CHERETA (s.) – V. XERETA

CHIAÇÃO (s.f.)

   Plainte, réclamation – V. BRONCA (2)

CHIADEIRA (s.f.) – V. CHIAÇÃO

CHIAR (v.intr.)

   1) Se plaindre, réclamer (Miauler, râler) – «A grana anda curta, a vida

sobe, está todo mundo chiando» –
V. BUÉ (ABRIR O BUÉ), BUFAR,
ESTRILAR (1)

2) V. EMPOMBAR

CHIBA (s.f.) – V. CHIBABA

CHIBABA (s.f.) – V. DIAMBA

CHIBAR (v.intr.)

1) V. PUXAR (5)

2) S'amuser, faire la fête – «Chi-
bando com as mulatinhas» – V. ES-
BORNIAR

CHIBARA (s.f.) – V. DIAMBA

CHIBATA (s.f.) – V. DIAMBA

CHIBUNGO (s.m.) – V. BICHA (1)

CHICA (s.f.) – V. PINGA

CHICHICA (adj.)

Femme infidèle (Béguineuse, boudin, bourrin)

CHIFRE (s.m.) – PÔR CHIFRE – V. COR-
NEAR

CHIFRE-DE-CABRA (s.m.) – V. PÃO-DURO

CHIFRUDO (adj.) – V. CORNO

CHILIQUE (s.m.)

Evanouissement, défaillance, crise
de nerfs – DAR UM CHILIQUE = S'éva-
nouir, faire une crise de nerfs
(Tomber dans les pommes, le po-
tage, le sirop, les vaps, prendre un
coup de buis, quimper de l'oeil,
tourner de l'oeil)

CHINA

1) (s.f.) – V. ARRANJO (1)

2) (s.m.) – V. OLHO LASCADO (2)

CHINCHA (s.f.) – V. DIAMBA

CHINCHEIRO (s.m.) – V. MACONHEIRO (1,
2)

CHINELEIRO (s.m.) – V. PÉ-DE-CHINELO
(2)

CHINELO (s.m.) – V. BIABA (1), ENTRAR
NO CHINELO, DAR UM CHINELO

CHINFA (s.m.) – V. CHINFRA

CHINFRA

1) (s.m.) Individu qui aime se faire

passer pour ce qu'il n'est pas – V.
DAR UMA DE...

2) (s.f.) Groupe de drogués – V.
POLÍTICA, BATOTA (7)

3) V. TIRAR CHINFRA DE...

4) (s.f.) – V. CURTIÇÃO (1)

CHINFRA-DE-REI (s.f.) – V. BRANCA-DE-
-NEVE

CHINFREIRO (adj.) – V. PRAFRENTE

CHINFRIM

1) (s.m.) – V. ARRASTA-PÉ

2) V. BAFAFÁ

3) (adj.) – V. MIXURUCA

CHINFRINADA (s.f.) – V. BANZÉ (1, 2)

CHINFRINAR (v.tr.) – V. ESCULHAMBAR
(1)

CHIQUEIRINHO (s.m.)

Petite pièce d'un commissariat où
les détenus attendent le moment
d'être interrogés ou envoyés en
prison

CHIQUEZA (s.f.)

Elégance, chic – V. LORDEZA

CHIRU (s.m.)

Vin (Brise-ménage, brutal, jaja, jin-
jin, picolo, picrate, picton, pinard,
rouquemoute, rouquin, tutu)

CHOCAR (v.intr.)

Enterrer la marijuana sur la plage
pour éviter le flagrant délit, à un
endroit connu des trafiquants

CHOCAR OS OVOS

Planifier, préparer un vol (Mani-
gancer) – V. BOLAR (1)

CHOCHOTA (s.f.) – V. BABACA

CHOCOLATE (s.m.)

1) V. DIAMBA

2) Mulâtresse – V. ROXINHA

CHOCOLATEIRA (s.f.)

1) V. BOLA (1)

2) V. FACHADA

CHOFER-DE-FOGÃO (s.m.)

Cuisinier (Cuistot)

CHONGAS – V. BULHUFAS

CHORIFAITE (s.m.) – V. BATEDOR (DE CARTEIRA)

CHORREAR (v.tr.) – V. BATER (1)

CHORRO (s.m.) – V. BATEDOR (DE CARTEIRA)

CHOVE-NÃO-MOLHA (s.m.) – V. FRESCURA (1)

CHUÁ (s.m.)
1) V. TETÉIA (1, 2)
2) Enorme affluence de public à un spectacle

CHUCA (s.f.)
1) Sac à main (Lacsé)
2) Poche externe de la veste – V. BURACO NO PANO

CHUCHU (s.m.)
1) Femme bien faite et tentante (Bandante, bien baraquée, bien bousculée, bien foutue, bien roulée, gironde, nana, prix de Diane, un beau châssis, un beau petit lot, un beau morceau, une sacrée môme, un sujet)
2) V. PRA CHUCHU

CHUCHU-BELEZA (s.m.) – V. CHUCHU (1)

CHUCHUZINHO (s.m.) – V. CHUCHU (1)

CHUÉ (adj.)
1) V. BICHADO
2) CHUÉ DA CUCA – V. BIRUTA
3) V. LIMPO (1)

CHUEGUETE (adj.) – V. BICHADO

CHUMAÇO (s.m.)
Grande cigarette de marijuana – V. MORRÃO (2)

CHUMBADO (adj.)
1) Atteint d'une maladie vénérienne (Arrangé, attigé, blindé, daubé, naze, plombé, poivré) – V. CAMAÇADA (2)
2) V. BEBUM (2)

CHUMBEADO (adj.) – V. BEBUM (2)

CHUPA-ROLHA (s.m.) – V. BEBAÇA

CHUMBREGAR (v.tr.) – V. XUMBREGAR

CHUMBREGO (s.m.) – V. XUMBREGO

CHUPA-SANGUE (s.m.)
Celui qui, dans un groupe, cherche à travailler moins que les autres – V. FOLGADO (2), ENCOSTADO

CHUPAR (v.tr.)
Boire beaucoup (Allumer, biberonner, écluser, lamper, lever le coude, licher, picoler, picter, pinter, pomper, se rincer la dalle, la cornemuse, siffler, siroter, sucer, téter) – V. CASTIGAR (1)

CHUPAR OS OLHOS – V. BRONQUEAR (1)

CHUPISTA (adj. et s.) – V. BEBAÇA

CHUPITAR (v.tr.) –
Obtenir – «Chupitou um bom emprego»

CHUQUEAR (v.tr.) – V. BATER (1)

CHUQUEIRO (s.m.)
Voleur de sacs à main – V. BATEDOR (DE CARTEIRA)

CHURRIADOR (s.m.) – V. CHORRO

CHURRIAR (v.tr.) – V. CHORREAR

CHURRIO (s.m.) – V. CHORRO

CHURRO (s.m.) – V. BURACO NO PANO

CHURUPITO (s.m.) – V. AMEIXA

CHUTADO (adj.) – V. BEBUM (2)

CHUTADOR (adj. et s.) – V. GAZETEIRO (2)

CHUTAR (v.tr.)
1) V. MANDAR BUGIAR – «Minha dona me chutou»
2) V. BANHAR (1)
3) V. CASTIGAR, CHUPAR
4) (v.tr. et intr.) Affirmer quelque chose sans certitude – «No vestibular chutou os testes todos» – «Não tinha estudado e chutou»
5) (v.intr.) – V. POTOCAR – «Ele costuma chutar alto»
6) CHUTAR PARA ESCANTEIO – V. CHUTAR (1)

CHUTE (s.m.)
1) Affirmation faite sans certi-

tude – «Esse aluno às vezes acerta no chute»

2) V. POTOCA

3) V. BOFE (1)

CHUTEIRA (s.f.) – V. PENDURAR AS CHUTEIRAS

CHUVA

1) (s.f.) – V. PIFÃO

2) Circonstances défavorables au trafic de drogue – V. BARRA (3) – A BARRA ESTÁ SUJA

3) V. BATIDA (1)

4) (s.m.) – V. BEBAÇA

CHUVÃO (s.m.)

Longue période – «Passar um chuvão em cana» – V. CACETÃO (DE TEMPO)

CHUVEIRAR (v.tr.) – V. BANHAR (1)

CHUVEIRO (s.m.) – V. BANHO (1, 2)

CIDADÃO (s.m.) – V. CARA (s.m.)

CIGARRA (s.m.)

Homme marié qui reste seul à la ville durant les vacances de sa famille

CIMA (ESTAR POR CIMA)

1) Avoir du prestige (Coté) – V. l'antonyme BAIXO (1)

2) V. ABONADO

3) V. EM CIMA

4) V. POR CIMA (DA CARNE SECA, DA ONDA)

CINCO-CINCO (s.m.) – V. AFANADOR

CINCO-SETE (s.m.) – ATRACADOR

CIPÓ (s.m.)

Cravate (Etrangleuse)

CIPOADA (s.f.) – V. BICADA

CIRCO (SER DE CIRCO)

Etre très malin, ne pas se laisser tromper (Etre à la coule, à la redresse, dégourdi, démerdard, màriole, marle, marloupin, vicelard; qui la connaît dans les coins, à qui on ne la fait pas) – V. LINHA-DE-FRENTE (1)

CISCAR (v.intr.)

1) V. GRUDAR-SE (a)

2) V. BAGUNÇAR (1)

CISNE (s.m.) – V. CAMPANA (1)

CLASSUDO (adj.)

Qui a de la classe – «Um goleiro classudo» – V. BAMBA (1)

CLICK! (interj.)

C'est fini, terminé! – «Click para você!» (C'est mort! Affaire classée! Rideau!)

CLÍNICA GERAL (s.m.)

Voleur qui pratique tous les types de vol

COALHADA (s.f.) – V. PORRA

COARANTE (s.m.) – V. GEADA

COBERTO (adj.)

1) Armé (Chargé, enfouraillé, fargué) – V. FORRAR-SE (2)

2) V. ABONADO

3) Toxicomane qui est en possession de drogue

COBERTOR DE ORELHA (s.m.)

1) V. COSTELA (2)

2) Aventure amoureuse de courte durée, passade (Béguin, pépin, toquade)

COBERTOR DE POBRE (s.m.) – V. PINGA

COBERTURA (s.f.)

Protection, couverture – DAR COBERTURA – V. GARANTIR A ZONA

COBRA

1) (adj. et s.m.) – V. BAMBA (1), QUENTE (3)

2) (s.m.) Joueur (de football, etc.) important (Crack) – «Pelé foi um cobra do futebol»

3) FICAR COBRA – V. EMPOMBAR

COBRÃO (s.m.)

1) V. COBRA (1)

2) V. CACIQUE

COBRAR PEDÁGIO

1) V. ATRACAR (1)

2) V. PEDÁGIO

COBRE(S) (s.m.)

1) V. ARAME et CARAMINGUÁS

2) V. PASSAR OS COBRES, ESPICHAR OS COBRES

3) V. TORRAR (3), TORRAR NOS COBRES

COBREIRA (s.f.) – V. PINGA

COCA (s.f.) – V. BRANCA-DE-NEVE

COÇA (s.f.)

1) V. BRONCA (1)

2) V. BIABA

COÇA-BICHINHOS (s.m.)

Personne qui a la manie de s'arrêter à des détails infimes (Pinailleur, chinois, enculeur de mouches)

COÇA-MINHOCAS (s.m.) – V. COÇA-BICHINHOS

COCADA (s.f.)

Coup donné avec la tête (Coup de boule, coup de tronche)

COÇAR-SE (v.pr.)

1) V. ESTRILAR (1), CHIAR (1) – «Se tu se coçar, leva chumbo» P. M.

2) NÃO SE COÇAR – Ne pas bouger au moment de payer les consommations

COCO (s.m.) – V. BOLA (1)

COCOROCA (adj. et s.) – V. QUADRADO (1, 2)

COELHO (s.m.)

Chauffeur qui dépasse les autres d'un côté ou de l'autre, qui conduit en faisant des zigzags – V. COSTURAR

COFRE (s.m.)

1) V. BUQUE

2) Tribunal pour enfants

COICE (s.m.)

Vol à l'échange de monnaie (Rendez-moi)

COICE-DE-MULA – V. ZEBRA (1)

COICEIRO (s.m.)

Voleur à l'échange de monnaie

(Rendez, qui fait le rendèche, qui sort au rendez, au rendez-moi)

COIÓ

1) (adj. et s.m.) – V. OTÁRIO (1, 2)

2) (s.m.) – V. ENRUSTE (1)

COISA (s.f.)

1) Toute espèce de stupéfiant – V. A FIM (1) (A FIM DAS COISAS)

2) Employé comme superlatif (précédé de l'article «uma») – «O jogo foi uma coisa!» – V. BACANA (2), BARATO (3)

3) COISA LINDA – V. CHUCHU (1)

4) E LÁ VAI COISA – V. FUMAÇA (2) (E LÁ VAI FUMAÇA)

COISA-BOA (s.f.) – V. DIAMBA

COISAR (v.tr. et intr.) – V. CRANEAR

COISAS (s.f.pl.)

Organes génitaux des deux sexes (plutôt laudatif)

COISINHA

1) (s.f.) – V. DIAMBA

2) (s.m.) – V. BICHA (1)

COISO (s.m.) – V. CHAPA (1) – «Olhaí, ó coiso!»

COLA (s.f.)

1) Tricherie à un examen écrit, consistant à utiliser des notes en cachette

2) ESTAR NA COLA – Suivre quelqu'un de près (Coller au train de, coller aux fesses de, filer le train à) – V. CAMPANAR (2)

COLAR (v.intr.)

1) Copier, tricher à un examen (Crassusser, pomper, tipser, tuyauter)

2) Avoir un bon résultat, être bien accepté (Gazer, rupiner) – «Essa marca de cerveja colou» – «A desculpa colou» – V. GRUDAR (2)

COLÉGIO (s.m.) – V. CANA (1)

COLHÃO (s.m.)

Testicule – V. BAGO (2)

COLHER (s.f.)

1) V. COLHER-DE-CHÁ

2) DE COLHER – «Este problema é de colher» – V. CANJA

COLHER-DE-CHÁ (s.f.)

Facilités – «Tu não vai ter colher de chá» – DAR COLHER-DE-CHÁ – Faire des facilités, collaborer avec, aider à (Faire une fleur) – «Eu não vou dar essa colher de chá de me apanharem de surpresa»

COLHERZINHA (s.f.) – V. COLHER-DE-CHÁ

COLOMI (s.f.) – V. SEDA (1)

COLONIAL (s.m.)

Détenu qui travaille à la colonie agricole de la prison

COMADRE (s.f.)

1) V. MORENA

2) V. CAFETINA

3) Sage-femme (Ecrémeuse, mère Guettautrou)

4) Fusil (Flingue)

5) (s.f.pl.) – V. PATRÍCIAS

COMBURÃO (s.m.) – V. CAMBURÃO

COME-DORME (s.m.) – V. FOLGADO (2)

COME-GUANO (s.m.) – V. BICHA (1)

COME-QUIETO (s.m.)

1) Endroit tranquille et caché où se pratique la prostitution – V. MATADOURO

2) Personne discrète

COME-SAL (s.m.) – V. BICHA (1)

COME-SALGADO (s.m.) – V. BICHA (1)

COMER (v.tr.)

Posséder charnellement (Anguiller, artiller, baiser, bourrer, bourriner, brosser, calcer, caramboler, caser, culbuter, enfiler, enjamber, fourrer, glisser, grimper, guiser, passer à la casserole, queuter, râper, sabrer, sauter, tringler, trombonner, troncher, verger, se la co-gner, se l'embourber, se l'envoyer, se la farcir, se la taper)

COMER A ISCA E CAGAR NO ANZOL

Se montrer ingrat après un service rendu

COMER (A) MOSCA

1) Se laisser tromper – V. BANHAR (1), TAPEAR, au passif

2) Ne pas remarquer ou ne pas comprendre quelque chose

COMER BOLA

Se laisser suborner (Se faire graisser la patte, se laisser affranchir, arroser) – V. BOLA (3) – ARREGLAR (2)

COMER CADEIA

Accomplir une peine de prison (Se farcir, se taper de la taule, du violon) – V. CANA

COMER CAPIM PELA RAIZ

Etre mort (Manger le pissenlit par la racine) – V. BATER AS BOTAS

COMER DA BANDA PODRE (RUIM)

Supporter des travaux difficiles, des privations, passer de mauvais moments (En baver, manger de la vache enragée, en voir de toutes les couleurs, tirer la langue)

COMER FOGO – V. COMER DA BANDA PODRE

COMER INSOSSO E BEBER SALGADO – V. COMER DA BANDA PODRE

COMER JERUMBA – V. COMER DA BANDA PODRE

COMER LOMBO

S'adonner à la pédérastie passive (Filer de la jaquette, lâcher du dos, du petit, ramasser des épingles, se faire casser le coco, se faire empaffer, se faire empapaouter, se faire enfifrer, se faire mettre, se faire taper dedans, prendre de l'oignon) – V. BICHA (1)

COMER O PÃO QUE O DIABO ENJEITOU (AMASSOU) – V. COMER DA BANDA PODRE

COMER RAMA – V. RAMA (1)

COMER RUIM – V. COMER DA BANDA PODRE

COMER SAFADO – V. COMER DA BANDA PODRE

COMER TAMPADO – V. COMER DA BANDA PODRE

COMIDA (s.f.)
1) V. TREPADA
2) V. PUTA

COMINHO (s.m.) – V. ARAME

COMISSA (s.m.)
Commissaire de police (Cardeuil, lardu, quart) – V. CRIVO (1)

COMÍVEL (adj.)
Se dit d'une femme appétissante (Baisable, mettable, pinaucumettable) – V. CHUCHU (1)

COMPADRE (s.m.) – V. CAMPANA (1)

COMPANHEIRO (s.m.) – V. HABITANTE

COMPARECER (v.intr.) – V. PAGAR O PAU

COMUNA (adj. et s.)
Communiste (Coco)

CONCHO (adj.) – V. FAROFEIRO

CONCRETO (s.m.) – V. ARAME

CONDIÇAS (s.f.pl.)
Conditions

CONDUÇA – V. CONDUÇÃO

CONDUÇÃO (s.f.)
1) Action, moyen de se déplacer (en voiture) – V. CARANGO (3)
2) CONDUÇÃO GRATUITA – V. MAMÃE-ME-LEVA

CONFA (s.f.) – V. BANZÉ (1, 2)

CONFERIR (v.intr.) – V. COLAR (1)

CONFETE (s.m.)
Eloges – «Grato pelos confetes» – V. JOGAR CONFETE

CONFIADO (adj.)
1) V. AVANÇADO (1)
2) V. ENGRAÇADINHO

CONFLITO NA ZONA
Mauvaise nourriture (Ragougnasse, ratatouille) – V. BÓIA

CONFRADIA (s.f.)
Quatre à six fumeurs de marijuana – V. POLÍTICA

CONFUSA (s.f.) – V. BANZÉ (1, 2) – «Deu uma tremenda confusa» – «Aprontou uma confusa»

CONGESTA (s.f.)
Intimidation violente destinée à extorquer de l'argent ou des faveurs – «Ganhou a mina na congesta» P.M. – «Deu congesta no carcereiro» – V. SUGESTA

CONGO (s.m.) – V. DIAMBA

CONJEMINÊNCIAS (s.f.pl.)
Accord, plan que font des délinquants entre eux – «Já entrei em conjeminências com ele» (Combine)

CONJUMINAR (v.intr.)
Aller bien avec, s'accorder – «Acho que ele conjumina muito comigo»

CONJUMINÊNCIAS (s.f.pl.) – V. CONJEMINÊNCIAS

CONSIDERADO (s.m.) – V. CARA (s.m.), CHAPA (1)

CONTA (s.f.)
1) (s.f.) (ESTAR, ANDAR, FICAR POR CONTA) – V. AFINADO
2) NÃO SER DA CONTA DE – «Isto não é da tua conta» (Ça ne te regarde pas)

CONTO (s.m.)
Toute espèce de supercherie destinée à duper un naïf (Coup) – V. APLICAR, PASSAR O CONTO

CONTO DO VIGÁRIO
Transaction qui consiste à substituer des objets faux à des valeurs ou objets précieux et à dépouiller un naïf de son argent (Cambut) – V. CASCATA (3)

CONTRABANDO (s.m.) – V. ARRANJO (1)

CONTRATO (s.m.)

Petit paquet de cocaïne – «Vou viajar hoje, consegui um contrato»

CONTRAVAPOR (s.m.) (DAR, LEVAR UM CONTRAVAPOR)

1) Réaction de refus immédiate et catégorique

2) V. BOLACHA (2)

CONVENTILHO (s.m.) – V. AÇOUGUE

CONVENTINHO (s.m.) – V. CONVENTILHO

CONVENTO (s.m.) – V. CANA

CONVERSA FIADA (s.f.)

1) Boniments, paroles artificieuses (Baratin, baragouinette, blablabla, bobards, boniments à la graisse d'oie, bourrage de mou, salades, vannes) – «Tudo isso é conversa fiada» (Tout ça c'est parler pour ne rien dire) – V. FOFOCA, ONDA (1)

2) (s.) – V. FAROFEIRO

CONVERSA MOLE (s.f.) – V. CONVERSA FIADA

CONVERSA PRA BOI DORMIR – V. CONVERSA FIADA

CONVERSAR (v.tr.) – V. BARATINAR (1) – «O pilantra me conversou»

CONVERSAR COM A GARRAFA – V. ÓLEO (2) (PÔR ÓLEO), CHUPAR

CONVERSINHA (s.f.) – V. GERINGONÇA (1)

CONXAMBLANCIAS (s.f.pl.)

Arrangements, combinaisons (Combines) – V. CONJEMINÊNCIAS

COPAS (s.f.pl.) – V. FECHAR (3) (FECHAR-SE EM COPAS)

COQUEIRO (s.m.)

1) Personne qui est très prudente au jeu de cartes, qui ne s'engage qu'à coup sûr

2) V. GIRAFA

CORAÇÃO (s.m.)

Comprimé de «Dexamil»

CORAÇÃO-DE-MÃE (s.m.) – V. MAMÃE-ME-LEVA

CORDA (s.f.)

1) Energie – «Entrou em campo com toda corda» – V. GÁS

2) V. DAR CORDA

CORDA E CAÇAMBA

Amis inséparables (Etre cul et chemise, comme cochons)

CORDA-QUENTE (s.m.)

Bon joueur de guitare

CORÉ-CORÉ (adj. et s.) – V. MATRACA (2)

CORETO (s.m.) – V. BAGUNÇAR O CORETO

CORINGA (s.m.)

Portefeuille (Farfouillet, larfeuil, lazingue, matelas) («Porte-monnaie» se dit: crapaud, crapautard, morlingue)

CORNEAR (v.tr.)

Etre infidèle en amour (Cocufier, doubler, mettre en double, faire des charres à, faire des queues, faire un galoup, faire porter les cornes à)

CORNETA (s.f.)

Nez – V. BATATA, FORNALHA

CORNO (s.m. et adj.)

Mari trompé, cocu (Cornard, qui en porte)

CORNUDO (adj. et s.) – V. CORNO

COROA (s.)

Toute personne adulte ou âgée (Bibard, croulant, vioc) – V. CAFONA (1), FORA (1)

CORRIOLA (s.f.) – V. CURRIOLA

CORTADO (adj.) – V. MANJADO (1)

CORTANTE (s.m.) – V. BICUDA

CORTAR (v.intr.)

S'arrêter temporairement de prendre de la drogue (Décrocher)

CORTAR DOS DOIS LADOS

Alterner les rôles en parlant des homosexuels (Marcher (faire) chou pour chou, marcher à la voile et à la vapeur) – V. GILETE (2)

CORTAR ESSA – A l'impératif: CORTA ESSA, BICHO!
Arrête de raconter des histoires! (Arrête ça, arrête ton char, arrête tes salades! Ecrase! Laisse tomber!) – V. BICO (5), BICHO (1)

CORUJA
1) (s.f.) Femme disgrâciée, fanée ou vieillie (Fée carabosse, ravelure, remède contre l'amour, tarderie, qui rend la monnaie) – V. BOFE (1)
2) (adj.) – Se dit des parents qui attribuent les plus grandes qualités à leurs enfants

CORUJÃO (s.m.)
1) V. CHATO (1)
2) V. BICÃO (2)

CORUJICE (s.f.)
Sorte d'orgueil qui fait attribuer par les parents les plus grandes qualités à leurs enfants

CORUJISMO (s.m.) – V. CORUJICE

COSTAS LARGAS, QUENTES, TER COSTAS LARGAS, QUENTES – V. CALÇADO (2)

COSTELA (s.f.)
1) Epouse légitime (Bourgeoise, cinquante pour cent, gouvernement, guenon, légitime, moitié, patronne, régulière)
2) V. ARRANJO (1)

COSTURAR (v.intr.)
1) Dépasser les autres voitures en faisant des zigzags – V. COELHO
2) V. RISCAR
3) V. AZEITONAR

COSTUREIRA (s.f.) – V. BRASINHA

COTREIA (s.f.) – V. PINGA

COTRUCO (s.m.) – V. CUTRUCA

COTUBA (adj.) – V. CUTUBA

COTUCADA (s.f.) – V. CUTUCADA

COTUCAR (v.tr.) – V. CUTUCAR

COURÃO (s.m.) – V. COURO (5)

COURINHO (s.m.)
Prépuce

COURO (s.m.)
1) V. CORINGA
2) V. DAR (NO COURO)
3) V. MENINA (4)
4) Femme laide et vieille
5) Prostituée laide et vieille

COVARDIA (s.f.)
Masturbation (La veuve Poignet, pignole, pogne) – V. DESCASCAR O PALMITO

COZINHAR
1) (v.tr.) – V. CAMPANAR (1, 2)
2) (v.intr.) – V. COZINHAR O GALO
3) COZINHAR O GALO – Chercher à gagner du temps pour se tirer d'embarras

CRANEAR (v.tr. et intr.)
Penser, méditer (Gamberger, se creuser le citron)

CRÂNIO (s.m.)
Intelligent – V. BAMBA (1), QUENTE (3)

CRAQUE (s.) – V. COBRA (1, 2)

CREMILDA (s.f.) – V. MOBÍLIA

CRENTE (adj.) – V. CAXIAS

CREPE (s.m.)
1) Jeu de dés
2) Mauvais résultat, échec – DAR CREPE – Avoir un mauvais résultat (Foirer) – V. DAR COM OS BURROS NA ÁGUA

CRESCER NOS CASCOS – V. EMPOMBAR

CRIAR (v.tr. et intr.)
1) Faire la cour à de très jeunes filles
2) Préparer le terrain à une extorsion

CRIAR CASO – V. ONDA (1) – FAZER ONDA

CRICRI (adj. et s.) – V. CHATO (1, 2)

CRINA (s.f.) – V. LISANTES

CRIOULÉU (s.m.) – V. CRIOULO (2)

CRIOULO (s.m.)

1) Téléphone (Bigophone, bigorneau, cornichon, phonard, ronfleur, télémuche, tube, tutu)

2) V. BLECAUTE

CRISTA (s.f.)

1) V. CRINA

2) NA CRISTA DA ONDA (DA MAROLA) – V. PRAFRENTE

CRISTAL (s.m.) – V. BRANCA-DE-NEVE

CRISTINA (s.f.)

1) V. BRANCA-DE-NEVE

2) BEIJAR (A) CRISTINA – Prendre de la cocaïne

CRIVO (s.m.)

1) Inspecteur de police (Bourre, condé, drauper, emballeur, lardu, perdreau, poulet) – V. COMISSA

2) Cigarette (Cibiche, clope, pipe, sèche, tige)

3) V. CASTIGAR O CRIVO

CROCODILAGEM (s.f.)

1) Fausseté, hypocrisie, papelardise – «Esse inspetor está de crocodilagem com a gente»

2) V. ALCAGOETAGEM

CROCODILO (s.m.)

1) Hypocrite, papelard (Faux derche, faux jeton)

2) V. ALCAGOETE

CRUZ-CREDO (s.m.)

Curé (Corbeau, curaillon, cureton, fusain, rase, ratiche, ratichon, sac à charbon)

CRUZA (s.m.)

Billet d'un «cruzeiro»

CU (s.m.) – V. TIRAR O CU

CUBAR (v.tr.) – V. CAMPANAR (1, 2)

CUCA (s.f.)

1) V. BOLA (1)

2) DE CUCA CHEIA – V. BEBUM (2), ENCHER A CUCA

3) V. FUNDIR A CUCA, GRILAR A CUCA

4) COM O FUMO NA CUCA, BOTAR UMA COISA NA CUCA – V. BARATINADO

5) LELÉ DA CUCA – V. BIRUTA

CUCAR

1) (v.tr.) – V. BOLAR (1)

2) (v.intr.) – V. CRANEAR

CUCO (s.m.)

1) Camion qui recueille les ordures en les brisant

2) Maître queux

CUCHORRA (s.f.) – V. DENTROSA (1)

CUCUIA (s.f.) – V. IR PRA CUCUIA

CU-DE-BOI – V. BAFAFÁ

CU-DE-BURRO (s.m.) – V. BICHA (1)

CU-DE-FERRO (adj. et s.)

Personne extrêmement sérieuse dans son travail

CU-DE-FOCA (adj.)

Extrêmement glacée, en parlant d'une boisson – «Um chope cu-de-foca»

CU DOCE – FAZER CU DOCE

Faire le difficile (Faire la fine bouche)

CUFAR (v.intr.) – V. BATER AS BOTAS

CUIA (s.f.)

1) V. BOLA (1)

2) V. PUTA

3) V. JUNTAR AS CUIAS

4) V. LEVAR NA CUIA

CUIDAR-SE (v.pr.)

1) V. MANCAR-SE (1)

2) V. BARATINAR (4) (BARATINAR-SE)

CUJO (s.m.) – V. CARA (s.m.)

CULATRA (s.f.)

1) V. BUNDA (1)

2) Poche-revolver – V. BURACO NO PANO

CUMBA (adj. et s.)

1) V. DOBRADO (1)

2) V. BAMBA (2)

CUMBUCA (s.f.)

Maison de jeu

CUMPINCHA (s.m.)

1) Protégé d'un politicien – V. CALÇADO (2), PEIXINHO

2) Complice – V. CAMPANA (1), FILA (1), GRUPO (1)

CUMPINCHADA (s.f.)

Ensemble des «CUMPINCHAS» – V. BATOTA (3)

CUNCHARRA (s.f.) – V. CUCHORRA

CUNTRUNCO (s.m.) – V. GOMA (3)

CUPINCHA (s.m.) – V. CUMPINCHA

CURIBOCA (s.m.)

1) V. BOLHA-D'ÁGUA

2) V. OTÁRIO (1)

CURIOSO (s.m.)

Juge d'instruction (Curieux) – V. PAPA (2)

CURRA (s.f.)

Violence sexuelle en groupe (Baptême, barlu)

CURRAR (v.tr.)

Faire subir des violences sexuelles en groupe (Faire un baptême, un barlu, passer en série)

CURRIOLA (s.f.)

1) V. BATOTA (3, 6)

2) V. BORLA

CURRO (s.m.)

1) V. AÇOUGUE

2) Relation sexuelle violente

CURTIÇÃO (s.f.)

1) Abandon complet à une chose, une personne, une sensation, une idée, qui procure un plaisir intense (sans être toujours exempt de souffrance) – «O Rio é uma curtição» – «Essa menina é uma curtição» – «Na base da curtição» – V. TRANSA

2) Etat d'euphorie qui suit l'absorption d'une drogue – V. BANHO (4), BARATINO (3), BARATO (2), DESCURTIÇÃO

CURTIDOR (adj. et s.m.)

Celui qui sait apprécier, jouir de quelque chose – «É um grande curtidor de música»

CURTIR

1) (v.tr.) S'abandonner de façon totale et prolongée à une chose, une personne, une sensation, une idée; cette expérience d'abandon peut, selon les cas, avoir une connotation positive ou négative: «Curtir uma fossa» (s'abandonner à une dépression), «Curtir um som» (s'abandonner à la musique), «Curtir uma boa» (se sentir bien psychologiquement et d'une manière totale et prolongée) – «Mesmo nos momentos ruins, na falta de dinheiro ou diante de qualquer situação difícil, eu procuro curtir uma boa, sabe?» – «Curtir a viagem, um barato» (se droguer) V. BARATO (2) – «Os franceses curtem Vinicius, o cara aqui curte Roberto Carlos, adoro curtir o Rio». L'équivalent en français populaire ou argotique varie selon le complément: «Curtir umas cachacinhas» (S'envoyer, se farcir, se taper, se morganer quelques coups de gnole) – V. TRANSAR, DESCURTIR

2) (v.intr.) S'abandonner à, apprécier – «Ele não curte, não sabe curtir» – V. TRANSAR (4)

CURTÍVEL (adj.)

Susceptible d'être apprécié – V. CURTIR

CURTO (adj.) – V. LIMPO (1)

CURVA (s.f.) – V. APITAR NA CURVA

CUSPE (s.m.) – V. CONVERSA FIADA

CUSPIR AMEIXA

Tirer des coups de feu (Défourailler, farcir, flinguer, flingoter, seringuer, balancer (envoyer) la fumée, le parfum, la purée, la sauce)

CUSPIR OS BOFES

Vomir (Aller au refile, balancer un renard, des renards, dégobiller, dégueuler, gerber)

CUTRUCA (s. m.)
Portugais – V. COTRUCO

CUTUBA (adj. et s.)
1) V. BAMBA (1, 2)
2) V. BACANA (2)

CUTUCADA (s. f.)
1) Mise en garde de quelqu'un en le touchant discrètement du coude
2) V. PONTAÇO

CUTUCAR (v. tr.)
1) Mettre en garde quelqu'un contre une difficulté possible en le touchant discrètement du coude (Faire le sert)
2) Chercher à connaître les intentions de quelqu'un (Tâter, tâter le pouls)
3) V. RISCAR

CUTUCÃO (S. M.) – V. CUTUCO

CUTUCO (s. m.) – V. FACONAÇO

CUZINHO (s. m.)
Voiture petite et peu spacieuse

59

D

DA-BOA (s.f.) – V. DIAMBA

DA-LEVE (s.f.) – V. LEVE

DA PESADA (s.f.) – V. PESADA

DAMA (s.f.) – V. PUTA

DANADA (s.f.) – V. PINGA

DANADINHO (adj.) – V. AZEITEIRO (1)

DANADO (adj.) – V. BAMBA (1, 2)

DANÇA-DE-RATO (s.f.) – V. BAFAFÁ

DANÇAR

   1) (v.intr.) – V. COMER DA BANDA PODRE

   2) V. BATER AS BOTAS

   3) V. ENTRAR

   4) V. ENTRAR NO PAU

   5) (v.tr.) – V. BAIXAR O PAU EM – «Se tu aprontar, a gente te dança» P.M.

DANINHO (adj.) – V. AZEITEIRO (1)

DANOU-SE – E DANOU-SE – V. FUMAÇA (2) (E LÁ VAI FUMAÇA)

DAR

   1) (v.tr.) – V. BICO (3) (ABRIR O BICO)

   2) (v.intr.) S'abandonner complètetement (d'une femme)

DAR À CANELA (ÀS CANELAS) – V. AZULAR

DAR A(S) CARA(S) – V. CARA

DAR A DICA – V. DICA

DAR A DOIDA – V. DAR A LOUCA

DAR A ESPINHA – V. BATER AS BOTAS

DAR A FICHA – V. DICA (1, 2)

DAR A LONCA – V. BATER AS BOTAS

DAR A LOUCA A, EM (ALGUÉM)

   Etre saisi par une excitation extrême – «De repente, lhe deu a louca»

DAR A OSSADA – V. BATER AS BOTAS

DAR (A) PALA – V. PALA (1, 2)

DAR A PINDORAMA – V. AZULAR

DAR A ROUPA – V. ROUPA

DAR A SUA DE...

   Imiter – V. DAR UMA DE...

DAR AO DENTE – V. BOIAR

DAR AOS CALCANHARES – V. AZULAR

DAR AQUELA DE... – V. DAR UMA DE...

DAR ÀS DE VILA-DIOGO – V. AZULAR

DAR ÀS PERNAS – V. AZULAR

DAR UMA(S) BANDA(S)

   Se promener (Glander, glandouiller, vadrouiller, faire un tour) – «Se tu quer mulher, eu dou uma banda por aí e trago duas pistoleiras pra gente» P.M.

DAR BANDEIRA

   1) Se comporter ou parler avec trop d'assurance et de liberté, et une certaine naïveté, devant des gens que l'on ne connaît pas très bien (La ramener, ramener sa fraise, faire le malin, frimer) – V. DAR UMA DE BACANA, BANCA (1) (BOTAR BANCA)

   2) Ne pouvoir dissimuler qu'il est sous l'effet de la drogue (d'un toxicomane)

   3) Se faire repérer (Etre brûlé, flambé, grillé) – V. MANJADO

   4) DAR UMA BANDEIRA

   a) V. DAR BANDA(S) – «Foi dar uma bandeira pela Praça da República»

   b) V. FORA (3) – (DAR UM FORA)

5) DAR BANDEIRA PARA (ALGUÉM) – Montrer de l'intérêt pour

DAR BANDOLAS – V. DAR BANDAS

DAR BANHO – V. BANHO (2)

DAR BODE – V. BODE (1)

DAR BOLA – V. BOLA (4)

DAR BOLO – V. BOLO (2, 3)

DAR BORDO – V. DAR BANDAS

DAR CABO DO CANASTRO
Se suicider (Se bigorner, se buter, se bousiller, se faire la peau, se faire sauter le caisson)

DAR CARGA – V. FORÇAR A BARRA

DAR (BATER) COM A LÍNGUA NOS DENTES
1) V. ALCAGOETAR
2) V. BICO (3) (ABRIR O BICO)

DAR COM A VACA NO BREJO – V. DAR COM OS BURROS NA ÁGUA

DAR COM O RABO (COTOVELO) NA CERCA (COLA) – V. BATER AS BOTAS

DAR COM OS BURROS NA ÁGUA
Ne pas réussir, échouer (Faire chou blanc, faire un bide, faire fiasco, se casser le nez, la gueule, ramasser un gadin, se ramasser, tomber sur un bec, l'avoir dans le baba, dans l'oeuf, être dans les choux)

DAR COM OS COSTADOS – V. ENTRAR

DAR CONSELHO – V. BAIXAR O PAU (EM)

DAR CORDA
1) V. PUXAR (6) (PUXAR CORDA)
2) Provoquer des sentiments amoureux, consentir des facilités, aguicher (Allumer)

DAR DE CORPO
Déféquer (chier, débourrer, tartir) – V. SOLTAR O BARRO

DAR DE ENTREGA – V. ALCAGOETAR

DAR DECISÃO – V. BRONQUEAR (1)

DAR DE DISPINGUELO – V. DISPINGUELAR

DAR DE PIRANDELO – V. AZULAR

DAR DURO – DAR UM DURO DANADO
1) V. METER OS PEITOS
2) DAR DURO EM (ALGUÉM) – Poursuivre avec obstination, ne pas laisser en paix – V. TOMAR ASSINATURA COM...

DAR EM CIMA
1) Poursuivre, en parlant de la police (Faire la courette) – «Os tiras deram em cima do cara»
2) Poursuivre de ses assiduités – «Deixa de dar em cima da minha mina»
3) V. TOMAR ASSINATURA

DAR LUZ – V. ALCAGOETAR

DAR MANCADA – V. MANCADA et MANCAR

DAR NA FINA
Réussir pleinement (Gagner le cocotier, le gros lot, taper dans le mille)

DAR NA LATA – V. LATA

DAR NA MALA – V. EMPOMBAR

DAR NA PELE DE... – V. OURIÇAR

DAR NO COURO
1) V. DAR NA FINA
2) Etre puissant sexuellement (Bander, goder, godailler, avoir la canne, la gaule, la tringle, l'avoir dure, en l'air)

DAR NO JEITO
Venir à propos, tomber à pic

DAR NO PÉ – V. AZULAR

DAR NO PEDAL – V. AZULAR

DAR NO PIRANDELO – V. AZULAR

DAR NO SACO – V. ENCHER (O SACO)

DAR NOS CALOS, NOS CASCOS – V. AZULAR

DAR (O) BOLO – V. BOLO (2, 3)

DAR O CANECO – V. DAR NA MALA

DAR O CANO – V. CANO (1)

DAR O COURO ÀS VARAS – V. BATER AS BOTAS

DAR O ESPIANTO – V. AZULAR

DAR O FORA – V. FORA (2)

DAR O FURO – V. FURO

DAR O GRUPO – V. APLICAR O CONTO

DAR O NÓ – V. AMARRAR-SE (3)

DAR O PINOTE – V. AZULAR

DAR O PIRA – V. AZULAR

DAR O PIRANDELO – V. AZULAR

DAR O PLÁ – V. PLÁ

DAR O QUEBRA

Ouvrir la fermeture-éclair d'un sac à main (en parlant d'un pickpocket)

DAR O (SEU) RECADO

Bien exécuter ce que l'on a à faire, bien jouer son rôle, transmettre son message

DAR (O) SERVIÇO

1) V. BICO (3) (ABRIR O BICO)

2) V. ALCAGOETAR

DAR O SUÍTE – V. AZULAR

DAR O TECO

1) V. CUSPIR AMEIXA

2) V. EMPOMBAR

DAR O TOMÉ

Se retirer du jeu

DAR OS DOCES – V. AMARRAR-SE

DAR OS SEUS PULINHOS

Faire quelques écarts de conduite (en parlant d'une personne mariée)

DAR OUTRA (Surtout à la forme négative) NÃO DEU OUTRA

C'est ce qui s'est effectivement passé, il n'a pas pu en aller autrement

DAR PANCA(S) – V. PANCA

DAR PÉ

Aller, marcher bien, être possible – «Acho que dá pé a gente viver junto» – Surtout négativement: ISSO NÃO DÁ PÉ – Ça, ça ne va pas, ça ne marche pas, ce n'est pas possible – «Não da mais pé paquerar com esse carango»

DAR (UMA) PELOTA – V. PELOTA

DAR RECUETA – V. RECUETA

DAR REFRESCO – V. COLHER-DE-CHÁ

DAR REPETECO – V. REPETECO

DAR ROUPA – V. ROUPA

DAR SEBO ÀS CANELAS – V. AZULAR

DAR SOPA

1) Se dit d'une femme qui se montre facile à conquérir – «Tinha no baile muita cabrita dando sopa»

2) Exister en abondance et être facile à obtenir – «A grana tá por aí mesmo dando sopa»

3) Offrir la possibilité d'être volé facilement – «A caixa está dando sopa»

4) Rester à découvert et s'exposer au feu de l'ennemi

DAR SORTE COM

Obtenir un succès plus facilement que prévu – «Dei sorte com a menina»

DAR TRUTA – V. TRUTA

DAR UM CHINELO – V. BAIXAR O PAU

DAR UM FORA – V. FORA (3)

DAR UM GELO EM ALGUÉM

Traiter avec froideur, indifférence

DAR UM GUENTO EM ALGUÉM

Mettre le holà aux activités de quelqu'un – V. BRECAR

DAR UM JEITO – V. JEITO

DAR UM LANCE – V. LANCE

DAR UM PAU – V. BAIXAR O PAU

DAR UM PUXO – V. PUXO

DAR UM TROTE – V. TROTEAR (1, 2)

DAR UM VOMITÓRIO – V. VOMITÓRIO

DAR UMA – V. TREPAR

DAR UMA DE...

Expression employée familièrement avec de nombreux adjectifs et substantifs et qui signifie «imiter, se faire passer à l'occasion pour, jouer à...» L'équivalent en français dépend du complément. Ex.: DAR UMA DE BACANA = Faire l'important (Faire le malin, ramener sa fraise, la ramener, faire le mariol, le zigoto) – DAR UMA DE CHERLOQUE =

Jouer au détective – DAR UMA DE PELÉ = Se prendre pour Pelé – DAR UMA DE PORTUGUÊS = Faire (ou dire) des bêtises – DAR UMA DE ADÃO = Se mettre nu (Se ficher (flanquer, foutre) à poil), etc. – DAR UMA DESSAS = Agir de cette façon – On trouve aussi la construction DAR UMA DE QUE + indic.: DEU UMA DE QUE IA FAZER JOGO

DAR UMA CANTADA – V. CANTAR

DAR UMA DENTRO – V. DAR NA FINA

DAR UMA DURA
   1) V. ESTRILAR (1)
   2) V. ACHACAR
   3) DAR UMA DURA EM (ALGUÉM) – V. BRONQUEAR (1)

DAR UMA FACADA – V. FACADA

DAR UMA INCERTA – V. INCERTA

DAR UMA MANEIRADA – V. MANEIRADA

DAR UMA MANJADA – V. MANJADA

DAR UMA PAQUERADA – V. PAQUERADA

DAR UMA PASSADINHA – V. PASSADINHA

DAR UMA PUXADA, PUXADINHA – V. PUXAR (5)

DAR UMA TACADA – V. TACADA

DAR UMA VACILADA – V. DORMIR DE TOUCA

DE BATE-PRONTO (loc. adv.) – V. BATE-PRONTO

DEBILÓIDE (adj.) – V. BIRUTA

DEBOCHADO (adj.)
   1) V. GOZADOR, ENGRAÇADINHO
   2) V. CONFIADO (1, 2)

DEBOCHE (s. m.) – V. GOZAÇÃO, GRACINHA

DECHAVADO (adj.) – V. DICHAVADO

DEDADA (s. f.) – V. ALCAGOETAGEM

DEDAR (v. tr.) – V. ALCAGOETAR

DEDECA (s. m.) – V. BICHA (1)

DEDODURAR (v. tr.) – V. ALCAGOETAR

DEDO-DURISMO (s. m.) – V. ALCAGOETAGEM

DEDO-DURO (s. m.) – V. ALCAGOETE

DEDO-LEVE (s. m.) – V. MÃO-LEVE

DEDO-MOLE (s. m.)
   Celui qui appuie facilement sur la détente

DEDURAGEM (s. f.) – V. ALCAGOETAGEM

DEDURAR (v. tr.) – V. ALCAGOETAR

DEDURISMO (s. m.) – V. ALCAGOETAGEM

DEDURISTA (s. m.) – V. ALCAGOETE

DE FECHAR, DE FECHAR O COMÉRCIO
   Se dit d'une très jolie femme – V. CHUCHU (1), PANCADÃO, BACANA (2), MACHUCAR (2) (DE MACHUCAR)

DEGAS – O DEGAS
   Substantif qui remplace le pronom de la première personne «je», «moi» (Bibi, ma cerise, ma pomme, mézigue, mon gniasse, mégnasse). Il existe en argot un paradigme complet: Mézigue (moi) – tézigue (toi) – cézigue (lui) – nozigues (nous) – vozigues (vous) – leurzigues (eux)

DEITAR CARGA(S) AO MAR – V. CUSPIR OS BOFES

DEITAR E ROLAR
   1) Profiter de la situation
   2) V. PINTAR E BORDAR

DEITAR NA SOPA – V. DEITAR E ROLAR

DEIXA (s. f.) – V. DICA

DEIXA-DISSO (s. m.)
   «Acabou morto pelo deixa-disso» – V. TURMA DO DEIXA-DISSO

DEIXA CAIR
   1) Avoir du succès (surtout d'un chanteur) – V. ABAFAR (1)
   2) Faire jouer un disque
   3) Ne plus se retenir, se laisser aller (Y aller, y aller à fond, pleins gaz) – «Ao som do samba, a rapaziada deixou cair»

DEIXAR DE SER BARATO (surtout à l'impératif) – V. CORTAR ESSA

DEIXAR (UM) FURO – V. FURO (3, 4)

DEIXAR NA MÃO

Abandonner, laisser tomber (Lâcher, laisser choir, larguer) – «Os amigos não vão me deixar na mão»

DEIXAR (NO) BARATO – V. BARATO

DEIXAR OS DEZ

Etre identifié par l'examen des empreintes digitales – V. ESCRACHA (3), CARTÃO DE VISITA, IR PRO PIANO

DEIXAR PARA LÁ

(A l'impératif, avec un complément DEIXA (isso, êle...) PARA LÁ, ou absolument) (Laisse(le) tomber!)

DE LASCAR – V. LASCAR

DELAS-FRIAS (s. f.) – V. PINGA

DELEGA (s. m.) – V. COMISSA

DELERIADO (adj.)

Qui a perdu connaissance, s'est évanoui – V. CHILIQUE

DELERUSCA (s. m.) – V. COMISSA

DELICADA (s. f.) – V. MAGRINHA

DEMAIS – Employé adjectivement – SER DEMAIS –

Etre particulièrement beau, élégant, sympathique, excellent – V. BACANA (2)

DENDECA (s. f.)

1) Jeune prisonnier attrayant

2) V. BICHA (1)

DENDÉM (s. m.) – V. ARAME

DENGO (s. m.)

Charme, élégance

DENGOSA (s. f.)

1) V. PINGA

2) Femme élégante – V. CHUCHU (1)

DENGUINHO (s. m.) – V. TETÉIA (1, 2)

DENTADA (s. f.) – V. FACADA

DENTE-SECO (adj. et s.) – V. BAMBA (2)

DENTRO (adv.)

1) ESTAR POR DENTRO – POR DENTRO DA JOGADA, DA SITUAÇÃO, DOS ASSUNTOS = Etre au courant (Etre affranchi, à la coule, au coup, dans le coup, dans la course, au parfum, être in) – V. PRAFRENTE – «A coisa mais por dentro em Paris é a música brasileira»

2) BOTAR-SE POR DENTRO DE... – Apprendre (S'affranchir, se mettre au coup)

3) V. DAR UMA DENTRO

DENTROSA (s. f.)

1) Passe-partout, fausse clé (Carouble, croche, rossignol)

2) Levier servant à l'effraction des portes et des coffres, pince-monseigneur (Clarinette, dingue, jacot, plume)

DEPENAÇÃO (s. f.)

Vol de pièces sur les voitures

DEPENAR

1) (v. tr.) a) Dépouiller avec astuce (Plumer)

b) Voler des pièces sur les voitures

2) (v. pr.) Se déshabiller (Se décarpiller, se défringuer, se défrusquer, se délinger, se déloquer, se désaper)

DE PROFUNDIS (s. m.) – V. BUNDA (1)

DEPUTADO (s. m.)

Beau parleur – «Tu é fogo no paiol, deputado!»

DERRENGADO (adj.)

Qui fait des manières (Bêcheur, chichiteux, crâneur, qui le fait à la pose, qui fait des chichis, du chiqué, des épates, des giries, des magnes)

DERRETER (v. intr.) – V. AZULAR

DERRETER NA QUICAÇA – V. AZULAR

DERRUBAR

1) (v. tr.) Ne pas être loyal envers quelqu'un, faire du tort à – «Derrubou o amigo»

2) (v. intr.) Aux courses de chevaux, donner de faux renseignements aux parieurs

DESABOTOAR (v.tr.) – V. BICO (3) (ABRIR O BICO)

DESACATAR (v.tr. et intr.)

Provoquer l'admiration par sa beauté ou d'autres qualités

DESACATO (s.m.)

Personne qui provoque l'admiration par sa beauté ou d'autres qualités

DESAFANAR-SE (v.pr.)

Sortir de prison (Décambuter, décarrer)

DESAGUAR (v.intr.) – V. VERTER ÁGUA

DESAMARRAR – V. BODE (3)

DESANDAR (v.intr.)

Avoir la diarrhée – V. CAMINHEIRA

DESARMADO (adj.) – V. LIMPO (1)

DESARVORADO (adj.) – V. BARATINADO

DESATAR O PUNHO DA REDE – V. AZULAR

DESBARATINADO (adj.)

Désorienté

DESBARATINAR

1) (v.tr.) Donner le change à, dépister – «Levando um papo chibu para desbaratinar o vigia» P.M. – «Consegui desbaratinar a pergunta»

2) (v.intr.) Donner le change – «Pra desbaratinar, passou a chiar que era um injustiçado» P.M.

DESBRONGO (s.m.)

Evénement imprévu et fâcheux (Pépin, tuile, vanne)

DESBUM (s.m.) – V. DESBUNDE

DESBUNDAR (v.tr. et intr.)

1) Révéler d'une manière inattendue et soudaine un aspect inconnu et profond de sa personnalité – «Eu li um livro que me desbundou» – «O catedrático desbundou no carnaval» – «Neste show as pessoas desbundavam de felicidade»

2) Tomber dans un état moins brillant – «Tava indo bem, mas aí a coisa desbundou»

3) Perdre son contrôle sous l'effet de la drogue

DESBUNDE (s.m.)

1) Révélation soudaine et inattendue d'un aspect inconnu de la personnalité d'un être et, par extension, d'un objet, d'une ville, d'une situation etc. – «Minha viagem foi um desbunde!» – «Paris está um desbunde!»

2) Décadence, dégradation

3) Hallucination, folie

DESCABAÇAR (v.tr.) – V. RASGAR O SELO

DESCABEÇADO (adj.) – V. BIRUTA

DESCALÇAR AS CHUTEIRAS – V. PENDURAR AS CHUTEIRAS

DESCANJICAR (v.tr.)

Mettre au point, tirer au clair

DESCASCAR O PALMITO

Se masturber (S'allonger le macaroni, s'astiquer, s'astiquer la colonne, se branler, se faire une pogne, se faire mousser le créateur, fréquenter la veuve Poignet, se fréquenter, se griffer, étrangler Popol, faire cinq contre un, se pogner, se polir le chinois, se secouer le bonhomme, se taper une pignole, un rassis, un silencieux, se toucher) – V. COVARDIA

DESCASCAR UM ABACAXI – V. ABACAXI (2)

DESCER O PAU (O BRAÇO, A BOTINHA, A LENHA, O SARRAFO EM (ALGUÉM)

1) V. BAIXAR O PAU (EM)

2) V. ESCULHAMBAR

DESCOLAR (v.tr.)

1) Obtenir quelque chose de manière non conventionnelle (par relation affective, par hasard, par chance) – «Descolei essa bolsa no curso de férias» – «Descolou o ca-

cau» (Décrocher, dégauchir, dégoter)

2) DESCOLAR O FUMO – Acheter de la marijuana

DESCOSER (v.tr.) – V. RISCAR

DESCUIDAR (v.tr.)

Voler en profitant de l'inattention de sa victime – V. AFANAR

DESCUIDISMO (s.m.) – V. DESCUIDO

DESCUIDISTA (s.m.)

Voleur qui profite de l'inattention de sa victime – V. AFANADOR, BATEDOR DE CARTEIRA

DESCUIDO (s.m.)

Vol commis en profitant de l'inattention de la victime – V. AFANO

DESCURTIÇÃO (s.f.)

Déception, renoncement – «Quando o pessoal se mancou, foi aquela descurtição» – V. l'antonyme CURTIÇÃO

DESCURTIR (v.tr.)

Abandonner, oublier, laisser tomber – «Descurtir uma paixão» – V. l'antonyme CURTIR

DESEMBELOTAR (v.tr.)

Démêler, rendre moins serrée (la marijuana) – «Desembelotar o fumo» – V. BELOTA

DESENCARNAR (v.intr.)

1) V. AZULAR

2) V. BATER AS BOTAS

DESENCUCAR (v.intr.)

Tirer une idée de la tête – V. BOLA (1)

DESENGOMAR (v.tr.)

1) Défaire un paquet de marijuana – V. DESEMBELOTAR

2) Faciliter le travail d'un voleur

a) en ouvrant les portes d'une résidence

b) en déboutonnant les poches – «Desengoma a culatra esquerda daquele otário!»

DESENTROSADO – V. FORA (1) (ESTAR POR FORA)

DESERTAR (v.intr.) – V. BATER AS BOTAS

DESFILE (s.m.)

Promenade aux côtés d'une prostituée pour lui éviter d'être arrêtée par la police

DESGALHAR (v.intr.) – V. CAIR NA VIDA

DESGRAÇADO

1) (adj.) Admirable par son habileté, force, intelligence – V. BAMBA (1)

2) (s.m.) – V. CACHORRO (1)

DESGRAÇAR (v.tr.) – V. RASGAR O SELO

DESGRAMADO (adj.) – V. LINHA-DE-FRENTE (1)

DESGUIAR (v.intr.)

Partir sans attirer l'attention – «Desguia que o loque se mancou» – V. AZULAR, DESINFETAR

DESINFETAR (v.intr.)

Se retirer d'un endroit (Aller se faire voir ailleurs, débarrasser le plancher, déhoter, démurger, les agiter, prendre ses cliques et ses claques, se tracer) – V. AZULAR

DESISTIR DA BRIGA – V. BATER AS BOTAS

DESLANCHAR

1) (v.intr.) Se manifester, être lancé – «Apesar da publicidade, o cantor não deslanchou ainda»

2) (v.tr.) Promouvoir, lancer – «Uma boa publicidade conseguiu deslanchar o jovem cantor»

DESLIGADÃO (adj.) – V. DESLIGADO

DESLIGADO (adj.)

1) Qui ne fait attention à rien autour de lui, qui n'est pas au courant (Pas dans le coup, planant) – V. FORA (1) (ESTAR POR FORA)

2) V. BALÃO APAGADO, MORGAR (1)

DESLIGAR (v.intr.)

1) Etre étranger à tout (Ne pas

être dans le coup, planer) – V. FORA (1) (ESTAR POR FORA)

2) V. PARAR COM ALGUÉM

DESLIGAR ESSA (A l'impératif) – V. CORTA ESSA!

DESLISE (s.m.)

Tromperie conjugale (Charres – S.m.pl.) – V. CORNEAR

DESMANCHA-FESTA (s.m.) – V. BERRO

DESMANCHA-PRAZERES (s.m.)

Trouble-fête (Empêcheur de danser en rond) – V. CHATO (1)

DESMANCHA-SAMBA (s.m.) – V. PINGA

DESMILINGUIR (v.intr. et pr.) – V. AZULAR

DESMUNHECAR (v.intr.)

Avoir des mouvements du corps, des manières peu viriles (Faire la gonzesse, tortiller des fesses, du croupion) – V. FRESCURA

DESOCUPAR O BECO – V. BATER AS BOTAS

DESOSSAR (v.intr.)

Améliorer ses conditions de vie (Reprendre du poil de la bête, se refaire la cerise)

DESOVA (s.f.)

1) Opération qui consiste à déposer d'un bateau ou d'un avion des marchandises de contrebande dans des endroits isolés, ou dans des sacs flottants, pour les récupérer ensuite

2) Découverte d'un cadavre par la police

DESOVAR (v.tr.)

1) Déposer de la contrebande dans des endroits isolés

2) Découvrir la victime d'un assassinat

DESPACHO (s.m.)

1) V. BRONCA (1)

2) Assassinat (Buttage, dégringolage)

DESPINGUELAR (v.intr.) – V. DISPINGUELAR

DESTELHADO (adj.) – V. BIRUTA

DESTILADO (s.m.)

Comprimé dissous dans de l'eau

DESTILAR (v.tr.)

Dissoudre et filtrer les comprimés pour les injecter

DESTRANQUE (s.m.) – V. BAFAFÁ

DESTRIPAR O MICO – V. CUSPIR OS BOFES

DESTRUIR (v.intr.)

Dominer tout le monde, être le meilleur – V. ABAFAR (1)

DEVAGAR (employé comme adj. ou s.)

1) V. CAFONA (1), FORA (1) – «Nunca vi cara mais devagar, mais por fora» – «Esse camarada é devagar, quase parando»

2) Celui qui n'est pas encore complètement vicié par la drogue, qui fume de temps en temps

DEVAGAR-QUASE-PARANDO – V. DEVAGAR (1)

DIA (ESTAR EM DIA) – V. BARATINADO

DIAMBA (s.f.)

Marijuana (Chiendent, foin, herbe, marie, marie-jane, merde, pot, thé) – Se fume en «joints», «sticks», dans des pipes; se mange mélangée à la nourriture – V. BASEADO

DIAMBARRIZADO (adj.) – V. MACONHADO (1)

DIAMBISMO (s.m.)

Pratique de la marijuana

DIAMBISTA (s.f.) – V. MACONHEIRO (1, 2)

DIAPASÃO (s.m.)

Arme blanche – V. AÇO (1)

DICA (s.f.)

Renseignement (Duce (s.m.), rencard, tuyau) – «A dica agora é Paris» – V. PEDIDA

DAR A DICA

1) Donner des renseignements, prévenir (Affranchir, mettre au

parfum, parfumer, rencarder, tuy-auter, envoyer le duce, envoyer le ronfleur, faire le serre)

2) V. ALCAGOETAR

DICHAVADO (adj.) – V. BACANA (1, 2) – «Batemos um papo dichavado»

DICHAVAR (v.tr.)
Séparer la cocaïne en petites doses

DICHAVO (s.m.)
Séparation de la cocaïne en petites doses

DIFERENÇA (s.f.) – V. TIRAR UMA DIFE-RENÇA

DINAMICAR (v.intr.)
Faire une fausse-clé – V. DENTROSA (1)

DINDINHA (s.f.) – V. PINGA

DIRETA (s.m.) – V. CACIQUE

DIRETIVO (s.m.) – V. CACIQUE

DIRETO (s.m.) – V. DIRETA

DIRIGIO (s.m.) – V. DIAMBA

DIRIJO (s.m.) – V. DIAMBA

DISGA (s.f.) – V. PINDAÍBA

DISGRA (s.f.) – V. DISGA

DISPINGUELAR (v.intr.) – V. AZULAR, DESINFETAR

DISTINTO (s.m.) – V. CARA (s.m.), CHAPA (1)

DITA (s.f.) (A DITA)
1) V. CANA (1)
2) V. JUSTA

DITO-CUJO (s.m.)
1) La personne en question – V. CARA (s.m.), CUJO
2) Substitue un substantif précé-demment exprimé – «É melhor cortar a onda desse cara, antes de se afogar na dita cuja»

DIXAVADO (adj.) – V. DICHAVADO

DIZER PRONTO – V. PINTAR (1)

DJANGA (s.f.) – V. DIAMBA

DOBRADO (adj.)
1) Fort, robuste (Armoire à glace, balèze, bien balancé, bien baraqué,

costaud, d'attaque, fortiche, gros bras, maousse, mastar, malabar, pas moisi, qui en a, qui est un peu là)
2) Convaincu par de belles paroles (Embobiné, entortillé, eu, possédé, roulé) – V. BARATINAR (1)

DOBRAR (v.tr.) – V. BARATINAR (1)

DOBRAR O CABO DA BOA ESPERANÇA – V. BROXEAR

DOCINHO (s.m.) – V. BROTINHO

DOIDÃO (adj.)
1) V. BARATINADO, LOUCO, MALUCO, PIRADO
2) V. BIRUTA

DOIDO (adj.) – ESTAR MUITO DOIDO – V. BARATINADO, LOUCO, MALUCO, PI-RADO

DOIS-DE-PAUS (s.m.)
1) Sentinelle
2) V. JOÃO-NINGUÉM

DÓLAR (s.f.) – V. PACAU (1, 2)

DOLOROSA (s.f.)
1) V. CANA (1)
2) Addition, note à payer (Dou-loureuse)

DONA (s.f.)
1) V. COSTELA (1), RABO-DE-SAIA
2) V. SEU (1)

DONA BOA (s.f.) – V. CHUCHU (1)

DONA BRANCA (s.f.) – V. PINGA

DONA JUANITA (s.f.) – V. DIAMBA

DONA JUSTA (s.f.) – V. JUSTA

DONA JUSTINA (s.f.) – V. JUSTA

DONA LAURA (s.f.) – V. JUSTA

DONA MARIA (s.f.)
1) V. DIAMBA
2) V. JUSTA

DONDOCA (s.f.)
Jeune fille ou femme de la haute société – V. GRANFA

DONO-DA-BOLA (s.m.) – V. MANDA-CHUVA (1)

DONO-DA-SITUAÇÃO (s.m.)
1) V. MANDA-CHUVA (1)
2) Meneur de jeu
3) Distributeur de marijuana – V. MAGNATA (3)
DONO-DAS-COISAS (s.m.) – V. DONO-DA-SITUAÇÃO
DOPADO (adj.) – V. BARATINADO
DOPAR (v.tr.) – V. BARATINAR (3)
DOR-DE-CANELA (s.f.) – V. DOR-DE-COTOVELO
DOR-DE-CORNO (s.f.) – V. DOR-DE-COTOVELO
DOR-DE-COTOVELO (s.f.)
Dépit, envie, jalousie (Jalmince) – ESTAR COM DOR DE COTOVELO – Eprouver de l'envie (Avoir mal aux seins)
DORMIR DE TOUCA – V. DORMIR NO PONTO, MARCAR BOBEIRA
DORMIR NO PONTO
1) Ne pas agir au moment opportun (Lambiner, lanterner, traînailler, traînasser)
2) Ne pas s'occuper à temps de ses intérêts (Manquer le train, rater le coche)
DORMITÓRIO (s.m.) – V. BARRO (1)
DOUTOR CHAVES (s.m.) – V. ALARDIO
DOUTOR RAFAEL (s.m.) – V. BASEADO
DRAGA (s.f.) – V. BERRO
DRAGADO (adj.) – V. COBERTO (1)
DRAGÃO (s.m.)
Réceleur (Fourgue, franquiste)
DRIBLAR (v.tr.) – V. BANHAR (1), TAPEAR
DROFA (s.f.)
Vitrine
DROGA (s.f.)
1) V. MICHO (2) – «Esse programa é uma droga»

2) V. CHATO (1, 2)
3) V. BOFE (1)
DROGUEIRO (s.m.) – V. GAVIOTA
DROMEDÁRIO (s.m.)
Voleur assassin – V. ATRACADOR et l'antonyme NOBRE
DUANA (s.f.)
Habits, vêtements (Alpagues, fringues, frusques, harnais, nippes, pelures, roupanes, sapes) – V. BREGUEÇOS
DUDA (adj.)
Sous l'effet de la cocaïne – V. PRIZE
DUNGA (s.m.) – V. BAMBA (2)
DUQUESA (s.f.) – V. CORINGA
DURA (s.f.)
1) V. PRENSA (1, 2)
2) DAR UMA DURA – V. ABOTOAR (1)
DURANGO (adj.) – V. LIMPO (1)
DURANGO KID (adj.) – V. LIMPO (1)
DURÃO (adj. et s.m.)
1) V. LIMPO (1)
2) V. BAMBA (2)
DURAR (v.tr.) – V. ABOTOAR (1)
DUREZA (s.f.)
1) V. ABACAXI (1) et les antonymes CANJA, MOLEZA
2) V. PRONTIDÃO
DURINDANA (adj.) – V. LIMPO (1)
DURO (adj.) – V. LIMPO (1)
DURO (adv.)
1) (loc.adv.) NO DURO – Très certainement, sans l'ombre d'un doute (Blague à part, blague dans le coin, c'est d'ac, banco, bono, gigo, gy, tope)
2) Authentique, véritable (Vrai de vrai) – «É homem no duro» – V. BATATA (2)
3) V. DAR DURO
4) V. CAIR DURO

E

ECO (s.m.)

1) Cri (Beuglante)

2) V. TECO (1), AMEIXA

EDITOR RESPONSÁVEL (s.m.)

Mari (Légitime)

EFEDAPÊ (s.f.) – V. FEDAPÊ

EGOÍSTA (s.m.)

Ecouteur de transistor qu'on fixe à l'oreille

ÉGUA (s.f.)

1) V. PUTA

2) V. LAVAR A ÉGUA

ELIXIR (s.m.)

1) V. PINGA

2) V. DIAMBA

EMA (s.f.) – V. PIFÃO

EMBAGUNÇAR O CORETO – V. BAGUNÇAR (5)

EMBAIXADA (s.f.)

1) Habileté, intelligence – V. QUENGO (2)

2) Virtuosité (d'un joueur de football)

EMBALADO (adj.)

1) V. BEBUM (2)

2) Drogué qui reste plusieurs jours sous l'effet des stupéfiants – V. BARATINADO

EMBALAR-SE (v.pr.) – V. BARATINAR (4)

EMBALO (s.m.)

1) Bonne disposition pour quelque chose – «No maior embalo, estarrou a erva» – «Não queria deixar a curriola perder o embalo» – «Logo pegou embalo»

APROVEITAR O EMBALO – Profiter de l'occasion – V. ONDA (2) (IR NA ONDA)

2) Fête où il y a beaucoup de boisson et de femmes (Partouze)

3) Effet de la drogue – V. BANHO (4), BARATO (2)

EMBALSAMADO (adj.)

Qui a tout perdu au jeu (Cadavre, cisaillé, décavé, épongé, enfoncé, lessivé, nettoyé, repassé, rincé)

EMBANANADO (adj.) – V. ESTREPADO (2)

EMBANANAMENTO (s.m.) – V. BANANOSA

EMBANANAR

1) (v.tr.) – V. BAGUNÇAR (1, 2)

2) (v.pr.) – V. ESTREPAR-SE

EMBANDEIRADO

1) (adj.) – V. ENCADERNADO

2) V. BEBUM (2)

3) (s.m.) Informateur, souvent d'un bon niveau social, qui jouit d'une protection spéciale de la police

EMBANDEIRAR (v.intr. et pr.)

1) V. DAR BANDEIRA (1)

2) Se vanter d'user de la drogue (Frimer)

3) Bien s'habiller – V. ENCADERNADO, ESTICA (2) (estar na estica)

EMBARCAR (v.intr.)

1) V. BATER AS BOTAS

2) V. CANOA (2, 3)

3) EMBARCAR NESSA – V. ENTRAR NESSA

4) Se laisser tromper – V. BANHAR (1), TAPEAR au passif

EMBESOURADO (adj.)

De mauvaise humeur – V. BODE (2), (ESTAR DE BODE AMARRADO)

EMBEZERRADO (adj.) – V. EMBESOURADO

EMBOCAR (v.intr.)

Tomber par terre, faire une chute

EMBROCHAR (v.intr.)

S'assurer que la future victime porte sur elle des bijoux ou des valeurs

EMBROMA (s.f.) – V. EMBROMAÇÃO

EMBROMAÇÃO – V. TAPEAÇÃO

EMBROMAR (v.tr.)

  1) V. BARATINAR (1)

  2) V. TAPEAR

  3) V. FAZER CERA

EMBRULHADA (s.f.)

  1) V. ENCRENCA (2)

  2) V. BANHO (1), VIGARICE

EMBRULHÃO (adj. et s.) – V. VIGARISTA

EMBRULHAR (v.tr.) – V. BANHAR (1)

EMBRULHO (s.m.)

  1) V. BANHO (1)

  2) V. ARRANJO (2)

EM CIMA (loc.adv.)

  1) V. ESTALO (NO ESTALO) – «O pedido foi atendido em cima»

  2) a) ESTAR COM (UM BASEADO, O PETRÓLEO) EM CIMA – Venir de fumer, de boire

  b) ESTAR COM OS BABI EM CIMA – Avoir ses papiers sur soi

  3) V. DAR (IR) EM CIMA – «O tira foi em cima da mulher: seus documentos!»

  4) V. POR CIMA DA ONDA

  5) TACAR EM CIMA – Faire retomber sur quelqu'un – «Tacou em cima dez anos de galera»

EMPACADOR (adj.)

Bègue. On dit d'un bègue: «Ça se bouscule au portillon» – «Tu veux un peigne?» – «Pose ça là, on va le trier»

EMPACAR (v.intr.) – V. BOIAR (2)

EMPACOTAR

  1) (v.tr.) – V. MORFAR (4)

  2) V. BATER AS BOTAS

EMPADA (s.f.)

  1) V. BANANA (1)

  2) V. CHATO (1)

EMPALADO (adj.)

Qui a les menottes aux mains (Les cadènes aux pognes) – V. ABOTOADURAS

EMPALHADOR (adj.)

Très lent au travail (Lambin, lanterne, à la bourre, à la traîne)

EMPELICADO (adj.) – V. IMPELICADO

EMPENHADO (adj.)

  1) Retenu à la maison

  2) Tenu à redoubler dans une discipline, au collège

  3) En mauvaise situation

EMPINAR O COTOVELO – V. CHUPAR

EMPIRUZADO (adj.) – V. BARATINADO

EMPLACAR

  1) (v.tr.) EMPLACAR 90 ANOS – Avoir 90 ans – NÃO EMPLACAR O ANO SEGUINTE – Ne pas passer l'année

  2) (v.intr.) – V. ABAFAR (1)

EMPLASTRO (s.m.) – V. CHATO (1)

EMPOMBAÇÃO (s.f.)

  V. INJEÇÃO (1)

EMPOMBAR (COM ALGUÉM)

Se fâcher (Se filer en renaud, se foutre à cran, en boule, en carante, en suif, en pétard, en rogne contre quelqu'un, piquer une crise, prendre un coup de raisin) – V. AFINADO, BRONQUEAR (1) – «Empombei com ele»

EMPREITADA (s.f.)

Plan criminel – V. ARRANJO (2), ESTOURO (2)

EMPURRAR O VAGÃO

Être enceinte (Avoir avalé le pépin, avoir le ballon, avoir un po-
lichinelle dans le tiroir, être en cloque)

EMPUTECER (v.intr.)

Devenir furieux – V. AFINADO

ENCABREIRADO (adj.)

1) Contrarié – V. BODE (2) (ESTAR
DE BODE AMARRADO)

2) V. AFINADO

ENCABREIRAR (v.tr.) – V. OURIÇAR (1)

ENCABRITAR-SE (v.pr.) – V. EMPOMBAR

ENCADERNAÇÃO (s.f.)

Costume généralement neuf – V.
DUANA

ENCADERNADO (adj.)

Habillé avec élégance (Bath, bien
bâché, bien frimé, bien fringué,
bien sapé, chouette, gandin, girond, tiré à quatre épingles) – V.
ESTICA (2)

ENCAGAÇADO (adj.) – V. CAGÃO

ENCALHAR (v.intr.)

Rester célibataire, ne pas trouver à
se marier

ENCAMAÇAR (v.tr.)

Préparer les cartes pour tricher
(Maquiller les brêmes) – V. MACETE

ENCANADOR (s.m.)

Elève qui est souvent absent

ENCANAR (v.tr.)

Arrêter, mettre en prison
(Agrafer, alpaguer, arquepincer,
baiser, ceinturer, choper, coffrer,
cravater, croquer, cueillir, emballer, embarquer, empaqueter, emporter, enchrister, enchtiber, épin-
gler, fabriquer, faire, gauler, grou-
per, harponner, mettre le grappin
dessus, paumer, pincer, piper, piquer, poirer, poisser, rifler, ramasser, sauter, servir, sucrer, mettre en

cabane, au gnouf, au trou etc.) – V.
CANA (1)

ENCANASTRAR

1) (v.tr.) Rendre mauvais acteur

2) (v.pr.) Devenir mauvais acteur – V. CANASTRÃO (1)

ENCAPOTAR (v.intr.) – V. BATER AS BOTAS

ENCARAÇÃO (s.f.)

Entrée obtenue sans payer – V.
AVANÇA (2, 3)

ENCARA (adj. et s.) – V. BICÃO (2)

ENCARACOLADO (adj.)

Compliqué, embrouillé (en parlant
d'une explication, d'une personne
qui ne s'exprime pas clairement)

ENCARNADOR (s.m.)

Médecin qui soigne des criminels
sans les dénoncer (Médecin marron)

ENCARNAR COM ALGUÉM – V. TOMAR AS-
SINATURA

ENCARNAR NESSA – V. ENTRAR NESSA

ENCENAÇÃO (s.f.) – V. FAROFA (1, 2)

ENCHARCADO (adj.) – V. BEBUM (2)

ENCHEÇÃO (s.f.)

1) V. INJEÇÃO (1)

2) ENCHEÇÃO DE LINGÜIÇA – V.
CONVERSA FIADA

ENCHER

1) (v.tr.) – ENCHER O SACO – V. AMO-
LAR

2) (v.pr.) – V. CHEIO (1) (ESTAR
CHEIO)

ENCHER A CANECA – V. ÓLEO (2) (PÔR
ÓLEO)

ENCHER A CARA (A CAVEIRA, A CUCA) – V.
ÓLEO (2) (PÔR ÓLEO)

ENCHER O CACO (O LATÃO, O LAMPIÃO, O
TANQUE) – V. ÓLEO (2) (PÔR ÓLEO)

ENCHER LINGÜIÇA

1) Parler à tort et à travers au lieu
d'aller à l'essentiel (Baratiner,
faire du baratin)

2) Donner beaucoup trop de dé-

tails (Pinailler) – V. COÇA-BICHI-NHOS

ENCHER O PAPO

Manger copieusement (Bafrer, bouffer à s'en faire crever la peau du ventre, s'empiffrer, s'en foutre plein le buffet, plein la lampe, se gaver, se goinfrer)

ENCHER O PICUÁ – V. AMOLAR

ENCHER O SACO – V. ENCHER (1)

ENCHER O SAPATO – V. AMOLAR

ENCHIMENTO (s. m.)

  1) V. AMOLAÇÃO

  2) ENCHIMENTO DE SACO – V. AMO-LAÇÃO

ENCOSTADO (adj.)

Qui s'arrange pour faire faire le travail par les autres – V. FOLGADO (2), CHUPA-SANGUE

ENCOSTADOR (adj.) – V. ENCOSTADO

ENCOSTÃO (adj.) – V. ENCOSTADO

ENCOSTAR A CHUTEIRA – V. PENDURAR A CHUTEIRA

ENCOSTAR O CADAVER – V. MALOCAR (1)

ENCOSTAR O CORPO

  1) Faire quelque chose avec négligence

  2) Vivre sans travailler – V. FOLGADO (2)

ENCOSTAR-SE (v. pr.) – V. ENCOSTAR O CORPO (1, 2)

ENCOSTO (s. m.)

  1) V. EDITOR RESPONSÁVEL

  2) V. PAGINADOR

  3) V. CAFETÃO

  4) Emploi, fonction de tout repos, sinécure (Filon, planque)

ENCRAVAR (v. intr.) – V. ENCALHAR

ENCRENCA (s. f.)

  1) V. ABACAXI (1)

  2) Situation compliquée ou dangereuse (Embrouilles, mastic, merdier, sac d'embrouilles) – V. BODE (1), ABACAXI (2)

  3) V. BAGUNÇA

  4) V. BAFAFÁ

ENCRENCAR

  1) (v. tr.) Rendre difficile, compliquer une situation (Mettre les bâtons dans les roues)

  2) Mettre quelqu'un en difficulté

  3) (v. intr. et pr.) Se compliquer – «Aí a coisa encrencou» – V. BODE (1) (DAR BODE), ENGROSSAR (4)

  4) ENCRENCAR COM ALGUÉM – Chercher des difficultés à quelqu'un – V. APRONTAR (2)

ENCRENQUEIRO (adj. et s.) – V. ARENGUEIRO

ENCRESPAR-SE (v. pr.) – V. EMPOMBAR

ENCUCADO (adj.)

  1) V. GAMADO, VIDRADO

  2) Extasié, enthousiasmé

ENCUCAÇÃO (s. f.)

  1) Attitude d'une personne dont la pensée perd le contact avec la réalité et prolifère de façon démesurée – «Não é um cara de grandes encucações»

  2) Préjugé – «Você já se livrou de todas as encucações que seu pai possa ter posto em você?»

ENCUCAR

  1) (v. intr.) – V. ENDURECER (2)

  2) ENCUCAR EM – V. GAMAR EM

  3) V. FUNDIR A CUCA (1, 2)

  4) (v. tr.) – V. AMOLAR

ENDEDAR (v. tr.) – V. ALCAGOETAR

ENDURECER (v. intr.)

  1) Refuser (Ne pas chiquer, ne pas être bon, ne pas marcher, ne vouloir rien savoir, envoyer à la balançoire, aux chiottes, aux pelotes, aux salades)

  2) S'obstiner – V. FORÇAR A BARRA

  3) V. EMPOMBAR

  4) V. BODE (1) (DAR BODE)

  5) Ne plus avoir d'argent – V. DURO, LIMPO (1)

6) V. ARROCHAR (2)

7) V. PRENSA (2) (DAR A PRENSA A)

ENFEITADO (adj.) – V. CORNO

ENFEITAR (v. tr.)

   1) V. CORNEAR

   2) ENFEITAR A TESTA – V. CORNEAR

ENFIAR A CARA NO MUNDO – V. AZULAR

ENFIAR A MÃO

   1) V. AFANAR

   2) V. ACENDER A VELA

ENFORCADO (adj.)

   1) Endetté (Accroché, encroumé)

   2) V. AMARRADO (3)

ENFORCAR

   1) (v. tr. et intr.) – V. CABULAR

   2) (v. pr.) – V. AMARRAR-SE

ENFOSSADO (adj.) – V. FOSSADO

ENGABELAR (v. tr.) – V. ENGAMBELAR

ENGAIOLAR (v. tr.) – V. ENCANAR

ENGALICADO (adj.)

Atteint de syphilis (Naze, nazebro-que, nazi) – V. GÁLICO

ENGAMBELAR (v. tr.) – V. BARATINAR (1)

ENGASGA-GATO (s. m.) – V. PINGA

ENGATILHADA (s. f.)

Mauvais coup prémédité

ENGESSADOR (s. m.) – V. ALCAGOETE

ENGESSAR (v. tr.) – V. ALCAGOETAR

ENGOLE-ESPADA (s. m.) – V. BICHA (1)

ENGOLIDEIRAS (s. f. pl.)

Gorge, gosier (Avaloir, coco, cor-net, corridor, entonnoir, fanal, fu-sil, gargamelle, gargoulette, gaviot, gloglotte, goule, lampe, tube)

ENGOMADA (s. f.)

Maison fermée ou inhabitée qui at-tire l'attention des cambrioleurs

ENGOMADO (adj.) – V. ENCADERNADO

ENGOMADOR (s. m.) – V. ROUPA (s. m.)

ENGOMAR (v. tr.)

   1) Détourner l'attention de la vic-time avant l'intervention du pick-pocket – V. DAR A ROUPA

   2) V. AFANAR

3) Rengainer – «Engomei o berro e dei o pira»

ENGRAÇADINHO (adj. et s.)

Celui qui fait des plaisanteries fri-sant l'ironie (Petit rigolo) – V. GO-ZADOR, GRACINHA

ENGRANULADO (adj.) – V. ABONADO

ENGRANULAR-SE (v. pr.) – V. ABONAR-SE

ENGRAXADELA (s. f.)

Petite gratification (Bouquet, fleur, violette) – V. GRAXA

ENGRAXAR (v. tr.)

Donner de l'argent pour obtenir un service (Graisser la patte)

ENGRAXAR AS UNHAS (as mãos) – V. EN-GRAXAR

ENGRENAR (v. tr.) – V. PAPO (1) (ENGRE-NAR UM PAPO)

ENGRILAR-SE (POR) (v. pr.) – V. GRILO (4) (ESTAR COM GRILO NA CUCA)

ENGROSSADA (s. f.) – DAR UMA ENGROS-SADA – V. EMPOMBAR

ENGROSSADOR (adj. et s.)

Flatteur (Lèche-bottes, lèche-cul, lèche-train, lécheur, musicien, pe-lote)

ENGROSSAMENTO (s. m.)

Flatterie (Lèche, musique, pelo-tage, rambin, rantanplan)

ENGROSSAR

   1) (v. tr.) Flatter (Lécher les bot-tes, le cul, le train, passer de la pommade, de la vaseline, passer la brosse à reluire, passer la main dans le dos, peloter, faire du plat, du gringue, du pallas)

   2) (v. intr.) a) V. EMPOMBAR

   b) Se montrer sans délicatesse, sans tact

   3) ENGROSSAR O CALDO – V. EMPOM-BAR

   4) Se compliquer, devenir incon-venant – «Aí a coisa (o caldo) en-

grossou» – V. BODE (1), DAR BODE, ENCRENCAR (3)

ENGRUPIR (v. tr.)

  1) V. BANHAR (1), GRUPO (2)

  2) V. BARATINAR (1)

ENGUIÇADOR (adj.) – V. ARENGUEIRO

ENGUIÇAR (v. intr.) – V. APRONTAR (1)

ENGUIÇO (s. m.) – V. BATE-BOCA (1)

ENLATADO (s. m.)

  Film étranger acheté par la télévision

ENORMIDADE (s. f.) – V. BARBARIDADE (1) – «Pelé jogou uma enormidade!»

ENQUADRAR (v. tr.)

  1) Rappeler à l'ordre

  2) Faire un procès, accuser

  3) Punir (un soldat) (Foutre dedans)

ENRABAR (v. tr.) – V. BANHAR (1), TAPEAR

ENRASCADO (adj.)

  Qui est dans une situation fâcheuse (Qui est dans de beaux draps) – V. ENTRAR NUMA FRIA

ENROLADO (adj.)

  1) Qui met du temps à se décider, indécis

  2) Compliqué, confus – «Esse romance é muito enrolado»

ENROLADOR (adj. et s.)

  1) Qui aime compliquer les choses

  2) V. TAPEADOR

ENROLAR (v. tr.)

  1) V. BANHAR (1), TAPEAR

  2) ENROLAR UM PAPO – V. PAPO (1)

  3) Exposer d'une manière confuse – «Enrolou uma desculpa»

  4) ENROLAR A LÍNGUA – V. BICO (3) (FECHAR O BICO)

  5) ENROLAR A BANDEIRA – Renoncer à une entreprise – V. ARRIAR (1)

ENRUSTE (s. m.)

  1) Cache de personnes ou d'objets

(Carre, planque, planquouse, trappe)

  2) Tromperie au moment de partager le produit du vol – V. BANHO (2), RUSTO

ENRUSTIR (v. tr.)

  1) Cacher quoi que ce soit d'irrégulier (Carrer, étouffer, planquer, planquouser)

  2) V. RUSTIR

ENSANGÜENTADO (adj.)

  Arrêté (Bourru, marron, têtard) – V. ENCANAR, à la forme passive

ENSEBAR (v. intr.) – V. ENGROSSAR (4)

ENSEBAR AS CANELAS – V. AZULAR

ENSOPAR (v. tr.)

  Vaincre, l'emporter avec une grande différence

ENTALADA (s. f.) – V. SINUCA

ENTENDIDO (adj. et s. m.)

  1) Celui qui se livre à des pratiques homosexuelles ou ne les condamne pas

  2) Celui qui se drogue ou qui sait se procurer de la drogue

ENTERRAR (v. tr.)

  Jouer la dernière représentation d'une pièce

ENTOJADO (adj.) – V. INTOJADO

ENTORNAR (v. intr.) – V. CHUPAR

ENTORTAR

  1) (v. tr.) – V. ENQUADRAR (2, 3)

  2) (v. pr.) – V. ÓLEO (2) (PÔR ÓLEO)

  3) V. DAR COM OS BURROS NA ÁGUA

  4) ENTORTAR O PATUÁ – V. BALANÇAR O CORETO

ENTRÃO (adj.) – V. BICÃO (2)

ENTRAR (v. intr.)

  Etre arrêté (Cascader, être bourru, se faire crever, se faire faire, tomber) – V. ENCANAR au passif, ENSANGUENTADO

ENTRAR AREIA – V. AREIA (2)

ENTRAR BEM

1) V. ENTRAR

2) V. ENTRAR PELO CANO

ENTRAR DE ALEGRE

Être arrêté ou condamné sans raison

ENTRAR DE GAIATO – V. ENTRAR DE ALEGRE

ENTRAR DE GRAÇA – V. ENTRAR DE ALEGRE

ENTRAR DE SOLA

Agir directement, sans faire de manières (Attaquer franco) – «A menina está me dando bola. Vou entrar de sola»

ENTRAR EM PUA – V. ENTRAR NUMA FRIA (1)

ENTRAR FIRME (EM)

S'occuper activement de, y aller carrément – «No ônibus, o lalau entrou firme na granolina dos otários»

ENTRAR NA DE ALGUÉM – V. ENTRAR NESSA

ENTRAR NA LENHA – V. ENTRAR NO PAU

ENTRAR NA JOGADA – V. ENTRAR NESSA

ENTRAR NA ONDA – V. ONDA (2) (IR NA ONDA)

ENTRAR NA SUA

Commencer à avoir du succès – V. MINHA, TUA

ENTRAR NESSA

Participer à cette affaire – V. ESTAR NESSA, ESSA

ENTRAR NO CHINELO – V. ENTRAR NO PAU

ENTRAR NO PAU (NO CACETE)

Recevoir une correction, une volée de coups (Ramasser une avoine, une danse etc.) – V. BIABA (1), BAIXAR O PAU (EM)

ENTRAR NUMA BIABA – V. ENTRAR NO PAU

ENTRAR NUMA FRIA (EM FRIA)

1) Se mettre dans une situation délicate (Etre dans de beaux draps) – V. ENRASCADO

2) Etre poursuivi dans un procès (Etre bon)

3) V. ENTRAR PELO CANO

ENTRAR NUMA SOLA – V. ENTRAR NO PAU

ENTRAR PELA TUBULAÇÃO – V. ENTRAR PELO CANO

ENTRAR PELO CANO

Se tirer mal d'une affaire, échouer (Être chocolat, être de la revue, être marron, être possédé, se faire baiser, se faire entuber, couillonner, posséder, se foutre dedans) – V. DAR COM OS BURROS NA ÁGUA

ENTRAR PELOS TUBOS – V. ENTRAR PELO CANO

ENTREGAÇÃO (s.f.) – V. ALCAGOETAGEM

ENTREGADOR (adj.)

1) V. ALCAGOETE

2) Individu qui donne des renseignements aux voleurs (Qui rencarde)

ENTREGAR A RAPADURA

1) V. ARRIAR (1)

2) V. BATER AS BOTAS

ENTREGAR O PAPO – V. PAPO (1)

ENTREGAR O SERVIÇO – V. DAR O SERVIÇO (1, 2)

ENTREGAR OS PONTOS

1) Reconnaître sa défaite, s'avouer battu – V. ARRIAR (1)

2) V. BATER AS BOTAS

ENTROSA (s.f.) – V. CROCODILAGEM (1)

ENTRUCHAR (v.tr.)

Donner, remettre (Abouler, refiler) – «A gente entrucha o que tem»

ENTRUJAR (v.tr.) – V. INTRUJAR

ENTRUTAR (v.tr. et pr.)

1) (v.tr.) – V. ALCAGOETAR

2) V. ENCANAR

3) Condamner (Gerber, saper)

4) (v.pr.) – V. ENTRAR PELO CANO

ENTUPIGAITAÇÃO (s.f.)

1) Obstacles à la bonne marche d'une affaire, sabotage

2) Embarras momentané causé par le manque d'arguments

ENTUPIGAITAR

1) (v.tr.) Mettre toutes sortes d'obstacles à la bonne marche d'une affaire, saboter (Mettre les bâtons dans les roues de) – V. ENCRENCAR (1)

2) (v.pr.) Etre embarrassé, se taire

ENTUPIR-SE (v.pr.) – V. BICO (3) (FECHAR O BICO)

ENTURMADO (adj.)

Qui est intégré à un groupe, au courant, communicatif – V. DENTRO (1) (ESTAR POR DENTRO)

ENTURMAR-SE COM

Se réunir à (un groupe), s'intégrer

ENVELOPE DE MADEIRA – V. CASACA DE PAU

ENVENENADO (adj.)

1) Spectaculaire, original – «Sofás envenenados» – V. PRAFRENTE

2) (D'un moteur, d'une voiture) Modifié, plus puissant (Gonflé, trafiqué)

ENVENENAR (UM CARRO, UM MOTOR, ETC.)

Modifier pour augmenter la puissance (Gonfler, trafiquer)

ENVERNIZADO (adj.) – V. BEBUM (2)

ENXAME (s.m.)

1) Intrigue (Combine, micmac)

2) V. BAGUNÇA

3) Brouille (Barabille)

ENXAMEAR (v.intr.)

1) Intriguer

2) V. BAGUNÇAR (1)

3) Se brouiller

ENXAROPADO (adj.) – V. BARATINADO, XAROPE (4)

ENXAROPAR (v.tr. et pr.) – V. BARATINAR (3, 4)

ENXUTA (adj. et s.)

1) V. CHUCHU (1)

2) V. PUTA

ENXUTO (adj. et s.) – V. BICHA (1)

ERRADO (adj. et s.)

Qui commet des fautes, des gaffes, qui est maladroit

ERRAR A CONTA – V. ÓLEO (PÔR ÓLEO)

ERRAR O BOTE – V. DAR COM OS BURROS NA ÁGUA, ENTRAR PELO CANO

ERVA (s.f.)

1) V. DIAMBA

2) V. ARAME

ERVA-DE-INÍCIO (s.f.) – V. DIAMBA

ERVA-DO-NORTE (s.f.) – V. DIAMBA

ERVA MALDITA (s.f.) – V. DIAMBA

ERVA-MALIGNA (s.f.) – V. DIAMBA

ESBALDAR-SE (v.pr.)

1) Se fatiguer excessivement (Avoir le coup de barre, le coup de pompe, en avoir sa claque, plein les bottes, se crever, s'escagasser, s'esquinter, être flagada, flapi, groggy, lessivé, pompé, raplapla, rincé, être sur les rotules, vanné, vaseux, vasouillard, vidé) – V. PREGO (6) (ESTAR NO PREGO)

2) V. GOZAR (2)

3) V. RACHAR (4) (RACHAR O BICO)

ESBODEGAÇÃO (s.f.)

1) Fatigue excessive

2) Négligence, indolence

ESBODEGAR

1) (v.tr.) Abîmer, détériorer (Amocher, déglinguer, esquinter)

2) Détruire (Bousiller)

3) Dépenser avec prodigalité

4) (v.pr.) – V. ESBALDAR-SE (1)

5) Se négliger, se laisser aller

ESBÓRNIA (s.f.) – V. BILONTRAGEM (1)

ESBORNIADOR (s.m.) – V. BILONTRA (1)

ESBORNIAR (v.intr.)

Se livrer aux plaisirs, à la débauche (Faire la bamboula, la bombe, la

77

bringue, la foire, la java, la noce, la nouba, la ribouldingue) – V. CHIBAR (2)

ESBREGUE (s.m.)
  1) V. BANZÉ (1, 2)
  2) V. BRONCA (1)

ESCABREADO (adj.)
  1) Méfiant (Qui fait gaffe, qui se tient à carreau)
  2) V. BEBUM (2)

ESCAFEDER-SE (v.pr.) – V. AZULAR

ESCAMA
  1) (s.f.) DAR A ESCAMA – V. EMPOMBAR
  2) Complication – «Não teve escama» – V. ENCRENCA (2) – METER UMA ESCAMA EM CIMA – Compliquer la situation – V. ENCRENCAR (1)
  3) (s.m.) – V. ESCAMOSO (1)

ESCAMAR (v.tr. et pr.) – V. EMPOMBAR

ESCAMOSO
  1) (adj.) – V. CACHORRO (1), BISCA
  2) V. ARENGUEIRO
  3) Indélicat, malhonnête – «Tava se virando em trambiques escamosos» (Il était toujours dans de sales boulots)
  4) (s.m.) – V. TIRA (1)

ESCAMUGIR-SE (v.pr.) – V. AZULAR

ESCANCHAR OS CINCO – V. METER OS CINCO

ESCOLAÇADOR (s.m.)
  Joueur professionnel (Flambeur, schpileur)

ESCOLAÇA (s.f.)
  Maison de jeu, tripot, le jeu lui-même (Flambe, flanche)

ESCOLADO (adj.) – V. LINHA-DE-FRENTE (1)

ESCOLAR-SE (v.pr.)
  Acquérir de l'expérience (Savoir y faire)

ESCOLTA (s.f.) – V. DESFILE

ESCONDER O JOGO
  1) Dissimuler, cacher son jeu
  2) V. POTOCAR

ESCONDER O LEITE
  1) V. ESCONDER O JOGO (1, 2)
  2) Refuser ce qui avait été promis – V. MANCAR (2)

ESCONXISTA (s.m.)
  Voleur (de marijuana) par effraction – V. ESCRUCHANTE

ESCORAR O REPUXO – V. AGUENTAR A MÃO

ESCORNADO (adj.)
  Très fatigué, épuisé – V. PREGO (6) (ESTAR NO PREGO)

ESCORNAR (v.intr.) – V. ESBALDAR-SE (1)

ESCOVA (s.m.)
  1) V. ENGROSSADOR
  2) V. CHATO (1)

ESCOVA-BOTAS (s.m.) – V. ENGROSSADOR

ESCOVADO (adj.)
  1) V. ENCADERNADO
  2) V. LINHA-DE-FRENTE

ESCOVÃO (s.m.)
  Grosses moustaches (Grandes bacchantes, grandes charmeuses)

ESCOVAR URUBU – V. BOBEIRA (1) (FICAR DE BOBEIRA)

ESCRACHA (s.f.)
  1) Photographie figurant sur le casier judiciaire
  2) Casier judiciaire (Pedigree)
  3) Service anthropométrique (Piano) – V. CARTÃO DE VISITA

ESCRACHADA (s.f.)
  Résultats de loterie truqués pour tromper un ingénu (Surprenante)

ESCRACHADO (adj.)
  1) Qui est fiché à la police
  2) Clair, manifeste, au grand jour
  3) Dépravé, pervers
  4) Négligé dans sa tenue, mal habillé

ESCRACHAR (v. tr.)

1) Photographier pour le casier judiciaire

2) Truquer des billets de loterie (Maquiller)

3) V. ESCULHAMBAR (1) – «Uma entrevista cafona e escrachada»

4) Démasquer, percer à jour les intentions secrètes de quelqu'un.

ESCRACHE (s. m.)

1) V. ESCRACHA

2) V. FACHADA

ESCRACHISTA (s. m.)

Photographe de police

ESCRACHO (s. m.)

1) V. ESCRACHA

2) V. FACHADA – «Tomou dois écos no escracho» (Il a ramassé deux pruneaux dans le portrait)

ESCRITA (s. f.)

1) V. SERVIÇO (1)

2) Corruption par de l'argent versé à certains policiers chaque semaine ou chaque mois

ESCROTO (adj.)

Mauvais, de basse classe (Minable) – «Um mocó dos mais escrotos»

ESCRUNCHA (s. m.) – V. ESCRUNCHANTE

ESCRUNCHADOR (s. m.) – V. ESCRUNCHANTE

ESCRUNCHANTE (ESCRUCHANTE) (s. m.)

Voleur par effraction (Casseur, fracasseur, monte-en-l'air)

ESCRUNCHAR (v. tr.)

Faire une effraction pour voler (Faire du bois) – «Escrunchar a porta»

ESCRUNCHISTA (s. m.)

Fumeur de marihuana – V. MACONHEIRO (2)

ESCRUNCHO (s. m.)

Effraction en vue d'un vol (Boulot, casse, cassement, fric-frac, mise en l'air)

ESCULACHADA (s. f.) DAR UMA ESCULACHADA – V. ESCULACHAR (1, 2)

ESCULACHADO (adj. et s.)

1) V. ESCRACHADO (4)

2) V. ESCULHAMBADO – «Chegou um carango bem esculachado, quase caindo aos pedaços»

ESCULACHAR (v. tr.)

1) V. ESCULHAMBAR (1, 2)

2) Frapper et insulter pour obtenir des aveux – V. VOMITÓRIO (DAR UM VOMITÓRIO)

ESCULACHO (s. m.)

1) V. BIABA

2) Groupe de policiers qui frappent et insultent le prisonnier pour le faire avouer

3) V. ESCULHAMBAÇÃO (1)

ESCULHAMBAÇÃO (s. f.)

1) Critique violente, éreintage (Vannes – s. m. pl.) – V. BRONCA (1)

2) Grand désordre (Bordel, merde, pagaille) – V. BAGUNÇA

ESCULHAMBADO (adj.)

Qui a perdu tout son prestige (Fichu, foutu, liquidé, plumé) – V. ESTREPADO

ESCULHAMBAR (v. tr.)

1) Critiquer violemment, avec malveillance, dénigrer, discréditer (Carboniser, débiner, dégréner, démolir, esquinter, griller) – V. BRONQUEAR (1)

2) Mettre un grand désordre dans, bouleverser, détériorer – V. BAGUNÇAR (2)

ESCULHAMBO (s. m.) – V. ESCULHAMBAÇÃO

ESCURINHO (s. m.)

Homme de couleur (noir ou métis, mulâtre)

ESCUTADOR (DE NOVELAS) (s.m.) – V.
ANTENA (1)

ESFOLADOR (s.m.)

Mauvais chirurgien (Boucher)

ESFREGA (s.f.)

1) V. BRONCA (1)

2) V. BIABA

ESFRIAR (v.intr.) – V. BATER AS BOTAS

ESFUMAÇAR (v.intr.) – V. AZULAR

ESFUMACEAR (v.tr.) – V. AZEITONAR

ESGURIDO (adj.)

Affamé (Qui a la dent, les crocs,
qui la crève, qui la pète, qui la
saute)

ESMERIL (s.m.)

Chauffeur qui conduit mal sa voiture et finit par l'abîmer – V. BAR-
BEIRO

ESMOLA (s.f.) – V. BIABA

ESMUCHISTA (s.m.) – V. ESCONXISTA

ESNOBAÇÃO (s.f.) – V. FAROFA (1, 2)

ESNOBADA (s.f.) – V. FAROFA (1, 2)

ESNOBAR

1) (v.intr.) – V. ARROTAR

2) (v.tr.) Se moquer avec des airs
de supériorité – «Ele sempre esno-
bou os portugueses» – V. GOZAR (1)

ESPADA (s.f.)

1) Jeu de cartes (Brêmes)

2) V. DENTROSA (1)

ESPADISTA (s.m.)

1) Voleur qui travaille avec de
fausses clés (Caroubleur)

2) Pickpocket aux doigts longs et
agiles – V. LANCEIRO

ESPALHA-BRASA (adj. et s.) – V. AREN-
GUEIRO

ESPALHAR-SE (v.pr.)

1) Etre tout à fait à son aise

2) Se préparer à la bagarre

ESPANADOR DA LUA – V. GIRAFA

ESPANTA-LOBOS (s.)

Personne très bavarde

ESPARRAME (s.m.)

1) V. BANZÉ (1, 2) – «O esparrame
foi mesmo pra valer»

2) FAZER UM ESPARRAME

a) Etre très étonné

b) Donner une importance excessive à une chose insignifiante

ESPARRAMO (s.m) – V. ESPARRAME

ESPARRO (s.m.)

Complice du voleur à la tire (Mur,
porteur) – V. ROUPA

ESPECIALIZADA (s.f.) – V. ESTADO-MAIOR
(1)

ESPELHO (s.m.) – V. BARBEIRA

ESPETAR (v.tr.)

1) Causer du tort à un adversaire
de jeu

2) Consommer à crédit, surtout
dans les restaurants – V. PENDURAR
(1)

ESPETO (s.m.)

1) V. ABACAXI (1, 2, 3)

2) V. GIRAFA

3) Achat à crédit, dette (Crayon,
croum)

ESPIANTADOR (s.m.)

1) Voleur à l'étalage, qui disparaît
prestement (Voleur à l'étale) – V.
AFANADOR

2) V. DESCUIDISTA

ESPIANTAR (v.tr.)

1) Voler à l'étalage et disparaître
prestement (Sortir à l'étale, acheter à la course, à la foire d'Empoigne, à la sauvette) – V. AFANAR

2) (v.intr.) – V. AZULAR

3) (v.pr.) – V. AZULAR

ESPIANTO (s.m.)

1) Vol à l'étalage (Achat à la foire
d'Empoigne, à la course, à la sauvette) – V. AFANO

2) V. DESCUIDO

3) V. DAR O ESPIANTO

ESPICHAR (v.intr.) – V. BATER AS BOTAS

ESPICHAR A CANELA – V. BATER AS BO-
TAS

ESPICHAR OS COBRES – V. PASSAR OS CO-
BRES, CAIR COM OS COBRES, GEMER

ESPIGAITADO (adj.) – V. BEBUM (2)

ESPINAFRAÇÃO (s.f.) – V. ESCULHAMBA-
ÇÃO (1)

ESPINAFRADA (s.f.) – V. ESCULHAMBA-
ÇÃO (1)

ESPINAFRAR (v.tr.) – V. ESCULHAMBAR
(1)

ESPINHA (ESTAR NA ESPINHA)

1) Etre très maigre (Etre comme
une planche à repasser, un fil de
fer, être sécot) – V. TAQUARIÇO

2) V. ESTICA (ESTAR NA ESTICA)

ESPINHAÇO (ESTAR NO ESPINHAÇO) – V.
ESPINHA (1, 2)

ESPIROQUETA (adj. et s.) – V. AREN-
GUEIRO

ESPIRRA-CANIVETES (s.)

Personne irascible

ESPIRRO DE GENTE (s.m.) – V. FICHINHA
(1)

ESPOLETA (adj. et s.m.)

1) Garde du corps, homme de
main (Ange gardien, gorille, porte-
flingue)

2) V. ALCAGOETE

ESPONJA (s.f.) – V. BEBAÇA

ESPORA (adj.)

1) V. MICHO (2)

2) V. ESCRACHADO (4)

ESPORRA (s.f.) – V. PORRA

ESPORRAR (v.intr.)

Ejaculer

ESPORREADO (adj.) – V. PICADO

ESPORRO (s.m.)

1) Protestation véhémente que
fait une personne mécontente (Barouf, chambard, foin, pétard) – V.
LELÉ (1)

2) V. BRONCA (1)

3) V. PORRA

ESPORTIVA (s.f.)

Caractère loyal, sens de l'impartia-
lité, esprit de sport

1) NA ESPORTIVA – Loyalement, im-
partialement (Impec)

2) PERDER A ESPORTIVA, SAIR DA
ESPORTIVA – Devenir agressif, s'irriter – V. APELAR, APRONTAR (1)

ESPUMANTE (s.m.)

Savon (Baveux)

ESQUADRÃO (ESQUADRILHA) DA FUMAÇA
(s.)

1) Groupe de fumeurs de marijuana – V. MACONHEIRO (2), POLÍ-
TICA

2) Trafiquants de marijuana – V.
MACONHEIRO (1)

ESQUENTA-POR-DENTRO (s.m.) – V.
PINGA

ESQUENTAÇÃO (s.f.)

Régularisation de papiers (de voiture) falsifiés

ESQUENTAMENTO (s.m.)

Blénorragie, gonorrhée

ESQUENTAR (v.tr.)

1) V. BAIXAR (3) BAIXAR O PAU EM

2) ESQUENTAR A GARGANTA, O
PEITO – V. ÓLEO (2) (PÔR ÓLEO), CHU-
PAR

3) ESQUENTAR (UM CARRO)
Obtenir la régularisation de papiers préalablement falsifiés

4) V. TREPAR

ESQUENTE (s.m.) – V. PINGA

ESQÜER (adj.) – «O papo está esqüer» –
V. QUADRADO (1, 2)

ESQUINAÇAR (v.intr.)

1) S'évader (Se faire la belle, la cavale, s'arracher, se cavaler)

2) V. AZULAR

ESQUINAÇO (s.m.)

Evasion, fugue (Cavale)

ESQUINAPE! (interj.) – V. CLICK!

ESQUINAPO (s.m.)

Mauvais coup (Cochonnerie, vacherie)

ESQUISITO (s.m.)

1) V. ENRUSTE (1)

2) V. PEDAÇO (3)

ESSA (pr.dém.)

Ce qu'on est en train de dire, ces histoires, cette affaire (Ça) – V. CORTA ESSA! – ENTRAR NESSA, ESTAR NESSA, MORAR NESSA (Le s.f. JOGADA (1) est le plus souvent sous-entendu)

ESSENCIAL (s.m.) – V. ARAME

ESTÁCIO (adj. et s.) – V. OTÁRIO

ESTADO-MAIOR (s.m.)

1) Commissariat de police (Bloc, quart, violon)

2) Administration pénitentiaire (Tentiaire)

ESTAFAR (v.tr.)

Dissiper, gaspiller

ESTAR A FIM DE... – V. A FIM DE...

ESTAR COM A CARA

Être sans argent – V. LIMPO (1)

ESTAR COM A LOUCA – V. DAR A LOUCA EM

ESTAR EM FALTA

Être sevré de drogue (Etre en manque)

ESTAR NA DE ALGUÉM

1) Être dans les bonnes grâces de, être amoureux de – «Parece que o rapaz está na dela» – «A menina está na minha»

2) Etre complètement d'accord avec – «Estamos na de vocês»

3) (Quand le sujet et l'objet représentent la même personne)

a) Être content, sûr de soi, très à l'aise – «Eles não ligam, estão muito na deles» – «Estamos na nossa» – «O rapaz está abafando, perfeitamente na dele» – «Fiquei na minha» – «Estava na sua»

b) V. BARATINADO

ESTAR NA SANTA PAZ – V. SANTA PAZ

ESTAR NESSA

Etre au courant de cette affaire, participer à cette affaire – V. ENTRAR NESSA, ESSA

ESTAR NO SEU

Perdre le contrôle de soi-même après usage de la drogue (Partir, planer, prendre son pied, être high)

ESTARRAR (v.tr.)

1) V. FLAGRAR

2) V. AFANAR

3) V. ATRACAR (1)

4) V. MORFAR (4)

ESTARRO (s.m.)

1) V. JUSTA

2) V. CANA (1)

ESTEPE (s.f.)

Veine de la jambe – V. CANUDO (1)

ESTIA (s.f.)

1) Commission sur une affaire, gratification (Bouquet, fleur, violette) – V. GRAXA

2) V. ACHAQUE (1)

3) V. COLHER-DE-CHÁ

4) Somme d'argent que l'on avance à celui qui a tout perdu au jeu de hasard, afin qu'il puisse continuer à jouer

ESTICA (s.f.) – ESTAR NA ESTICA

1) Être dans la misère (Être dans la débine, la dèche, la déconfiture, la marmelade, la mélasse, la mistoufle, la mouise, la mouscaille, la panade, le pétrin, la purée)

2) Être élégant (Dégotter, se déguiser en joli, faire ridère) – V. ENCADERNADO

ESTICADA (s.f.)

1) Prolongement improvisé d'une promenade ou d'une sortie nocturne – «Gostava dar uma esticada pelos bares de Copacabana»

2) Voyage, excursion, promenade (Balade, virée)

ESTICAR (v. intr.)

1) Se promener sans but très précis (Se baguenauder)

2) V. APAGAR (2)

3) BATER AS BOTAS

ESTICAR AS CANELAS

1) V. APAGAR (2)

2) V. BATER AS BOTAS

ESTICAR O CAMBITO, O PERNIL – V. BATER AS BOTAS

ESTOPADA (s. f.) – V. INJEÇÃO (1, 2)

ESTOURAR

1) (v. tr.) En finir avec une activité illégale, démanteler – «Os tiras estouraram um antro do jogo»

2) ESTOURAR (AS PIPOCAS, OS PEPINOS) – Juger un procès, produire les accusations contre quelqu'un « – «Faz tempo que meus pepinos estouraram»

3) (v. intr.) – V. ABAFAR (1)

4) V. BOMBA (LEVAR BOMBA)

5) (v. pr.) – V. EMPOMBAR

ESTOURO (s. m.)

1) V. BACANA (2) – «A menina é um estouro» – «É um estouro de filme»

2) Action délictueuse, mauvais coup (Combine à la flan, embrouille, flanche, gâche, micmac, magouille, mouillette, travail, turbin) – V. GRUPO (2)

3) V. AFANO, ESCRUNCHO

4) Faillite frauduleuse – «Ia dar um estouro na praça»

5) Démantèlement d'une activité illégale – «O estouro do antro de jogo»

ESTRAÇALHAR (v. intr.) – V. ABAFAR (1)

ESTRAGO (s. m.)

1) Dépense

2) V. BAFAFÁ

ESTRALADA (s. f.) – V. BAFAFÁ

ESTRANJA (s.) – V. GRINGO

ESTREMILIQUE (s. m.) – V. CHILIQUE

ESTREPADO (adj.)

1) Recherché par la police (Qui est en cavale, qui se fait faire la courette, qui les a sur l'alpague)

2) Perdu (Baisé, chocolat, cuit, de la revue, fait, fichu, frit, flambé, foutu, marron, paumé) – V. FODIDO

ESTREPAR-SE (v. pr.)

Se faire beaucoup de tort, se perdre (Etre baisé, cuit, fichu, etc.) – V. ESTREPADO (2)

ESTREPE (s. m.) – V. BOFE (1)

ESTREPOLIA (s. f.) – V. BAFAFÁ

ESTRIBADO (adj.) – V. ABONADO

ESTRIBAR-SE (v. pr.)

Obtenir de l'argent

ESTRILADOR (adj.)

1) Qui proteste très fort

2) De mauvaise humeur, violent

ESTRILAR (v. intr.)

1) Crier très fort, protester (Aller au charron, beugler, brailler, charronner, groumer, gueuler, la ramener, pétarder, râler, ramener sa fraise, renauder, rouscailler, rouspéter, ruer dans les brancards, tousser) – V. CHIAR (1)

2) V. EMPOMBAR

ESTRILO (s. m.)

1) Protestation (Beuglante, gueulante, pétard, rouspétance)

2) V. BRONCA (1)

3) Sonnerie de la sirène dans les maisons de détention

ESTRIMILIQUE (s. m.) – V. TREMILIQUE

ESTRIPULIA (s. f.) – V. BAFAFÁ

ESTROMPAR (v. tr.)

1) V. ESBODEGAR (1)

2) Troubler une affaire ou un jeu par une faute délibérée

ESTRUMBICAR-SE (v.pr.) – V. ESTREPAR-
SE – «Quem não se comunica, se
estrumbica»
ESTRUPÍCIO (s.m.) – V. BAFAFÁ

EXATA – V. NA EXATA (loc. adv.)
EXCELÊNCIA (s.f.) – V. CURIOSO
EXPLICAR-SE (v.pr.) – V. GEMER
EXPRESSINHO (s.m.) – V. MAMÃE-ME-
LEVA

F

FÁBRICA DE ASFALTO (s.f.) – V. BLECAUTE

FÁBULA (s.f.) – V. BARBARIDADE (1) – «Jogou uma fábula»

FACA E BAINHA (SER FACA E BAINHA) – V. CORTAR DOS DOIS LADOS

FACADA (s.f.)
Emprunt d'argent (Coup de bottine) – DAR UMA FACADA – Faire un emprunt (Bottiner, cogner, relancer, taper, torpiller)

FACADISTA (s.m.)
Celui qui emprunte de l'argent, généralement sans avoir l'intention de le rendre (Bottineur, tapeur)

FACÃO (s.m.) – V. CORUJA (1)

FACHA
1) (s.f.) – V. FACHADA
2) (s.m.) – V. FAIXA (1)

FACHADA (s.f.)
Figure, visage (Bille, binette, bobine, bouille, cerise, fiole, fraise, frime, gueule, poire, pomme, portrait, trogne, tronche) – V. BOLA (1)

FÁCIL (adj.)
Employé adverbialement: Facilement – «O pau vai quebrar, fácil, fácil»

FACONAÇO (s.m.)
Coup de couteau profond (Boutonnière) – V. RABO-DE-GALO (1)

FAIXA (s.m.)
1) Compagnon fidèle; fonctionnaire serviable; agent de police compréhensif – V. CHAPA (1)

2) V. CAMPANA (s.m.)

FAIXINHA (s.m.) – V. CHAPA (1)

FAJUTA (s.m.) – V. OTÁRIO

FAJUTADA (s.f.)
Falsification – «Meteu uma fajutada na chapa do carango» – V. FAJUTAR

FAJUTAGEM (s.f.)
1) V. FAJUTADA
2) V. POTOCA

FAJUTÃO (s.m.) – V. OTÁRIO

FAJUTAR (v.tr.)
Falsifier (Maquiller, trafiquer)

FAJUTO (adj.)
1) Faux, falsifié (Bidon – En parlant de fausse monnaie, de faux bijoux: balourd, toc). Se dit de la drogue impure, falsifiée
2) Qui usurpe une fonction, une qualité, un titre (Bidon, marron) – «Um advogado fajuto» (Un avocat marron)

FALAÇÃO (s.f.) – V. CONVERSA FIADA

FALADOR (s.m.)
1) V. SABOREADORA
2) V. ALCAGOETE

FALANTE (s.m.) – V. ADVOGA

FALAR COM PEDRO – V. BATER AS BOTAS

FALAR FRANCÊS
Avoir de l'argent – V. ABONADO

FALAR PELOS COTOVELOS
Être très bavard (Avoir une sacrée tapette) – V. MATRACA (2)

FALOU, BICHO! (FALOU E DISSE)
S'emploie pour dire que tout est

85

juste, tout va bien – V. POSITIVO (2), LEGAL (4) (ESTÁ LEGAL)

FALSA-BANDEIRA (s.m.) – V. BICHA (1)

FALSA-PÁTRIA (s.m.) – V. BICHA (1)

FALSETA (s.f.)
Action déloyale, manquement à la parole donnée

FALSO À BANDEIRA (AO CORPO) – V. BICHA (1)

FALTA (s.f.) – V. ESTAR EM FALTA

FAMÍLIA (s.f.)
1) Employé adjectivement avec le sens de «rigoureux, sévère» (moralement) – «Você é família demais»
2) V. TAMANHO FAMÍLIA

FANCHONA (s.m.)
1) V. FRANCHONA
2) Femme d'aspect viril et de prédispositions propres au sexe masculin

FRANCHONO (s.m.) – V. FRANCHONA

FÃZOCA (adj. et s.)
Grand admirateur

FARELEIRO (adj. et s.) – V. FAROFEIRO

FARINHA (s.f.) – V. TIRAR FARINHA

FARISEU (s.m.)
1) Celui qui ne fume pas de marijuana (Cubo) – «O fariseu não é da política» – V. CARETA (3)
2) V. OTÁRIO (1)
3) V. FOFOQUEIRO
4) V. CROCODILO (1)

FARJUTO (adj.) – V. FAJUTO

FAROFA (s.f.)
1) Fatuité, prétention, vanité (Affiche, blague, chiqué, épate, esbroufe, dans les expressions «Faire de l'épate, faire du chiqué, faire de l'esbroufe, et: Faire quelque chose à l'épate, au chiqué, à l'esbroufe»)
2) V. CONVERSA FIADA

FAROFEIRO (adj. et s.)
Prétentieux, hâbleur, vantard (Bêcheur, charrieur, crâneur, craqueur, esbroufeur, qui en installe, qui ne se prend pas pour une merde, qui le fait à la pose, qui se gobe, qui se monte le job, fort en gueule, grande gueule, grosse gueule, monteur de coup, poseur, ramenard, vanneur) – V. ARROTAR, BAMBA (2)

FAROFENTO (adj.) – V. FAROFEIRO

FAROL (s.m.)
1) V. BRILHO
2) V. FAROFA (1, 2)
3) Racoleur, rabatteur dans les maisons de jeux (Char, frappe-devant)
4) Individu qui guette l'arrivée de la police – V. CAMPANA (s.m.)

FAROLAGEM (s.f.) – V. FAROFA (1, 2)

FAROLEIRO (adj. et s.) – V. FAROFEIRO

FARPA (s.f.) – V. LANÇA (1)

FARPEAR (v.tr.) – V. BATER (1)

FARRA (s.f.) – V. BILONTRAGEM (1)

FARREAR (v.intr.) – V. ESBORNIAR

FARRISTA (s.m.) – V. BILONTRA (1)

FARTO (adj.) – V. BARATINADO

FATIA (s.f.) – V. PANCADÃO, CHUCHU (1)

FATURAR
1) (v.intr.) Gagner de l'argent (Affurer, faire son beurre, sa pelote, se faire un matelas, passer à la caisse, retrousser, se sucrer). – FATURAR ALTO, FIRME, HORRORES, LEGAL, NOTA ALTA, OS TUBOS, UMA ERVA, UMA NOTA VIOLENTA – Gagner beaucoup d'argent (En palper)
2) (v.tr.) FATURAR (UMA FULANA)
a) Conquérir (Emballer, lever)
b) V. COMER
3) V. AFANAR
4) Tirer un profit matériel de quelque chose – «Roberto Carlos faturou alto os seus sucessos»

FAZ-DE-CONTA (s.m.) – V. CORNO

FAZENDÃO (s.m.)

Femme grande et corpulente (Une grande bringue)

FAZER (v.tr.)

1) V. MORFAR (4)

2) V. AFANAR

FAZER A ESQUINA – V. ESQUINAÇAR

FAZER A PISTA – V. AZULAR

FAZER A VIDA – V. CAIR NA VIDA

FAZER CARGA – V. ACHACAR (1)

FAZER CARIDADE

1) V. MORFAR (4)

2) Accepter gratuitement des propositions amoureuses

FAZER CERA

Faire quelque chose lentement afin de gagner du temps (Y aller mou, mollo, faire durer le plaisir, tirer au cul)

FAZER CHÃO – V. AZULAR

FAZER FÉ (EM) – V. BOTAR FÉ

FAZER FITA – V. FITA

FAZER HORA

1) V. FAZER CERA

2) FAZER HORA COM –

a) Essayer de rentrer dans les bonnes grâces de quelqu'un

b) Se moquer par des plaisanteries

FAZER MAL – RASGAR O SELO

FAZER MISÉRIA(S) – V. MISÉRIA

FAZER O ESQUINAÇO – V. ESQUINAÇAR

FAZER TIJOLO – V. TIJOLO

FAZER TIJUCO EM

Passer plusieurs fois en un endroit, fréquenter cet endroit

FAZER UMA FEZINHA (A SUA FEZINHA)

Jouer à un jeu de hasard de façon timide ou modeste

FAZER UMA GOMA – V. GOMA (5)

FAZER UMA PONTE – V. BATER UM PAPO

FAZER (UMA) PRESENÇA

1) Donner à quelqu'un une petite dose de stupéfiant, afin de l'habituer à la drogue

2) Rendre de l'argent emprunté

FÉ (s.f.)

1) V. BOTAR FÉ, FAZER FÉ

2) SER DE FÉ – être de toute confiance – V. PEDRA NOVENTA

FECHA-FECHA (s.m.) – V. BAFAFÁ

FECHAR

1) (v.tr.) – V. MORFAR (4)

2) (v.intr.) – V. BATER AS BOTAS

3) (v.pr.) FECHAR-SE EM COPAS – Se taire obstinément – V. BICO (3) (FECHAR O BICO)

FECHAR A ROSCA

Achever, terminer quelque chose (Boucler l'affaire)

FECHAR O PALETÓ

1) V. MORFAR (4)

2) V. BATER AS BOTAS

FECHAR O TEMPO – V. GRUDAR (3) (GRUDAR-SE)

FEDAPÉ (s.f.) – FILHO DA PUTA

FEDELHO (s.m.)

1) V. CAGÃO

2) V. BOY

3) Vol parfaitement prémédité et exécuté

FEDERAL

1) (s.m.) – V. ALCAGOETE

2) (adj.) – Très grand, hors du commun – «Houve uma bagunça federal» – V. PARADA FEDERAL

FEDIDA (s.f.)

Cocaïne de mauvaise qualité, qui sent mauvais

FEDORENTO (adj. et s.) – V. BISCA, CACHORRO (1)

FEIJOADA (s.f.)

1) V. ANGU (1, 2)

2) V. BLECAUTE

FELA (s.f.) – V. FACHADA

FELPUDA (s.f.)

Machine à écrire (Bécane, piano)

FERRAMENTA (s.f.) – V. AÇO (1)

FERRAR (v.tr.) – V. ACHACAR (1, 2)

FERRAR NO PIQUIRA – V. PIQUIRA (3)

FERREIRO (s.m.)

Chien (Cabot, cador, clebs, clébard) – V. TANOEIRO

FERRO (s.m.)

1) V. AÇO (1)

2) V. ARAME, CARAMINGUÁS

FERRUNCHO (s.m.) – V. DOR-DE-COTO-VELO

FESTA DE EMBALO – V. EMBALO (2)

FEVEREIRO (s.m.) – V. BUNDA (1)

FEZINHA (s.f.) – V. FAZER UMA FEZINHA

FIAMBRE (s.m.) – V. PRESUNTO

FIANTÃ (s.m.) – V. BUNDA (1)

FIANTÃO (s.m.) – V. BUNDA (1)

FIAPO (s.m.) – V. TIRAR UM FIAPO

FICAR (v.intr.) – V. BOMBA (LEVAR BOMBA)

FICAR A NENHUM

être sans argent – V. LIMPO (1)

FICAR DE BOBEIRA – V. BOBEIRA

FICAR DE TANGA – V. TANGA

FICAR NA MÃO

1) Être déçu dans son attente (Etre de la revue)

2) Être trompé – V. BANHAR (1), TAPEAR, au passif

3) Perdre tout – V. EMBALSAMADO

FICAR POR CONTA

Être très furieux – V. AFINADO

FICAR SUJO – V. SUJO

FICHA (s.f.)

1) V. JOÃO-NINGUÉM

2) Faits qui appartiennent à la vie passée de quelqu'un, antécédents – TER FICHA LIMPA

3) V. TACAR FICHA

4) V. DAR A FICHA

5) V. METER FICHA

6) NA FICHA – Comptant, cash (payer)

FICHINHA (s.f.)

1) Personne de petite taille (Bas-du-cul, bas-duc, gringalet, loin du ciel, morpion, rase-bitume)

2) V. JOÃO-NINGUÉM

3) BAGULHO (1)

FICUME (s.m.)

Frère (Bouture, frangin, frelot)

FIGO (s.m.) – V. BOTÃO (2), BUNDA (1)

FIGUEIREDO (s.m.)

Foie (Bilieux)

FIGURA (s.f.)

Personne qui attire l'attention par sa façon de parler, d'agir, de se vêtir, qui est différente des autres

FIGURA DIFÍCIL

Personne compliquée, difficile à rencontrer, étrange

FIGURINHA (s.m.)

Personne étrange, originale – V. FIGURA DIFÍCIL, PEÇA RARA

FILA

1) (s.m.) Celui qui est chargé d'aborder la future victime d'une escroquerie avant l'intervention de son complice, le «GRUPO»

2) (s.f.) FACHADA

FILA-BÓIA (s.m.) – V. BICÃO (1)

FILANTE (s.m.)

Individu qui a l'habitude de quémander (surtout des cigarettes) (carotteur, carottier, tapeur)

FILÃO (s.m.) – V. FILANTE

FILAR (v.tr.) – FILAR UM CIGARRO, UMA BÓIA, etc.

1) Demander, quémander, chercher à obtenir gratuitement (Pilonner, taper quelqu'un de..., resquiller)

2) V. COLAR (1)

FILHINHO (s.m.) FILHINHO DE PAPAI

Fils d'un père riche ou influent (Fils à papa)

FILHO DA MÃE

Euphémisme pour FILHO DA PUTA

FILHO DE PAPAI – V. FILHINHO

FILMAR (v.tr.) – V. SAPEAR

88

FILOSA (s.f.)

Epée ou poignard caché dans une canne ou un parapluie

FILÓSOFO (adj. et s.)

Joueur peu téméraire

FIM

1) (s.m.) Exclamation ironique, à valeur dépréciative – «É o fim!» C'est un comble! C'est trop fort! (C'est le bouquet!) – «Esse filme é o fim!»

2) V. A FIM DE

FIM DA PICADA – V. FIM (1)

FIM DE PAPO

S'emploie pour mettre fin à une conversation, à une affaire (Terminé! Un point c'est tout!)

FINA (s.f.)

1) V. GRANFINAGEM

2) V. TIRAR (UMA) FINA

FINCA-FACA (s.m.)

Celui qui fait payer très cher (Estampeur)

FINCAR A FACA

Demander un prix très élevé (Ecorcher, empiler, estamper, étriller)

FININ (s.m.) – V. FININHO

FININHA (s.f.) – V. MAGRINHA

FININHO (s.m.)

Cigarette de marijuana (la moitié d'un «BASEADO») – V. MORRÃO

FININHO, DE FININHO (loc. adv.)

Sans bruit et rapidement, en sourdine (En douce, en loucedé, en loucedoc, piano) – «Saiu de fininho» – V. MACIOTA (NA MACIOTA)

FINO

1) (s.m.) – V. FININHO (s.m.)

2) O FINO – Ce qu'il y a de meilleur, de mieux fait, le fin du fin – «Este churrasco é o fino» – «Cantou o fino» – V. BACANA (2)

3) TIRAR (UM) FINO – V. TIRAR (UMA) FINA

4) (adv.) En droite ligne, sans faire d'écart – «Comigo aluno tem de andar fino»

FINÓRIO (s.m.) – V. FININHO (s.m.)

FINTADOR (adj. et s.) – V. CALOTEIRO

FINTAR (v.tr.) – V. BEIÇO (1) (DAR O BEIÇO)

FIO (s.m.) DAR UM FIO – V. CRIOULO, BATER O FIO

FIOFIZ (s.m.)

1) V. BUNDA (1)

2) V. BOTÃO (2)

FIOFÓ (s.m.) – V. FIOFIZ

FIRMINO (adj.) – V. PEDRA-NOVENTA

FIRULA (s.f.)

Détour, faux-fuyant

FISGAR (v.tr.)

Faire une piqûre de stupéfiant (Se fixer, se shooter) – V. PICADA

FISIOLOSTRIA (s.f.) – V. FACHADA

FISSURADO (adj.) – V. CARETA (1)

FITA (s.f.)

Ostentation – FAZER FITA – Faire l'important pour impressionner – V. FAROFA

FITEIRO (adj. et s.) – V. FAROFEIRO

FLAGA (s.m.) – V. FLAGRA

FLAGRA (s.m.)

Flagrant délit (Flag) – DAR O FLAGRA – V. FLAGRAR

FLAGRAR (v.tr.)

Prendre en flagrant délit (Piquer la main dans le sac, piquer (sauter) en flag, sur le vif, grauler, piper, faire marron, faire sur le tas)

FLAGÓRIO (s.m.) – V. FLAGRA

FLANDRE (s.m.) – V. AÇO (1)

FLAUTA (s.f.) – LEVAR NA FLAUTA (um curso, etc.)

Ne pas faire sérieusement quelque chose (Prendre à la rigolade)

FLAUTEAR (v.tr.) – V. FLAUTA (LEVAR NA FLAUTA)

FLIPPERAMA (s.m.)

Local où fonctionnent des machines à sous, interdit aux mineurs

FLOR QUE NÃO SE CHEIRA (NÃO É FLOR QUE SE CHEIRE, NÃO É FLOR DE SE CHEIRAR)

Se dit d'une personne sans valeur (toujours négativement) – V. BISCA

FLOREADO (adj.) – V. BEBUM (2)

FOBÓ

1) (s.m.) – V. CHEIO-DE-FOBÓ

2) (adj.) – V. MICHO (2)

FOCA (adj. et s.m.)

1) V. PÃO-DURO

2) Journaliste débutant

FODA (s.f.) – V. PICIRICO

FODER (v.tr.) – V. COMER

FODER-SE (v.pr.)

1) Se perdre (L'avoir dans le baba) – V. ESTREPAR-SE

2) Echouer, rater – «O meu negócio se fodeu» (Se dit parfois «sifu») – V. MICHAR (3)

FODIDO (adj.)

Perdu (qui l'a dans le baba, dans le père Fouettard) – V. ESTREPADO (2)

FOFAR (v.intr.)

Coucher avec quelqu'un.

FOFINHO (adj.)

Beau, agréable, mignon – V. BACANA (2)

FOFO

1) (adj.) – V. FOFINHO

2) (s.m.) Lit – V. MACA

FOFOCA (s.f.)

Bavardage indiscret (Commérages, cancans, courants d'air, potins, ragots, racontars) – V. ONDA (1)

FOFOCAGEM (s.f.) – V. FOFOCA

FOFOCAR (v.intr.)

Parler de manière indiscrète (Commérer, cancaner)

FOFOQUEIRO (adj. et s.)

Qui aime faire des indiscrétions (Cancanier)

FOFOQUENTO (adj.) – V. FOFOQUEIRO

FOGO (s.m.)

1) V. BERRO

2) SER FOGO (É FOGO NA ROUPA, NO PAIOL)

a) Être dangereux, difficile (C'est chaud, coton, duraille, glandilleux, c'est pas de la crème, de la tarte) – «Mulher ciumenta é fogo»

b) Être excellent – V. BACANA (2)

3) ESTAR DE FOGO – V. ALTO

4) V. AMARRAR UM FOGO

5) V. PUXAR (4) (PUXAR UM FOGO)

FOGUEIRA (s.f.) – V. PIFÃO

FOGUETE (s.m.)

1) V. NUVEM (2), ABACAXI (2)

2) V. SEGURAR O FOGUETE

FOLE (s.m.) – V. GAIOLA (2)

FOLGA (s.f.)

État de celui qui ne fait rien, qui paresse

FOLGADO (adj.)

1) Se dit du soldat qui cherche à échapper aux corvées (Tire-au-flanc, tire-au-cul)

2) Se dit de tout paresseux, ou de celui qui fait semblant de travailler (Cossard, feignant, flemmard, je m'en foutiste, pas bileux, qui bat la flemme, qui se la coule douce, qui ne se foule pas, qui ne se foule pas la rate, ne s'en fait pas, ne se fait pas de mousse, s'en tamponne le coquillard, qui les a à la retourne, qui les a palmés, qui a un poil dans la main, qui n'en fout pas une datte, un clou, une rame, une secousse, qui ne se les casse pas, qui se les roule, qui tire au flanc, au cul, qui ne maquille rien, ramier)

3) V. CONFIADO (1, 2)

FOLGAR COM

1) Abuser de la patience de – V. INVOCAR, TOMAR ASSINATURA

2) Manquer de respect à – V. BAGUNÇAR (3)

3) V. XINGAR

FOLHAR (v. intr.) – V. AZULAR

FOLHOSA (s. f.)

Lettre, missive (Babillarde, babille, bafouille, lazane, lazagne)

FOMINHA (s. m.)

Chauffeur de taxi qui roule vite et parfois dangereusement

FOQUE (s. m.) – V. OTÁRIO (1)

FORA (adv. et s. m.)

1) ESTAR POR FORA, POR FORA DA JOGADA – Ne pas être au courant, ignorer (Ne pas être affranchi, dans le coup, dans la course, au parfum) – V. l'antonyme DENTRO (1)

2) a) DAR O FORA – V. AZULAR

b) DAR O FORA DE (ALGUMA COISA) – Abandonner (Larguer, laisser choir, laisser glisser, laisser tomber)

3) DAR UM FORA – Faire une gaffe – V. MANCADA (2) (DAR UMA MANCADA)

4) DAR O (UM) FORA EM ALGUÉM – Rompre des relations amoureuses (Balancer, envoyer bouler, envoyer sur les roses, vider, virer)

5) LEVAR O (UM) FORA DE ALGUÉM (Passif du précédent)

6) FORA DA ONDA – V. BARATINADO

FORA (s. m.)

Personne qui n'est pas dans son milieu habituel – V. FORA (1) (ESTAR POR FORA)

FORÇAR A BARRA

Insister (En remettre)

FORNALHA (s. f.)

Nez (Blair, blaze, fer à souder, naze, os à moëlle, pif, patate, pied de marmite, piment, priseur, radar, reniflant, tarin, tarbouif, truffe) – V. BATATA

FORQUETA (s. m.) – V. FURQUETA

FORQUILHA (s. f.)

Pipe à fumer de la marijuana – V. MARICA, VASSOURINHA

FORRA (s. f.) – IR À FORRA – V. TIRAR A FORRA

FORRADO (adj.) – V. COBERTO (1, 2)

FORRA-GAITAS (s. m.) – V. PÃO-DURO

FORRAR O GUARDA-COMIDA – V. BOIAR (1)

FORRAR OS PEITOS – V. BOIAR (1)

FORRAR-SE (v. pr.)

1) V. BOIAR (1)

2) S'armer (Se charger, s'enfourailler, se farguer) – V. COBERTO (1)

FORRÓ (s. m.) – V. FORROBODÓ

FORROBODÓ (s. m.)

1) V. ARRASTA-PÉ

2) V. BAFAFÁ

FOSFÓRICO (adj.)

1) Ignorant et phraseur

2) V. MICHO (2)

FÓSFORO (s. m.)

1) V. BICÃO (2)

2) V. FOSFÓRICO (1)

3) Personne à qui l'on donne de l'importance

FOSSA (s. f.)

Crise d'abattement (Déprime) – ESTAR (ANDAR) NA FOSSA – Etre déprimé (Etre déponné, partir en brioche, avoir le bourdon, le cafard)

FOSSADO (adj.)

Déprimé – V. FOSSA (ESTAR NA FOSSA)

FOSSEADO (adj.) – V. FOSSADO

FOSSILIZADO (adj.) – V. FOSSADO

FRADECO (s. m.) – V. CRUZ-CREDO

FRAGA (s. m.) – V. FLAGRA

FRAGAR (v. tr.) – V. FLAGRAR

FRAJOLA (adj.) – V. BACANA (1, 2)

FRANCESA (À FRANCESA) (loc. adv.)

    SAIR À FRANCESA – Filer à l'anglaise – V. FININHO (DE FININHO)

FRANCHA (s. m.) – V. FRANCHONA

FRANCHONA (s. m.)

    Individu plutôt âgé qui poursuit les mineurs de ses assiduités – V. BICHA (1)

FRANCHONE (s. m.) – V. FRANCHONA

FRANCISCANADA (s. f.) – V. BILONTRAGEM (1)

FRANCISCANO (adj.)

    Dissolues, déréglées (en parlant des moeurs)

FRANGA (s. f.) – V. BROTINHO

FRANGO (s. m.)

    1) V. BICHA (1)

    2) But qu'un gardien maladroit ou malchanceux laisse facilement marquer

    3) Crachat épais (Huître)

FRANGO DE MACUMBA – V. BLECAUTE

FRANGO MARÍTIMO (s. m.)

    Poisson (Pescale, poiscaille)

FRANJA (s. f.)

    Mensonge entre voleurs – V. POTOCA

FRANZER (v. intr.)

    Mentir entre voleurs – V. POTOCAR

FREGA (s. f.) – V. PUTA

FREGE (s. m.)

    1) V. BAFAFÁ

    2) V. FREGE-MOSCAS

FREGE-MOSCAS (s. m.)

    Restaurant médiocre, gargote (Bouiboui, caboulot, cambuse)

FREGISTA (s. m.)

    Propriétaire ou employé d'un restaurant médiocre

FREGUÊS (s. m.) – V. CARA (s. m.)

FREIRA (s. f.)

    Assistante sociale

FREPELA (s. f.) – V. PUTA

FRESCO (adj. et s.)

    1) V. DERRENGADO

    2) V. BICHA (1)

    3) V. MORINGA FRESCA

FRESCURA (s. f.)

    1) Manières affectées, minauderies (Chichis, chiqué, épates, giries, magnes) – «Vai, deixa de frescura!» – CHEIO DE FRESCURA

    2) V. CONVERSA FIADA

FRETE (s. m.) – V. PUTA

FRIA (s. f.)

    1) Situation délicate, difficultés – ENTRAR NUMA FRIA, METER (DAR) UMA FRIA EM…

    2) V. BERRO

FRIAGEM (s. f.)

    1) V. CAFINFA (1)

    2) V. FAJUTADA

FRICOTE (s. m.)

    1) V. FRESCURA (1)

    2) V. CHILIQUE

FRICOTEIRO (adj. et s.) – V. DERRENGADO

FRIO (adj.)

    Faux, falsifié (se dit d'un chèque, d'un contrat, d'une attestation, d'une plaque minéralogique) – V. FAJUTO – «Ficou registrado com nome frio»

FRITADA (s. f.) – V. BOLACHA (1, 2)

FRITO (adj.)

    1) V. ESTREPADO (2), FODIDO

    2) V. LIMPO (1)

FRONTISPÍCIO (s. m.) – V. FACHADA

FROUXO (adj. et s.)

    1) V. CAGÃO

    2) V. BROXA

FROZÓ, ESTAR DE FROZÓ – V. BELEZA (ESTAR DE BELEZA)

FRUTA (s. f.)

    1) V. PINGA

    2) V. BICHA (1)

FUÁ (s. f.) – V. BAFAFÁ

FUBÁ (s. m.) – V. BRANCA-DE-NEVE

FUBANA (s.f.) – V. PUTA
FUBECA (s.f.)
  1) V. BIABA
  2) V. BANHO (2)
FUBECADA (s.f.) – V. BIABA
FUBECAR (v.tr.)
  1) V. BAIXAR (3) (BAIXAR O PAU EM)
  2) Vaincre dans un match (Ficher, flanquer, foutre, une déculottée, une piquette, une raclée, une torchée) – V. BANHO (3)
FUBECAS (adj.) – V. MICHO (2)
FUBICA (s.m.)
  1) Individu petit et sans valeur – V. JOÃO-NINGUÉM
  2) Vieille automobile (Charrette, guimbarde, hotte, tacot)
FUÇA (s.f.)
  1) V. FACHADA
  2) Meter a fuça – V. FUÇAR
  3) IR ÀS FUÇAS DE – Attaquer physiquement – V. BAIXAR (3) (BAIXAR O PAU EM)
FUÇADOR (adj. et s.)
  Qui se mêle des affaires des autres, fureteur (Fouinard)
FUÇAR (v.tr.)
  Fourrer son nez partout, par curiosité (Farfouiller, fouiner, fourgonner, fureter)
FULA (adj.) – V. AFINADO
FULANO-DOS-ANZÓIS (s.m.)
  Désignation vague d'une personne ou de quelqu'un qu'on ne veut pas nommer (Machin, machin-chose, machin-truc)
FULANO-DOS-ANZÓIS-CARAPUÇA (s.m.) – V. FULANO-DOS-ANZÓIS
FULANO-DOS-GRUDES (s.m.) – V. FULANO-DOS-ANZÓIS
FULASTRA (adj. et s.m.) – V. FAJUTO (1), MICHO (2)
FULASTRE (adj. et s.m.) – V. FAJUTO (1), MICHO (2)

FULEIRAGEM (s.f.) – V. FRESCURA (1, 2)
FULEIRO (adj.) – V. DERRENGADO
FULISTA (s.m.)
  Faussaire (Tapeur de balourds)
FULUSTRECO (s.m.) – V. FULANO-DOS-ANZÓIS
FUMAÇA (s.f.)
  1) V. ENCRENCA (1, 2)
  2) E LÁ VAI FUMAÇA: Expression désignant une quantité qui dépasse de loin un chiffre rond – «Anda pelos setenta e lá vai fumaça!»
FUMAÇAR (v.intr.) – V. AZULAR
FUMACÊ (s.m.)
  1) Odeur de la fumée de marihuana
  2) Fumeur de marihuana – V. MACONHEIRO (2)
FUMACINHA (s.f.) – «Vai sair fumacinha» (Va y avoir du pétard) – V. BAFAFÁ
FUMADOR (s.m.) – V. CRIVO (2)
FUMAR (v.intr.)
  Avoir de la valeur (Etre grisol, valoir le coup, valoir dix, valoir le jus, l'os, la godille) – «Bobo-que-fuma»: Montre en or
FUMAR-SE (v.pr.) – V. AZULAR
FUMEGA (s.m.) – V. FICHINHA (1)
FUMEIRO (s.m.) – V. MACONHEIRO (2)
FUMETA (s.m.) – V. MACONHEIRO (2)
FUMETE (s.m.) – V. FININHO
FUMINHO (s.m.) – V. DIAMBA
FUMO (s.m.) – V. DIAMBA, PUXAR (5) (PUXAR FUMO)
FUMO-BRABO (s.m.) – V. DIAMBA
FUMO-DE-ANGOLA (s.m.) – V. DIAMBA
FUMO-DE-CABOCLO (s.m.) – V. DIAMBA
FUMO-DE-LOUCO (s.m.) – V. DIAMBA
FUNCA (adj. et s.)
  1) V. JOÃO-NINGUÉM
  2) V. BAGULHO (2), MICHO (2)

FUNCIONAR (v.intr.)

Avoir des relations sexuelles – «O velhinho ainda funciona»

FUNDIR (v.tr.) – V. FUNDIR A CUCA

«Com essa mentira acabou de fundir a cuca»

1) Être troublé à la suite d'un gros effort mental (Se triturer les méninges, la cervelle, le ciboulot)

2) DE CUCA FUNDIDA – Qui se trouve un peu désaxé par suite d'un gros effort mental (Qui bouillonne du couvercle, grésille du trolley, travaille du bigoudi, du chapeau, ondule de la toiture, de la cafetière, a perdu la boussole, a une araignée dans le plafond, a reçu un coup de bambou) – V. BIRUTA

FUNDO (adj.)

1) Qui est faible ou mal préparé dans un jeu ou un sport

2) V. FORA (1) – (ESTAR POR FORA)

FUNDO DO POÇO (s.m.)

Cote la plus basse d'une action en bourse

FUNDURA (s.f.)

Incompétence, ignorance

FUNJE (s.m.) – V. ARRASTA-PÉ

FURADO (adj.)

1) V. ARAQUE (DE ARAQUE), FAJUTO (1) – «Essa história é furada» – «As moças de hoje sabem que a dependência do homem é coisa furada»

2) V. PAPO (3) (PAPO FURADO)

FURÃO (s.m.)

1) V. BICÃO (2)

2) Reporter très actif

FURAR (v.tr.)

1) V. RISCAR

2) FURAR O PAPO – Mettre fin à la conversation

FURDUNÇAR (v.intr.)

1) Faire bombance, faire la noce

2) Provoquer des désordres, la bagarre – V. APRONTAR (1)

FURDÚNCIO (s.m.)

1) V. ARRASTA-PÉ

2) V. BAFAFÁ

FURDUNÇO (s.m.) – V. FURDÚNCIO

FURNICADO (adj.) – V. FODIDO

FURO (s.m.)

1) Nouvelle donnée en première main dans un journal

2) DAR O FURO – Etre halluciné sous l'effet de la drogue – V. BARATINADO, PIRAR (1)

3) DEIXAR FURO – Laisser apparaître son hallucination

4) DEIXAR UM FURO – Ne pas venir à un rendez-vous – V. BOLO (3) (DAR O BOLO)

5) FURO NA ÁGUA – Action inutile, perte de temps

FURQUEAR (v.tr.) – V. BATER (1)

FURQUETA (s.f.)

1) V. LANÇA (1)

2) (s.m.) Voleur à la tire, qui termine le travail préparé par son complice – V. BATEDOR DE CARTEIRA, ROUPA (s.m.)

FUSA (s.f.) – V. PUTA

FUSCA (s.m.)

Voiture Volkswagen de 1200 ou 1300 cm³ (Coccinelle)

FUSCÃO (s.m.)

Volkswagen de 1500 cm³

FUSQUETA (s.m.) – V. FUSCA

FUSQUINHA (s.m.) – V. FUSCA

FUSTA (s.f.) – V. AMARRA

FUTICAR (v.tr.)

Agacer, irriter (Asticoter) – V. AMOLAR

FUTRE (s.m.) – V. JOÃO-NINGUÉM

FUTRICA

1) (s.f.) Plaisanterie impertinente, provocation

2) V. FOFOCA

3) (s.m.) – V. JOÃO-NINGUÉM

FUTRICADA (s.f.)

Action basse, vile

FUTRICAGEM (s.f.) – V. FUTRICADA

FUTRICAR

1) (v.tr.) – V. AMOLAR

2) (v.intr.) – V. FOFOCAR

FUTRICARIA (s.f.) – V. FUTRICADA

FUTUCAR (v.tr.) – V. FUTICAR

FUXICAR (v.intr.) – V. FOFOCAR

FUXICO (s.m.) – V. FOFOCA

FUXIQUEIRO (adj. et s.) – V. FOFO-
QUEIRO

FUZARCA (s.f.)

1) V. BILONTRAGEM (1)

2) V. BAFAFÁ

FUZARQUEAR (v.intr.) – V. FURDUNÇAR
(1)

FUZARQUEIRO (adj. et s.) – V. BILONTRA
(1)

FUZILAR (v.tr.)

1) V. ALCAGOETAR

2) V. MORFAR (4)

FUZILEIRO (adj. et s.) – V. ALCAGOETE

FUZO (s.m.) – V. ARRASTA-PÉ

FUZUÉ (s.m.) – V. BANZÉ (1, 2)

G

GABÉU (s.m.) – V. ABAJUR

GABIRU (adj. et s.m.)

  1) V. FRANCHONA

  2) V. LINHA-DE-FRENTE (1)

  3) V. AFANADOR

GACELA (s.f.) – V. ARRANJO (1)

GACHEGO (adj.) – V. MICHO (2)

GADACHO (s.m.)

  Doigt de la main (Apôtre, salsifis)

GADANHO (s.m.)

  1) V. GADACHO

  2) Main (Agrafe, battoir, croche, cuiller, griffe, louche, mimine, paloche, paluche, palette, patte, pince, pogne)

GADE (s.m.) – V. MIMOSA

GADO (s.m.)

  Groupe de prostituées

GADUNHA (s.f.) – V. GADANHO (2)

GAFI (s.f.) – V. GAFIEIRA

GAFIEIRA (s.f.) – V. ARRASTA-PÉ

GAFIFA (s.f.) – V. GAFIEIRA

GAGÁ (adj.)

  Vieux, gâteux (Gaga)

GAGA (s.f.) – V. BRASINHA

GAGOSA (DE GAGOSA, À GAGOSA) (loc. adv.)

  Facilement, sans difficulté (Dans un fauteuil, sur des roulettes, facile, les doigts dans le nez, dans le pif) – V. CANJA

GAIATA (s.f.)

  Portefeuille qu'on retrouve vidé par le pickpocket

GAIATO (s.m.)

  1) V. CARA (s.m.)

  2) V. BISCA

GAIATICE (s.f.) – V. FRESCURA (1)

GAIATURA (s.f.) – V. GAIATICE

GAIOLA (s.f.)

  1) V. CANA

  2) Poitrine (Buffet, caisse, coffre, coffret)

GAITA (s.f.)

  1) V. ARAME

  2) V. TROÇO (1)

GAITADA (s.f.) – V. ESCULHAMBAÇÃO (1)

GAITOLINA (s.f.) – V. ARAME

GAIVOTA (s.f.) – V. ABRIR A GAIVOTA

GAJO (s.m.)

  1) V. CARA (s.m.)

  2) Détenu qui n'a pas la confiance de ses compagnons (Friquet)

GALA (s.f.) – V. PORRA

GALALAU (s.m.)

  Homme de haute taille – V. BIGUANO (1)

GALAR (v.tr.)

  Rendre enceinte, engrosser

GALDÉRIA (s.f.) – V. PUTA

GALEGO (s.m.) – V. GRINGO

GALERA (s.f.) – V. CANA

GALHEIRO (adj.) – V. CORNO

GALHO (s.m.)

  1) Problème, difficulté – QUEBRAR O GALHO:

  a) Résoudre les situations compliquées (Arranger ça) – «O deputado quebrou o galho»

b) Apporter une solution, dépanner, tirer une épine du pied – «Esse serviço só me quebra o galho»
DAR GALHO: Etre source de difficultés (Etre un sac de noeuds) – V. ENCRENCA (1, 2, 3), GRILO (4), QUAL É O GALHO?
2) V. BAFAFÁ
3) V. BICO (1)
4) V. COSTELA (2)
GALHUDO (adj.) – V. CORNO
GÁLICO (s.m.)
Syphilis (Naze, nazebroque, nazi, syphilo) – V. ENGALICADO
GALINÁCEO (s.m.) – V. BICHA (1)
GALINHA (s.f.)
1) V. CAGÃO
2) V. MACACA (3)
3) Celui qui parle beaucoup des femmes mais qui ne sait pas les séduire
GALINHA-MORTA
1) (s.f.) Marchandise à très bas prix
2) Bonne affaire – V. NEGÓCIO DA CHINA
3) Chose facile à apprendre ou à faire
4) (s.m.) – V. CAGÃO
GALINHAGEM (s.f.)
Inversion sexuelle
GALINHAR (v.intr.)
Faire du charme, essayer de séduire
GALINHEIRO (s.m.) – V. MAMÃE-ME-LEVA
GALIPÃO (s.m.) – V. FUBICA (2)
GALOPANTE (s.f.) – V. MAGRINHA
GALOPAR (v.intr.) – V. TREPAR
GALOPE (s.m.) – V. PICIRICO
GAMA (s.f.) – V. GAMAÇÃO – «Está numa gama desgraçada»
GAMAÇÃO (s.f.)
1) Passion amoureuse violente (Dardant)

2) DE GAMAÇÃO (PRETA) POR – V. GAMADO POR
GAMADÃO (adj.) – V. GAMADO
GAMADO (EM, POR) (adj.)
Eperdument amoureux, passionné (Mordu, toqué pour) – V. VIDRADO
GAMAR (v.tr.), GAMAR EM
1) Etre éperdument amoureux de quelqu'un (attraction plutôt sexuelle) (Avoir dans la peau, avoir à la bonne, bander pour, goder pour, en pincer pour, être chipé, mordu, pincé, toqué pour, fondre devant) – «Gamou nele na hora» – «Gama aquele garoto»
2) Eprouver une forte attraction pour quelque chose, aimer beaucoup (En pincer pour, être mordu, pincé, toqué pour) – «A menina gamou logo essa roupinha»
GAMBÁ (s.m.)
1) V. BEBAÇA
2) Personne qui sent mauvais (Qui cocotte, qui cogne, qui emboucane, qui fouette, qui renifle, qui schlingue, qui tape, qui troufigne)
GÂMBIA (s.f.) – V. MOCOTÓ
GAMBITO (s.m.) – V. MOCOTÓ
GAMELA (s.f.)
1) V. SABOREADORA
2) V. POTOCA
GANCHO (s.m.)
1) V. CRIOULO
2) Pantalon (Bénard, culbutant, falzar, fendard, fourreau, froc, futal, fusil à deux coups, grimpant, valseur)
GANDIR (v.intr.) – V. BOIAR (1)
GANGA (s.f.) – V. ARAME
GANGO (s.m.) – V. BATOTA (3)
GANHAR (v.tr.)
1) V. ENCANAR
2) V. AFANAR

3) Conquérir une femme – V. FA-
TURAR (2)

GANHAR APETITE
Se mettre en condition de pratiquer un vol, un hold up, etc., par
l'usage progressif de stupéfiants

GANHAR MAS NÃO ARRASTAR
Renoncer à une victoire ou à un
prix que l'on a remporté

GANHAR MAS NÃO LEVAR – Id.

GANJA (s.f.)
1) V. FAROFA (1)
2) V. DIAMBA

GANJENTO (adj.) – V. FAROFEIRO

GANSO (s.m.)
1) Informateur sur le trafic de drogue – V. ALCAGOETE
2) V. PIFÃO
3) V. AFOGAR O GANSO

GARAGE (s.f.) – V. HOLOFOTES (2)

GARANHÃO (s.m.) – V. AZEITEIRO (1)

GARANTIR A ZONA
Protéger, prendre sous sa respon-
sabilité, couvrir

GARFAR (v.tr.) – V. BATER (1)

GARFIAR (v.intr.) – V. AZULAR

GARFO (s.m.) – V. LANÇA (1)

GARGALHEIRA (s.f.)
Cou (Colback, kiki)

GARGANTA (adj. et s.) – V. FAROFEIRO

GARGAREJAR (v.intr.) –
Flirter de la rue à la fenêtre

GARGAREJO (s.m.)
Flirt qui se pratique de la rue à la
fenêtre

GAROA (s.m.) – V. BAMBA (2)

GAROTÃO (s.m.)
Jeune homme sympathique (Mec
sympa)

GARRA (s.f.) – V. GARRAFINHA

GARRAFA (s.f.) – V. GARRAFINHA

GARRAFEIRO (s.m.)
Celui qui vend des ampoules de
stupéfiants

GARRAFINHA (s.f.)
Ampoule de stupéfiant, injectable

GARRAR (v.tr.)
Contracter, attraper (une maladie)
(Choper, piquer)

GARUPA (s.f.) – V. BUNDA (1)

GÁS (s.m.)
1) V. FAROFA (1)
2) V. ARAME
3) V. PINGA
4) Energie, vigueur – V. RAÇA,
CORDA (1)

GASOLINA (s.f.) – V. PINGA

GASOSA (s.f.)
Essence

GASTÃO (adj.)
Dépensier (Décheur)

GASTOLA (s.f.) – V. GASOSA

GATA (s.f.)
1) Femme jeune et plutôt légère
(Allumeuse, baiseuse, garce, gisquette, gonzesse, greluche, minet-
te, môme, nana, pépée, souris) – V.
MINA (1)
2) V. PIFÃO, AMARRAR A GATA

GATIMBO (s.m.) – V. AFANADOR

GATINHA (s.f.) – V. GATA (1)

GATO (s.m.) – V. AFANADOR

GATO-BRABO (s.m.) – V. AFANADOR

GATOSA (s.f.) – V. PIFÃO

GATURAMA (s.m.)
1) V. AFANADOR
2) V. BISCA

GAUDÉRIO (s.m.) – V. BICÃO (1)

GAVETA-ABERTA (s.f.) – V. GALINHA-
MORTA (2)

GAVETEIRO (s.m.)
1) V. PÃO-DURO
2) Voleur de tiroir-caisse

GAVIÃO (s.m.) – V. AZEITEIRO (1)

GAVIOLA
1) (s.m.) – V. CAFETÃO
2) (s.f.) Tiroir-caisse
3) Vol de tiroir-caisse

GAVIOLEIRO (s.m.) – V. GAVETEIRO (2)

GAVIOTA (s.m.)

Toxicomane (Camé)

GAZETA (s.f.) – V. ESCRACHA (2)

GAZETEIRO (adj.)

1) V. FOFOQUEIRO

2) Menteur (Bourreur de crâne, doreur de pilule, endormeur, monteur de cou, tireur de carotte) – V. FAROFEIRO

GAZOPA (s.f.) – V. ENTROSA

GAZÚA (s.f.) – V. DENTROSA (1, 2)

GEADA (s.m.)

Voleur de linge mis à sécher

GELADA (s.f.) – V. FRIA (ENTRAR NUMA GELADA)

GELADEIRA (s.f.) – V. CANA (1)

GELADO (adj.)

1) Celui qui est guéri de la drogue (Qui a décroché, un mec récupéré)

2) Emprisonné – V. ENCANAR (au passif)

GELAR

1) (v.tr.) Porter malheur à (Porter la cerise, la guigne) – V. CAFINFA (1)

2) (v.intr.) – V. DAR UM GELO, PÔR NO GELO

GEMER (v.intr.)

Payer (Arroser, banquer, carmer, casquer, cigler, cracher, douiller, éclairer, foncer, raquer, les allonger, les lâcher, les envoyer, envoyer la soudure, filer l'oseille)

GENIAL (adj.) – V. BACANA (2)

GÊNIO (s.m.) – Employé comme adjectif (en parlant d'une action, d'une chose) – V. GENIAL

GENTE BEM (s.f.) – V. GRANFA

GERAL (s.f.)

1) Fouille des cellules de la prison

2) Descente de police très rigoureuse – V. BATIDA (1)

GERALDINA (s.f.) – V. GERAL (1, 2)

GEREBA (s.f.) – V. PUTA

GERERÊ (s.m.) – V. DIAMBA

GERINGONÇA (s.f.)

1) Argot (Argomuche, jars)

2) Appareil compliqué ou en mauvais état – «O chofer da geringonça estava bêbedo» – V. FUBICA (2)

GERMANIA (s.f.) – V. GERINGONÇA (1)

GESSO (s.m.) – V. ALCAGOETE

GIBI (s.m.)

Négrillon

GIGOLÔ (s.m.)

1) Individu entretenu par une femme (Gigolpince)

2) V. CAFETÃO

GIGOLOTAGEM (s.f.)

Activités, vie du «gigolô»

GILETE (s.m.)

1) V. BARBEIRO

2) Pédéraste actif et passif – V. CORTAR DOS DOIS LADOS

GILO (s.m.) – V. GILETE (2)

GILTA (s.m.)

Voleur professionnel

GINGE (s.m.)

Frisson d'émotion

GIRA (adj. et s.) – V. BIRUTA

GIRAFA (s.f.)

Personne très grande et maigre au cou allongé (Asperge, girafe, échalas, fil de fer) – V. PILOMBETA

GIRAU (s.m.) – V. LUCA

GIRGOLINA (s.f.) – V. PINGA

GIRIBITA (s.f.) – V. JIRIBITA

GIRICE (s.f.) – V. BIRUTICE

GIRO

1) (s.m.) – V. BARATO (2), VIAGEM – «Assim vai ter um giro ótimo»

2) (adj.) – V. BIRUTA

GIZ (s.m.) – V. CRIVO (2)

GLÓRIA (s.f.)

Comble, maximum – «É a glória!» – V. FINO (2) (O FINO)

GLORIOSA (s.f.) – V. COVARDIA

GOELA (s.m.) – V. FAROFEIRO

GOGÓ (s.m.)

1) Pomme d'Adam (Coco, garga-melle, gargoulette)

2) V. GARGALHEIRA

GOGOROBA (s.m.) – V. BEBAÇA

GOIABA (adj. et s.)

1) V. CAFONA (1, 2)

2) V. FORA (1) (ESTAR POR FORA)

3) V. BEBUM (2)

GOLPE (s.m.)

1) Ce qui apporte un profit maté-riel ou moral, avantage – «Achei que não era golpe comprar essa fa-zenda»

2) V. ESTOURO (2)

3) Chantage

4) GOLPE DO BAÚ – Mariage d'inté-rêt

GOLPISTA (adj. et s.)

1) Qui vit de mauvais coups – V. VIGARISTA

2) Maître-chanteur

GOMA (s.f.)

1) V. FAROFA (1, 2)

2) V. CHATO (1)

3) Maison, foyer (Cabane, cagna, cambuse, clapier, crèche, gourbi, guitoune, kasbah, piaule, taule, turne)

4) V. ENGOMADA

5) FAZER UMA GOMA – Cambrioler une résidence – V. ESCRUNCHAR

GOMEIRO (adj. et s.)

1) V. FAROFEIRO

2) V. ESCRUCHANTE

GONGAR (v.tr.)

Eliminer dans un jeu un concur-rent par le gong

GONGO (s.m.) – V. DIAMBA

GORDO (adj.) – V. ABONADO

GORDURA (s.f.) – V. BÓIA (1)

GORDURAME (s.m.) – V. BÓIA (1)

GORGOTA (s.f.) – V. FRANCHONA

GORILA (s.m.)

Militaire, généralement de droite, qui détient le pouvoir par suite d'un coup d'état

GORJA (s.f.) – V. GRAXA

GOROROBA (s.f.)

1) V. BÓIA (1)

2) V. PINGA

GOSTOSA (adj.) – V. BOA (1)

GOSTOSÃO (adj.)

1) V. PÃO

2) V. FOLGADO (2)

GOSTOSURA (s.f.)

Plaisir intense

GOZAÇÃO (s.f.)

Moquerie, blague, raillerie (Char-riage, mise en boîte)

GOZADA (s.f.)

1) V. GOZAÇÃO

2) Plaisir sexuel – DAR UMA GO-ZADA – V. GOZAR (2)

GOZADO (adj.)

Drôle, amusant (Marrant, poilant, rigolo – fém.: rigolote)

GOZADOR (adj.)

Farceur, plaisantin (Blagueur, rigo-lard, rigolo)

GOZAR

1) (v.tr.) Railler, se divertir de, se moquer de (Blaguer, chambrer, charrier, chiner, faire marcher, me-ner en barque, en bateau, mettre en boîte, se ficher de, se foutre de, se payer la fiole, la poire, la tête de) – «Você tá querendo me gozar»

2) (v.intr.) Se satisfaire sexuelle-ment, jouir (Reluire, prendre son fade, son panard, son pied, son taf)

GRACINHA (s.f.)

Réponse à une plaisanterie ironi-que – V. ENGRAÇADINHO

GRADES (s.f.pl.) – V. CANA (1)

GRÃ-FINAGEM (s.f.) – V. GRANFINAGEM

GRÃFO (adj.) – V. GRANFA

GRAMAR (v.tr.)

1) Endurer, supporter (Déguster, encaisser, se farcir, se taper) – «Gramou uma cana dura»

2) V. ENTRAR NO PAU

GRAMÁTICA (s.f.) – V. PINGA

GRAMOFONE (s.) – V. MATRACA (2)

GRAMPEAÇÃO (s.f.)

Arrestation – V. ENCANAR

GRAMPEAR (v.tr.)

1) V. AFANAR

2) V. ENCANAR

3) V. MORFAR (4)

4) V. FATURAR (2)

GRAMPO (s.m.)

1) V. GADANHO

2) V. ABOTOADURAS

3) V. ARAME

4) V. AMEIXA

GRANA (s.f.)

1) V. ARAME

2) V. NOTA (2) – «Cobrou uma grana» (uma grana alta, sonora…) – V. BOLADA

GRANETA (s.f.)

Montre-bracelet (Tocante, trotteuse)

GRANFA (adj. et s.)

Personne distinguée, huppée, de la haute société (De la haute, rupin)

GRANFINAGEM (s.f.)

La haute société (La haute)

GRANFINISMO (s.m.)

1) Qualité ou condition des gens de la haute société

2) V. GRANFINAGEM

GRANFINO (adj. et s.) – V. GRANFA

GRANFO (adj.) – V. GRANFA

GRANFÓRIO (adj. et s.) – V. GRANFA

GRANOLINA (s.f.) – V. GRANA (1)

GRÃOS (s.m.pl.) – V. BAGOS (2)

GRAVANCEAR (v.tr.) – V. BOIAR (1)

GRAVANÇO (s.m.) – V. BÓIA

GRAVATA (s.f.)

Coup par lequel on fait subir au menton de l'adversaire un mouvement de torsion, cravate

GRAVATEAR (v.tr.)

1) V. ABOTOAR (1)

2) Étrangler (Serrer, serrer le gaviot à)

GRAVATEIRO (s.m.)

Voleur qui saisit sa victime au collet (Serreur)

GRAVETO (s.m.)

1) Marihuana grossière, qui n'est pas triée – V. DIAMBA

2) Doigt très fin

GRAXA (s.f.)

Pourboire (Pourliche, poursoif) – V. ENGRAXADELA

GREGÓRIO (s.m.)

1) V. BICHA (1)

2) V. DIAMBA

GRELAÇÃO (s.f.)

1) Regards amoureux

2) V. VIDRAÇÃO

GRELADOR (adj. et s.)

Qui regarde amoureusement

GRELAR (v.tr.)

Regarder amoureusement (Avoir les châsses qui font roue libre, donner un coup de saveur)

GRILADO (ESTAR GRILADO)

1) Être extrêmement préoccupé par quelqu'un ou par quelque chose (S'en faire pour) – «Estou grilado com meu pai»

2) Être passionné de – «É grilado em futebol» – V. TARADO POR, VIDRADO

3) V. ESCABREADO (1)

4) Moderne – «Uma calça prafrente e griladíssima» – V. PRAFRENTE

GRILAGEM (s.f.)

Appropriation frauduleuse de terres

GRILANTE (adj.)

1) Personne ou situation ennuyeuse – V. AMOLAR, CHATO (1, 2)

2) V. GRILADO (4) – «Suas reportagens são grilantes. Adorei todas elas!»

GRILAR (v.tr.)

1) V. AMOLAR

2) V. BANHAR (1)

3) GRILAR A CUCA DE – Affoler (Faire perdre la boule à, faire perdre les pédales à, détraquer, ravager, rendre dingue, fada, sinoque) – DE CUCA GRILADA – V. FUNDIR (2), DE CUCA FUNDIDA

GRILEIRO (s.m.)

Personne qui cherche à s'approprier des terres qui ne sont pas à elle au moyen de faux titres de propriété

GRILINHO (s.m.) – V. JANELA, GRILO (1)

GRILO (s.m.)

1) V. BURACO NO PANO

2) V. BOBO (s.m.)

3) V. AMARRA

4) Problème, souci, tout ce qui dérange – «Qual é o grilo aí?» – «Está sendo um grilo esse negócio de gastar um dinheirão em telefonemas internacionais» – «Viajei o Brasil inteiro sem grilo nenhum»

ESTAR COM GRILO NA CUCA: Avoir une idée fixe

5) Terrain dont le titre de propriété est falsifié

GRIMPA (s.f.)

1) V. BOLA (1)

2) ABAIXAR A GRIMPA – V. ACHATAR O BEQUE

3) LEVANTAR A GRIMPA – V. ARROTAR

GRINFA (s.f.)

1) V. RABO-DE-SAIA

2) Négresse – V. BLECAUTE

3) V. MACONHEIRO (2)

GRINFO (s.m.) – V. BLECAUTE

GRINGO (s.m.)

Etranger (Météque)

GRITO (s.m.)

1) GANHAR NO GRITO: L'emporter en ayant recours aux cris et à l'intimidation – V. APELAR

2) ESTAR A GRITO – V. PERIGO (ESTAR A PERIGO)

3) DE GRITOS: Excellent – «A tua feijoada estava de gritos» – V. BACANA (2)

GROGOIO (s.m.)

Récipient d'eau pour humidifier la marihuana

GROGUE (adj.) – V. BEBUM (2)

GRONGA (s.f.) – V. ESQUINAPO

GROSSO (adj.)

1) V. MANDA-CHUVA (1)

2) V. ZEBRA (1)

3) V. BOCA-SUJA

4) V. BALÃO (2)

GROSSURA (s.f.)

Manque d'éducation, grossièreté

GRUDAR

1) (v.tr.) – V. ABOTOAR (1)

2) (v.intr.) Avoir du succès, convaincre – «Esse papo não grudava» (Cette histoire ne prenait pas; ça collait pas) – V. COLAR (2)

3) GRUDAR-SE (v.pr.)

a) Se colleter (S'aligner, se bastonner, s'empoigner, se bigorner, s'expliquer, s'attraper par le colback, se castagner, se cogner, se crocheter, se crêper le chignon, se casser la gueule, échanger des politesses, se foutre sur la gueule, se pétarder, se sataner) – V. BAIXAR O PAU EM

b) V. AJUNTAR

GRUDE (s.m.)

1) V. BÓIA

2) V. CHATO (1)

3) Amitié étroite – V. CORDA E CA-ÇAMBA

4) Lutte corps à corps, bagarre (Baston, bigorne, casse, castagne, corrida, rebecca) – V. BAFAFÁ

GRUJA (s.f.)

1) V. ARAME

2) V. GRAXA

GRUPISTA (s.m.) – V. GAZETEIRO (2)

GRUPO (s.m.)

1) Celui qui, dans une escroquerie, intervient lorsque la future victime a déjà été mise en condition par son complice, le «FILA»

2) Combinaison louche, destinée à tromper (Combine à la flan, à la gomme, à la noix, à la mords-moi le doigt, le noeud, micmac) – V. ES-TOURO (2), ARRANJO (2)

3) V. POTOCA

4) V. BATOTA (3)

5) DE GRUPO (loc. adv.) – V. DE ARA-QUE

6) V. DAR O GRUPO

7) V. IR PARA GRUPO

GRUVIÃO (s.m.)

1) V. CARA (s.m.)

2) V. CHAPA (1)

GRUZIAR (v. intr.) – V. AZULAR

GUABIRU (s.m.) – V. GABIRU

GUALDIR (v. tr.)

1) V. BOIAR (1)

2) V. TORRAR (1)

GUANACO (s.m.) – V. TIRA (1)

GUARDA (s.f.) – V. JOVEM GUARDA, VELHA GUARDA

GUARDA LIMPO (s.m.)

Gardien de prison qui se laisse acheter

GUARDA-ROUPA (s.m.) – V. ROUPA (s.m.)

GUARDA SUJO (s.m.)

Gardien de prison incorruptible

GUARDAR (v. tr.) – V. ENCANAR

GUARITAR-SE (v. pr.)

Se cacher (Se planquer, se planquouser) – V. ENRUSTIR

GUARNACO (s.m.) – V. GUANACO

GUARNAPA (s.m.) – V. GUANACO

GUENTAR BOLA – V. AGUENTAR A MÃO

GUENTAR FIRME (AS PONTAS...)

1) V. AGUENTAR FIRME

2) V. BICO (3) (FECHAR O BICO)

GUENTO – V. DAR UM GUENTO

GUICHO (s.m.) – V. SAFO

GUIMBA (s.f.)

1) Bout de cigarette ou de cigare qu'on a fini de fumer, mégot (Clope, orphelin)

2) V. BEATA

GUINCHAR (v. tr.) – V. ENCANAR

GUINO (s.f.)

Gonorrhée

GUISA (s.f.) – V. CORUJA (1)

GUITA

1) (s.f.) – V. ARAME

2) (s.m.) – V. TIRA (1)

GUITARRA (s.f.)

Sorte de presse qu'on présente à un ingénu comme susceptible de fabriquer du papier-monnaie

GUITARRISTA (s.m.)

Celui qui trompe un ingénu avec une presse susceptible de fabriquer du papier-monnaie

GUNGA (s.m.)

1) V. MICO (1)

2) V. MANDA-CHUVA (1)

GUNGUNAR (v. intr.)

Bougonner, protester, ronchonner (Ramener sa fraise, renauder, rogner, rouscailler, rouspéter) – V. CHIAR (1)

GURAPA (s.m.)

Ancien détenu ou condamné

GURIA (s. f.)
  1) V. BARBIANA (2)
  2) Lesbienne (Gougnotte, gouine, gousse)

GURO (s. m.) – V. CAMPANA (s. m.)
GURVIANA (s. f.) – V. CIPÓ
GUZO (adj.) – V. DOBRADO (1)

H

HABEA (s.m.)

Habeas-corpus

HABITANTE (s.m.)

Pou (Gau, habitant, locataire, toto) – V. CARANGO (1)

HAGÁ (s.m.) – V. CUMPINCHA (2)

HAGÁ-CÉ (s.m.)

1) Habeas-corpus

2) Facilités accordées en prison

HISTÓRIA (s.f.)

1) V. CONVERSA FIADA (1)

2) V. TROÇO (1)

HOLOFOTES (s.m.pl.)

1) Yeux (Ardents, calots, carreaux, châsses, clignotants, hublots, lampions, mirettes, quinquets, ramasse-miettes, vasistas)

2) Fesses (Jumelles, miches, noix) – V. BUNDA (1)

HOMES (OS HOMES) (s.m.pl.)

1) V. JUSTA

2) Fonctionnaires de prison

3) Hommes de loi

HOMEM DA CAPA PRETA (s.m.) – V. PAPA (2)

HOMEM DA TOGA (s.m.) – V. PAPA (2)

HOMEM DE SAIA (s.m.) – V. SAIUDO

HOMEM DO CHAPÉU QUADRADO – V. PAPA (2)

HOMINHO (s.m.)

1) V. FICHINHA (1)

2) V. JOÃO-NINGUÉM

HORA (s.f.) – V. FAZER HORA

HORIZONTAL (s.f.) – V. PUTA

HORROR (s.m.)

Exprime une grande quantité – «Havia um horror de torcedores»

HORRORES (s.m.pl.)

1) V. HORROR – «Tem horrores de discos»

2) Employé comme superlatif après un verbe = Enormément – «Está faturando horrores» (Il gagne du fric à la pelle)

HOTEL DO SEU GUEDES (s.m.) – V. CANA (1)

HOTELECO (s.m.)

Hôtel de basse catégorie (Gourbi, taule)

I

IAPÃO (s.m.) – V. PACAU (I)

IDA (s.f.) – V. VIAGEM

IDEIA (s.f.) – V. BOLA (I) – «Levou uma bolacha na ideia»

IDEIA DE JERICO (s.f.)
Idée stupide, folle (Connerie)

ÍDOLO-NEGRO (s.m.)
Opium (Bénarès, noir, noire)

IGNORÂNCIA (s.f.) – V. APELAR PRA IGNO-RÂNCIA, USAR A IGNORÂNCIA

IGREJA-VERDE (CASAR NA IGREJA VERDE) – V. AJUNTAR

IGREJINHA (s.f.)
1) Maison de jeux – V. ESCOLAÇA
2) V. BATOTA (3, 4, 5, 6)

IGUI (s.f.) – IGNORÂNCIA – APELAR PARA IGUI – V. APELAR PRA IGNORÂNCIA

IMACULADA (s.f.) – V. PINGA

IMBICAR (v.intr.) – V. GRUDAR-SE

IMPELICADO (adj.)
Chanceux, veinard (Béni, bidard, cocu, doré, verjot, verni, qui a de la baguette, de la bagouse, du bol, du fion, du flambeau, du gluck, du godet, de l'oignon, du pot, du proze, du prozinard, du vase, qui a une veine de cocu, de crevé, qui l'a large, qui est en plein boum) – NASCER IMPELICADO – Naître coiffé – V. PELO et l'antonyme AZARADO

IMPRENSA (s.f.) – V. PRENSA (I, 2)

IMPRENSADO (adj.) – V. ENRASCADO

IMPRENSAR (v.tr.) – V. PRENSAR (3)

INANA (s.f.)
Dans l'expression «Vai começar a inana» – V. ENCRENCA (I, 2, 3, 4)

INANIMADO (adj.)
Voleur qui agit en craignant d'être arrêté

INCERTA (s.f.) – DAR UMA INCERTA – Arriver sans être attendu – «A justa deu uma incerta no pedaço»

INCERTO (s.m.)
Chaussure à semelle de caoutchouc – V. BREQUE

INCREMENTADO (adj.)
1) V. PRAFRENTE «Aquele é um jornal incrementado»
2) V. CHUCHU (I), AVANÇADO (I) – «Que mulher incrementada!»
3) Animée (d'une fête)

INCRESPAR (v.intr.) – V. EMPOMBAR

ÍNDIO (s.m.) – V. CAFONA (I)

INDIVÍDUA (s.f.)
Prisonnier efféminé – V. DENDECA (I)

INDÚSTRIA NACIONAL – V. BLECAUTE

INFELICITAR (v.tr.) – V. RASGAR O SELO

INFERNAL (adj.) – V. BACANA (2)

INFERNINHO (s.m.)
Boîte de nuit de bas étage

INGLÊS (s.m.) – V. PARA INGLÊS VER

INGRUPIR (v.tr.) – V. ENGRUPIR

INHACA (s.f.)
1) V. CAFINFA (I)
2) Mauvaise odeur (Schlingue)

INJEÇÃO (s.f.)
1) Action d'importuner, désagré-

ment, ennui (Barbe, chierie, colle, emmerdement, emmiellement, emmouscaillement, enquiquinement, merdouille, mouscaille, pastis, pétrin)

2) V. CHATO (1, 2)

INOCENTES (s.m.pl.)

Haricots (Musiciens)

INRUSTIR (v.tr.) – V. ENRUSTIR

INSERIDO (adj.) – V. PRAFRENTE

INSERIDO NO CONTEXTO – V. PRAFRENTE

INTACTA (adj. et s.) – V. SELADA

INTOJADO (adj.) – V. FAROFEIRO

INTRUJA (s.m.) – V. DRAGÃO

INTRUJÃO (s.m.) – V. DRAGÃO

INTRUJAR (v.tr.)

1) V. ENRUSTIR

2) Vendre des produits volés (Fourguer, laver)

INTRUJO (s.m.) – V. DRAGÃO

INTRULHÃO (s.m.) – V. DRAGÃO

INVICTA (adj. et s.) – V. SELADA

INVOCADO (adj.)

1) V. BODE (2) (ESTAR DE BODE AMARRADO)

2) V. AFINADO

INVOCAR

1) (v.tr.) Irriter quelqu'un (Mettre en boule, taper sur le système) – V. OURIÇAR, TOMAR ASSINATURA

2) INVOCAR COM (ALGUÉM) – V. INVOCAR (1)

3) (v.pr.) – V. EMPOMBAR

INVOLUIDO (adj.)

Arriéré, rétrograde – V. CAFONA (1)

INZONA (s.f.)

1) V. ENXAME (1)

2) V. FOFOCA

INZONAR (v.intr.)

1) V. ENXAMEAR (1)

2) V. FOFOCAR

INZONEIRO (adj.) – V. GAZETEIRO (1, 2)

IPÊ-ROXO (s.m.) – V. PINGA

IR AOS PÉS – V. DAR DE CORPO

IR COM A CARA DE – V. CARA (10)

IR DE MÃO LEVE EM – V. AFANAR

IR NA ONDA – V. ONDA

IR NAS PAPAS DE – V. BARATINAR (1) au passif (Se faire baratiner…)

IR NESSA – V. NESSA

IR PRA(S) CABEÇA(S) – V. ABAFAR (1)

IR PARA A CIDADE DOS PÉS JUNTOS – V. BATER AS BOTAS

IR PRA CUCUIA – V. MICHAR (3)

IR PARA O BREJO – V. MICHAR (3)

IR PRO BELELÉU – V. BELELÉU

IR PRO PIANO – V. DEIXAR OS DEZ

IR PARA GRUPO

Se laisser tromper – V. TAPEAR (au passif)

IR PRAS QUEBRADAS – V. ABAFAR (1)

IR PRO VINAGRE – V. ABAFAR (1)

IRMÃO (s.m.)

1) V. CHAPA (1) (S'emploie très souvent au vocatif)

2) Compagnon de prison

IRMÃO-DA-BRISA – V. IRMÃO-DA-OPA

IRMÃO-DA-OPA (s.m.)

1) V. BEBAÇA

2) V. GRUPO (1)

IRMÃO-DE-FÉ (s.m.)

Compagnon d'un toxicomane

IRMÃOZINHO (s.m.) – V. IRMÃO-DA-OPA

JÁ ERA

Expression très employée pour qualifier tout ce qui se rapporte au passé, n'est plus en usage ou à la mode: «Essa onda de biquini já era». D'une façon plus générale, est d'un emploi universel: en toute situation pour louer ou blâmer une personne ou une chose, synthétise tout ce qui est bon ou mauvais: «Nunca vi ninguém mais quadrado que Fulano» Resposta: «Já era» – «Vou passar o próximo verão no Guarujá, acho que vai fazer bom tempo» Resposta: «Já era» – «Você sabe que meu vizinho teve um acidente na Dutra e se arrebentou todo?» Resposta: «Já era...» (Exemples donnés par «O Estado de São Paulo, suplemento feminino» 20/9/70, p. 8)

JABÁ (s. f.) – V. BUNDA (1), HOLOFOTES (2)

JABACULÉ (s. m.)
1) V. BARROADA
2) V. ARAME
3) V. GRAXA

JABIRACA (s. f.) – V. CORUJA (1)

JABOTICABA (s. m.) – V. BLECAUTE

JACARÉ (s. m.)
1) V. CHUCA (1)
2) Scie utilisée pour couper les barreaux de prison
3) Celui qui se tient à la porte de l'église pour voir passer l'élue de son coeur

JÁ-COMEÇA (s. f.) – V. PINGA

JACU (s. m.) – V. OTÁRIO

JAIMEVOU (s. m.)
Nom donné au détenu qui va être libéré

JAMBETE (s. f.)
Mulâtresse de couleur peu foncée, tirant sur le rose

JAMEGÃO (s. m.) – V. CHAMEGÃO

JANELA (s. f.)
Poche externe, supérieure, de la chemise et de la veste – V. BURACO NO PANO

JANELAS (s. f. pl.) – V. HOLOFOTES (1)

JANELINHA (s. f.) – V. JANELA

JANISTROQUES (s. m.) – V. JOÃO-NIN-GUÉM

JANTAR (v. tr.) – V. BAIXAR O PAU EM

JANUÁRIA (s. f.) – V. PINGA

JAPA
1) (s. m.) – V. OLHO LASCADO (1)
2) (s. f.) Sorte de veste servant à protéger du froid

JARA (s. f.) – V. JUSTA

JARAQUI (s. m.) – V. DIAMBA

JATO – A JATO (loc. adv.) – V. TODA (NA TODA)

JEBA (s. m.) – V . NERVO (1)

JECA (s. m.)
1) V. CAPIAU
2) V. OTÁRIO (1)

JEGA (s. f.) – V. MACA

JEITO (s.m.)

1) DAQUELE JEITO – De la façon que vous savez (plutôt mal)

2) DAR UM JEITO, UM JEITINHO – Trouver une solution à une situation compliquée (Arranger ça)

3) LEVAR JEITO – Avoir des dispositions (Etre bon)

4) TOMAR JEITO – Se montrer plus prudent, faire bien attention (Faire gaffe)

5) DE JEITO MANEIRA – Aucunement, d'aucune façon

JEJÉ (s.m.) – V. CANA

JEREBA (s.f.)

1) V. CAFETINA

2) V. PUTA

JERERÊ (s.m.) – V. DIAMBA

JERIANTA (s.f.)

Prostituée qui aide le détenu en prison – V. BARBIANA (2)

JERIBITA (s.f.) – V. PINGA

JERICO (s.m.) – V. IDÉIA DE JERICO

JERINGONÇA (s.f.) – V. GERINGONÇA

JERIPOCA (s.f.) – V. JIRIPOCA

JEROMA (s.f.)

Femme aux seins opulents (Du monde au balcon)

JIBÓIA (s.f.)

Langue (Bavarde, baveuse, clapette, langouse, menteuse)

JIBUNGO (s.m.) – V. ARAME

JIMBO (s.m.) – V. ARAME

JIMBONGO (s.m.) – V. ARAME

JIMBRA (s.m.) – V. ARAME

JINDAMA (s.f.) – V. CAGAÇO

JIRAU (s.m) – V. GIRAU

JIRIBANDA (s.f.) – V. BRONCA (1)

JIRIBITA (s.f.) – V. JERIBITA

JIRIPOCA (s.f.)

1) V. ARAME

2) V. AMEIXA

JIROTE (s.m.)

Vagabond (Clodo, cloche, trimard) – V. LUSTRA

JOANINHA (s.f.)

1) Epingle (Piquotte)

2) V. ABOTOADURAS

JOÃO-DA-CRUZ (s.m.) – V. ARAME

JOÃO-FERNANDES (s.m.) – V. JOÃO-NIN-GUÉM

JOÃO-MEIA-DÚZIA (s.m.) – V. BERRO

JOÃO-NINGUÉM (s.m.)

Homme de peu d'importance (Foutriquet, freluquet, gnière, godelureau, paltoquet, peigne-cul)

JOÃO-PESTANA (s.m.)

Le sommeil (La dorme)

JOÇA (s.f.)

1) S'emploie pour désigner un objet dont on ignore le nom ou qu'on ne veut pas nommer (Bidule, truc, machin)

2) V. BAGULHO (2)

JOGADA (s.f.)

1) Sujet dont il est question: «Não entendeu a jogada» – «Morei na jogada» – V. MORAR NA JOGADA

2) Affaire, coup – «Isso é jogada de cagua» – «O babado é que estou numa jogada alta» – «Sacou a jogada» – «Está fora da jogada» – V. FORA (1), DENTRO, SACAR (4)

3) V. CONVERSA FIADA – «Morei na jogada dele»

JOGAR CONFETE – V. ENGROSSAR

JOGAR (PLANTAR) VERDE (PARA COLHER MADURO)

Chercher à connaître la vérité au moyen de questions insidieuses

JOGO (s.m.) – V. ABRIR O JOGO, ESCONDER O JOGO

JOGO DO BICHO – V. BICHO (6)

JÓIA (s.f.)

Personne ou chose excellente – «O prefeito é jóia» – V. BACANA (2) – «Tudo jóia» – V. LEGAL (4) (ESTÁ LEGAL)

JOINHA (s.f.) – V. JÓIA

JOÍSSIMA (s.f.) – Superlatif de JÓIA

JORNA (s.f.)

   1) V. PIFÃO

   2) Repos – «Tá de jorna hoje»

   3) V. SABIDO

JOVEM GUARDA (s.f.)

   1) Adeptes de la musique iê-iê-iê

   2) La jeunesse, les jeunes (Les jeunots)

JUANITA (s.f.) – V. DIAMBA

JULIÃO (s.m.) – V. OTÁRIO

JUMENTA (s.f.)

   Femme d'officier

JUNTAR (v.intr. et pr.) – V. AJUNTAR

JUNTAR AS BOTAS – V. BATER AS BOTAS

JUNTAR AS CUIAS

   Déménager

JUNTAR OS PANOS (OS TRAPOS, OS TRAPINHOS, OS CACARECOS...) – V. AJUNTAR

JURA (s.f.) – V. JUSTA

JURARÁ (s.f.) – V. MUAMBA

JUREMA (s.f.)

   1) Travail pénible (Turbin)

   2) V. BARBIANA (2)

   3) Intérêts, revenu

JURITI CANTAR NO TELHADO

   Etre en danger – «Se estava bronqueado, é porque a juriti cantou no telhado» – V. BARRA (3) (BARRA SUJA)

JURUBITA (s.f.) – V. PINGA

JURURU (adj.) – V. ENCABREIRADO (1)

JUSTA (s.f.)

   Police (en général) (La poule, la renifle, la rousse, la maison bourreman, la maison cognedur, la maison poulaga, la maison poulardin, la maison je t'arquepince) – V. RAÇA (2)

JUSTALIANA (s.f.) – V. JUSTA

JUSTINA (s.f.) – V. JUSTA

L

LACRAIA (s.f.) – V. PUTA

LADRANTE (s.m.) – V. FERREIRO

LADRÃO (s.m.) – V. BOTÃO (2)

LAGARTIXA (s.f.)
1) Signe distinctif des grades militaires, galon (Sardine)
2) File d'attente, queue
3) Spécialiste de montagne

LAGE (s.f.)
Paume de la main

LALAU (s.m.) – V. AFANADOR

LAMBA (s.f.) – PASSAR LAMBA – V. ESTICA (1) (ESTAR NA ESTICA)

LAMBADA – V. BICADA

LAMBAIA (s.f.)
1) V. PUNGA (1)
2) V. GANCHO (2)

LAMBARI (s.m.) – V. LINHA-DE-FRENTE

LAMBE-LAMBE (s.m.)
1) V. AÇO (1)
2) Photographe dans les jardins publics

LAMBE-LASCA (s.m.)
Chien de luxe, pékinois (Toutou)

LAMBEDEIRA (s.f.)
Couteau à longue lame – V. AÇO (1)

LAMBER (v.tr.) – V. ENGROSSAR (1)

LAMBETA (adj. et s.)
1) V. ENGROSSADOR
2) V. ARENGUEIRO
3) V. ALCAGOETE

LAMBUGE (s.f.)
Avantage, bénéfice (Bénef) – DE LAMBUGE (loc.adv.) – Par-dessus le marché

LAMBUJA (s.f.) – V. LAMBUGE

LAMPARINA (s.f.) – V. BOLACHA (1), ACENDER A VELA

LANÇA (s.f.)
1) Disposition des doigts du voleur à la tire (Fourchette) – V. PUNGA (1)
2) FAZER UMA LANÇA – V. BATER (1)
3) METER A LANÇA – V. BATER (1)

LANCE (s.m.)
1) Occasion, moment opportun (Occase)
2) DAR UM LANCE EM – V. CANTAR – «Deu um lance na menina»
3) DAR UM LANCE – V. DICA (1) (DAR UMA DICA)
4) Ce que l'on fait ou que l'on a l'intention de faire – ABRIR O LANCE (Ouvrir son jeu) – SACAR O LANCE – V. JOGADA (3), SACAR (4)

LANCEAR (v.tr.) – V. BATER (1)

LANCEIRO (adj. et s.) – V. BATEDOR DE CARTEIRA

LANCHA (s.f.)
1) Pied de grande taille (Bateau, panard, péniche) – V. CALCANTE (2)
2) Chaussure de grande taille ou déformée par l'usage (44 fillette) – V. BREQUE

LAPADA (s.f.) – V. BICADA

LÁPIS (s.m.) – V. NERVO (1)

LARANJEIRO (adj. et s.)
Escroc qui vend une marchandise sans l'avoir achetée (Carambouilleur)

LARGAR BRASA

Accélérer la voiture et, par extension, toute activité – V. MANDAR BRASA

LARGAR A CASCA – V. BATER AS BOTAS

LARGAR A MÃO DE – V. PARAR (A) MÃO COM (DE) – «Quando tu vai largar a mão de ser bobo?»

LARGAR O BRAÇO (EM) – V. BAIXAR (3) (BAIXAR O PAU)

LARGAR O CHINELO (EM) – V. BRONQUEAR (I), XINGAR

LARGAR O VERBO – V. BRONQUEAR (I), XINGAR

LARGAR TERRA PARA FAVAS – V. AZULAR

LASCA (s.f.)

1) V. CHUCHU (I)

2) V. BABACA (I)

LASCADO (adj.) – V. ESTREPADO (2)

LASCA-PEITO (s.m.) – V. MATA-RATO

LASCAR (DE LASCAR, DE LASCAR O CANO)

Expression employée de façon superlative – «Uma idéia de lascar o cano» – V. BACANA (2)

LATA (s.f.)

1) PREGAR (METER) A MÃO NA LATA, DAR NA LATA – Gifler (Amocher le portrait, claquer le museau, taper sur la gueule) – V. BOLA (I), FACHADA, BOLACHA (I), ACENDER A VELA

2) V. FORA (4) (DAR O FORA EM ALGUÉM)

3) V. CARANGO (3)

LATADA (s.f.) – V. BOLACHA (I, 2)

LATRÕ (s.m.) – V. AFANO – «Quantos latrõs você teve?»

LAVAGEM (s.f.)

1) V. BRONCA (I)

2) V. BANHO (3)

LAVAGEM DE ESPINGARDA

Café très faible (Jus de chaussettes)

LAVAR A ÉGUA

1) Faire une bonne affaire (Affurer, faire son beurre) – V. GALINHA-MORTA

2) Gagner largement au jeu

LAVAR A JEGA – V. LAVAR A ÉGUA

LEÃO (s.m.) – V. ESPOLETA (I)

LEÃO-DE-CHÁCARA (s.m.)

Portier en faction devant les maisons de jeu ou les boîtes de nuit (Guetteur)

LEGAL (adj.)

1) V. BACANA (2) – «É um cara legal» – V. CARA (I)

2) V. BAMBA (I)

3) V. BARATINADO

4) ESTÁ LEGAL – Tout va bien (Au poil, ça biche, ça gaze, ça roule, ça rupine). S'emploie adverbialement – «Transa mais legal com essa menina»

LEGÓRIO (adj.) – V. LEGAL

LEGUTE (adj.) – V. LEGAL

LEI-DO-CÃO (s.f.)

Régime rigoureux, brutalité

LEILÃO (s.m.)

Vol important, qui rapporte gros (Un gros coup, un flanche, un parcours du tonnerre)

LEITE (s.m.) – V. ESCONDER O LEITE

LEITE-DE-ONÇA (s.m.) – V. PINGA

LEITE-DE-PATO – A LEITE DE PATO (loc. adv.), NA BASE DO LEITE DE PATO – V. BEIÇO (2) (DE BEIÇO)

LEITEIRO (adj.) – V. IMPELICADO

LEITINHO (s.m.) – V. PORRA

LEITOA (s.f.) – V. BROTINHO

LEITOINHA (s.f.) – V. BROTINHO

LELÉ (s.m.)

1) Grand bruit produit par des discussions, des cris, des querelles (Barouf, boucan, chabanais, chambard, charivari, foin, pétard, potin, raffut, ramdam, schproume, tamtam) – V. ESPÔRRO (I)

2) (adj. et s.) – V. BIRUTA
3) V. MICO (1)
4) V. BOY
LELÉ DA CUCA (adj.) – V. BIRUTA
LENHA (s.f.)
  1) Grand succès – «Que tal o show? – Foi aquela lenha» – V. ABAFAR (1), BACANA (2)
  2) Grande difficulté – «O exame foi uma lenha» – V. ABACAXI (1), FOGO (2)
  3) Compétence – «Para entrar nessa jogada, o cara não tem lenha» – V. QUENTE (3)
  4) V. NERVO (1)
  5) V. ENTRAR NA LENHA, METER A LENHA EM – V. DESCER O PAU (A LENHA)
  6) LEVAR LENHA PARA CIMA – V. ENTRAR NO PAU
  7) MANDAR AQUELA LENHA – V. MANDAR (3) (MANDAR BRASA)
  8) MUITA LENHA PARA QUEIMAR – RAÇA (1)
  9) MUITA LENHA PELA FRENTE – Indique qu'il faudra longtemps pour atteindre un objectif
  10) LENHA DURA – V. BAFAFÁ
  11) Course d'automobiles – FAZER LENHA – Disputer des courses d'automobiles
LENHADOR (adj. et s.)
  Celui qui dispute des courses d'automobiles
LENHAR (v.intr.)
  Disputer des courses d'automobiles
LEONA (s.f.)
  1) V. PUTA
  2) V. CAFETINA
LEQUÉSSIA (s.f.) – V. PIFÃO
LERDO (s.m.) – V. CATA-OSSO
LERÉIA (s.f.) – V. LERO-LERO
LERO (s.m.) – V. LERO-LERO

LERO-LERO (s.m.) – V. CONVERSA FIADA
LESCO-LESCO (s.m.)
  1) Travail de tous les jours – V. BATENTE
  2) V. LERO-LERO, CONVERSA FIADA
LESO (adj. et s.) – V. BIRUTA
LETRA (DE LETRA) (loc. adv.)
  1) V. GAGOSA (DE GAGOSA)
  2) V. TIRAR DE LETRA
LETRUDO (adj. et s.)
  Qui a des lettres, savant
LEVA-E-TRAZ (adj. et s.)
  1) V. FOFOQUEIRO
  2) V. ARENGUEIRO
  3) V. ALCAGOETE
LEVANTAR (v.intr.)
  Être puissant sexuellement
LEVANTAR UMA GRANA, UMA NOTA… – V. FATURAR (1)
LEVAR BOLA – V. COMER BOLA
LEVAR BOMBA – V. BOMBA (2)
LEVAR CASCUDO – V. ENTRAR NO PAU
LEVAR EM MARÉ MANSA – V. BEMBON (ESTAR NO SEU BEMBON)
LEVAR NA CONVERSA, NO PAPO – V. BARATINAR (1)
LEVAR NA CUIA
  Subir du tort, un dommage (L'avoir dans le baba)
LEVAR NO BICO – V. BARATINAR (1)
LEVAR NO PAPO – V. BARATINAR (1)
LEVAR O (UM) FORA – V. FORA (5)
LEVAR O TÔCO
  Répartir le produit du vol
LEVAR UMA BANDEIRA – V. FORA (5) (LEVAR UM FORA)
LEVAR (UM) PAPO – V. PAPO (1)
LEVAR ROMBO – V. LEVAR NA CUIA
LEVAR TABOCA – V. LEVAR NA CUIA
LEVE (DA LEVE) (adj.)
  Qui vole sans effraction – V. AFANADOR, BATEDOR DE CARTEIRA
LEVE (DE LEVE) (loc. adv.)
  1) Doucement, discrètement, en

passant – «Insinuar de leve» – V. MACIOTA (NA MACIOTA)

2) UMA DE LEVE – V. PICIRICO

LHUFAS – V. BULHUFAS

LIAMBA (s.f.) – V. DIAMBA

LIBÉLULA (s.f.) – V. PUTA

LIBERTINA (s.f.)
Libération (d'un prisonnier) (Décarrade) – V. ALIVIAR (2)

LIGA (s.)
1) V. CHAPA (1)
2) V. CUMPINCHA (2)

LIGAÇÃO
1) (s.m.) – V. CHAPA (s.m.) (1) – «Pois é, meu ligação»
2) (s.f.) Effet des stupéfiants – V. BARATO (2)

LIGADA (s.f.)
Coup de téléphone

LIGADO (adj.)
1) Attentif, intéressé à – «Estou ligado no que tenho de fazer amanhã» (Branché sur)
2) V. DENTRO (1) (ESTAR POR DENTRO) – «Está ligadíssimo na música brasileira»
3) V. PRAFRENTE
4) V. BARATINADO

LIGAR
1) (v.intr.) Prêter attention (Faire gaffe, faire gy, gaffer) – V. MANCARSE, AR (1) (ESTAR NO AR)
2) NÃO LIGAR – V. BOLA (4) (NÃO DAR BOLA)
3) (v.tr.) (NÃO) LIGAR A MÍNIMA – (Ne pas) faire la moindre attention à – «Se todos ligassem a mínima pra êle...» – V. MÍNIMA
4) V. BARATINAR (3)
5) (v.pr.) Porter toute son attention sur (Se brancher sur, se braquer sur) – «O cara se ligou nas pernocas da mina» – «A turma se ligou nesse lance escamoso» P.M.

LIGEIRA (s.f.)
Valise (Valdingue, valoche)

LIGEIRINHA (s.f.) – V. JUSTA

LIMPA (s.f.)
1) V. PINGA
2) V. LIMPEZA (1)
3) Ronde de police pour arrêter des délinquants – V. BATIDA (1)

LIMPAR
1) (v.tr.) Voler complètement, dépouiller quelqu'un (Eponger, lessiver, nettoyer, ratiboiser, ratisser, roustir)
2) (v.pr.) – V. AZULAR

LIMPAR A BARRA
1) Se tirer d'une situation dangereuse
2) Se soustraire à l'attention de la police – V. BARRA, SUJAR A BARRA

LIMPAR O SALÃO
Se nettoyer le nez avec les doigts

LIMPEZA
1) (s.f.) Vol total – V. LIMPAR
2) Arrestation massive de délinquants
3) Absence de danger – V. BARRA LIMPA (1)
4) (s.m.) Partenaire qui mérite confiance et considération – V. BARRA-LIMPA (adj.)

LIMPO (adj.)
1) Démuni d'argent (Cisaillé, coupé, fauché, fauché comme les blés, sans un flèche, flèche, de la courtille, paumé, raide, raide comme un passe-lacet, qui est de la zone, à sec, sans un, vidé)
2) Qui n'est pas fiché à la police (Blanc, blanchouillard, petit Saint-Jean)
3) V. GUARDA LIMPO

LINDEZA (s.f.) – V. CHUCHU (1)

LINDINHA (s.f.) – V. PINGA

LINDOCA (s.f.) – V. LINDEZA

LINDOS SONHOS DOURADOS – LSD
LÍNGUA DE SOGRA (s.f.)
1) V. FOFOQUEIRO
2) V. MATRACA (2)
LÍNGUA DE TRAPOS – V. LÍNGUA DE SO-
GRA
LÍNGUA MOLE (adj.)
Qui avoue facilement
LINGUADO (s.m.)
1) V. CHUCA (1)
2) Lettre de change – V. PAPAGAIO
(5)
LINGUARUDO (s.m.) – V. CRIOULO
LINGUIÇA (s.f.)
1) Grande quantité de nouvelles
sans intérêt (Blablabla)
2) V. ENCHER LINGUIÇA
LINHA (s.f.)
1) V. TIRAR LINHA
2) LINHA GROSSA – V. SAIR NA LINHA
GROSSA
LINHA-BRANCA (s.f.) – V. PINGA
LINHA-DE-FRENTE (adj.)
1) Individu très habile, débrouil-
lard, malin, qui tire parti de toutes
les situations (Affranchi, à la coule,
à la redresse, démerdard, ficelle,
fortiche, mariole, marle, qui sait
nager, qui sait y faire, vicelard) – V.
BAMBA (1)
2) V. PRAFRENTE
LINHA-DURA (s. et adj.)
Dur, rigoureux, implacable – «O
majura é linha-dura» (Vache)
LINHÁS (adv.)
D'ailleurs
LISA (s.f.) – V. PINGA
LISANTES (s.m.pl.)
Cheveux (Crayons, cresson, crins,
douilles, gazon, plumes, tifs, toiture, vermicelle) – V. PICHETE
LISO (adj.)
1) V. LIMPO (1)
2) Sans filtre (d'une cigarette)

LISURA (s.f.) – V. PRONTIDÃO
LIVRAR A BARRA – V. BARRA (5)
LIVRAR A CARA – V. CARA (6)
LIVRO DE CEGO
Papier hygiénique en feuilles sépa-
rées (P.q.)
LIXÃO (s.m.) – V. BOCA-DO-LIXO
LIXAR-SE (PARA, POR) (v.pr.) – V. BOLA
(4) (NÃO DAR BOLA) – «Tava se
lixando pra todo mundo»
LIXO (s.m.)
Chose sans valeur. Se dit de films,
livres, cours, artistes, etc. (De la
merde) – V. MICHO (2)
LOCA (s.f.)
1) V. OTÁRIO (1)
2) V. COROA
LOIRA (s.f.) – V. LOIRINHA
LOIRINHA (s.f.)
Bière blonde – V. MULATA
LOLÓ (s.m.) – V. BUNDA (1)
LOLOBRIGIDA (s.m.)
Jeune inverti sexuel – V. BOY
LOMBA (s.f.) – V. BUNDA (1)
LOMBO (s.m.)
1) V. BUNDA (1)
2) V. COMER LOMBO
LOMBRA (s.f.)
Intoxication due à la marihuana –
ESTAR COM A LOMBRA (Etre envapé,
camé) – V. BARATINADO, MA-
CONHADO (1)
LOMBRADO (adj.) – V. BARATINADO, MA-
CONHADO (1)
LONA (s.f.)
1) ESTAR NA LONA – V. PRONTIDÃO,
LIMPO (1)
2) ESTAR NA ÚLTIMA LONA – V. ES-
TICA (1) (ESTAR NA ESTICA)
LONAS (s.f.pl.)
Billets de banque (Biftons, talbins)
LONGARINA (s.f.) – V. MOCOTÓ
LOQUE (s.m.) – V. LOCA

LOQUETROUXA (s.m.) – V. LOCA (1), TROUXA (1)

LORDAR (v.intr.)
Vivre largement et avec ostentation

LORDE (s.m.)
Homme qui vit avec ostentation (Fiérot, gandin)

LORDEZA (s.f.)
Fierté un peu ostentatoire – V. CHIQUEZA

LORDO (s.m.) – V. BUNDA (1)

LORÓ (s.m.) – V. ALCAGOETE

LOROTA (s.f.) – V. CONVERSA FIADA

LORPA (s.f.) – V. OTÁRIO

LOTECA (s.f.)
Concours hebdomadaire de pronostics au football

LOUCA (s.f.) – V. DAR A LOUCA EM, ESTAR COM A LOUCA

LOUÇA-FINA (s.f.) – V. CHUCHU (1)

LOUCO (adj.) – ESTAR MUITO LOUCO – V. BARATINADO, DOIDO, MALUCO, PIRADO

LOURINHA (s.f.) – V. LOIRINHA

LU (s.m.)
Jeu aux cartes (Flambe, schpile)

LUBAMBEIRO (adj. et s.) – V. ARENGUEIRO

LUBAMBO (s.m.) – V. BANZÉ (1, 2)

LUÍS XV (s.m.) – V. BREQUE

LUME (s.m.)
1) Feu pour allumer une cigarette (Bengale)
2) V. RISCANTE

LUMINOSO (s.m.)
Or (Jonc)

LÚMIO (s.m.) – V. BICHA (1)

LUNETAS (s.f.pl.) – V. BICICLETA

LUNFA (s.m.) – V. AFANADOR, BATEDOR DE CARTEIRA

LUNFA DA PESADA (s.m.) – V. ATRACADOR, ESCRUCHANTE

LUNGA (s.m.)
Parapluie (Pébroque, pépin, riflard)

LUNIL (s.m.)
1) Faux policier (Faux-poulet) – V. FAJUTO (2)
2) Voleur devenu policier

LUSCO-FUSCO (s.m.)
Mulâtre (Café au lait)

LUSTRA (s.m.)
Individu vagabond et mal vêtu (Cloche, clodo, miteux) – V. JIROTE

LUSTRA-BOTAS (adj. et s.) – V. ENGROSSADOR

LUSTROSO (s.m.)
1) V. LUSTRA
2) V. BLECAUTE

LUXO (s.m.)
1) V. BACANA (2)
2) CHEIO DE LUXO – V. FRESCURA (1)
3) FAZER LUXO – Refuser en faisant des façons

LUZ (s.f.)
1) V. ARAME
2) V. DAR LUZ

LUZ BAIXA (s.f.)
Dépression, tristesse – «Está com a luz baixa» – V. FOSSA

M

MACA (s.f.)

Lit (Paddock, page, pieu, plumard, plume, pucier, les toiles)

MACACA (s.f.)

1) Carnet de notes

2) V. CAFINFA (1)

3) Femme qui change souvent d'amoureux – V. GALINHA (2)

4) Femme de couleur – V. BLE-CAUTE

MACACADA (s.f.)

1) Groupe d'amis (Aminches, copains, frangins, potes) – V. BATOTA (6)

2) Membres de la famille

3) V. BATOTA (3)

MACACO (s.m.)

1) V. CRIOULO

2) V. TIRA (1)

MAÇADA (s.f.) – V. INJEÇÃO

MAÇAGADA (s.f.) – V. BOLADA

MAÇAGAME (s.m.) – V. BOLADA

MACAMBA (s.f.) – V. DIAMBA

MACANUDO (adj.) – V. BAMBA (1), BACANA (2)

MACAQUEAR (v.intr.) – V. BATER O FIO

MACAQUINHOS (TER MACAQUINHOS NO SÓTÃO)

Être un peu fou (En avoir un grain, avoir une araignée dans le plafond) – V. BIRUTA, FUNDIR A CUCA (DE CUCA FUNDIDA)

MACARRONADA (s.f.)

Femme blanche et jolie

MACASADO (s.m.) – V. BELOTA

MACETEAR (v.tr.)

Modifier, améliorer au moyen de stratagèmes – «O carango estava bem maceteado»

MACETE (s.m.)

1) Secret d'une profession, astuces du métier (Ficelles, trucs)

2) Jeu de cartes préparé (Portée, brêmes maquillées) – V. ENCAMA-ÇAR

3) V. JOGADA (2)

4) V. ACERTO (1)

MACHÃO (s.m.)

1) V. BAMBA (2)

2) Femme aux manières viriles, virago (Hommasse)

MACHEZA (s.f.)

Virilité (Des couilles au cul)

MACHIDÃO (s.f.) – V. MACHEZA

MACHISMO (s.m.) – V. MACHEZA

MACHUCAR

1) (v.intr.) Avoir un grand succès (en parlant d'une jolie femme)

2) DE MACHUCAR (expression à valeur intensive) – «Linda de machucar»

3) (v.pr.) – V. ESTREPAR-SE

MACIOTA (NA MACIOTA) (loc.adv.)

De manière habile et prudente, sans effort (En douce, en souplesse, en loucedoc, en loucedé, mollo) – «Meu negócio é tomar na maciota» – V. FININHO (DE FININHO), CANJA, TOMAR NA MACIOTA

MAÇO (s.m.)- V. MACETE (2)

MACONHA (s.f.) – V. DIAMBA
MACONHADO (adj.)
1) Intoxiqué par la marihuana – V. BARATINADO
2) Qui agit de manière brusque et imprévue
MACONHEIRO (s.m.)
1) Celui qui vend de la marijuana – V. ATRAVESSADOR, CAMINHÃO DA SORTE
2) Celui qui s'intoxique à la marijuana (Chat, fumeur, planeur, voyageur)
MACOTA
1) (s.m.) – V. MANDA-CHUVA (I)
2) (adj.) – V. BAMBA (I)
3) (s.f.) – V. CAFINFA (I)
MACOTEAR (v.intr.)
Avoir du prestige, de l'influence
MACOTEIRO (adj. et s.) – V. MACOTA (I, 2)
MACRÔ (s.m.) – V. CAFETÃO
MADAMA (s.f.)
1) V. COSTELA (I)
2) V. PUTA
3) V. CAFETINA
MADAME (s.f.) – V. MADAMA
MADRE CELESTINA (s.f.)
1) V. FOFOQUEIRA
2) V. CAFETINA
MADRUGA (s.f.) – V. MATINA
MADRUGUISTA (s.m.)
Voleur qui opère au petit matin
MÃE
1) (s.f.) Celui qui possède et offre de la cocaïne
2) Employé adjectivement: Très grand, fort – «Tomou um pileque mãe»
MÃE CARIDOSA (s.f.)
Ambulance publique
MÃE CARINHOSA (s.f.) – V. MÃE CARIDOSA
MAENGA (s.m.)
1) V. TIRA (I, 2)
2) V. JOÃO-NINGUÉM

MÃEZINHA (s.f.) – V. CAFETINA
MAFABÉ (adj.) – V. JOÃO-NINGUÉM
MAFIÃO (adj. et s.m.) – V. CAGÃO
MAGNATA (s.m.)
1) Prisonnier qui collabore avec l'administration (Auxi, prévôt)
2) Prisonnier qui jouit d'une bonne situation financière
3) Personne qui détient beaucoup de drogue, de contrebande
MAGRA (s.f.) – V. MAGRINHA
MAGREIRA (s.f.)
Maigreur provenant de la maladie
MAGRELA (s.f.) – V. ANDADORA
MAGRINHA (s.f.)
Tuberculose – V. BICHADO
MAGRINHO (s.m.) – V. CHAPA (I)
MAGUI (s.m.) – V. MAGNATA (3)
MAIOR (adj.)
1) Très employé avec la valeur d'un superlatif – «Andava na maior bananosa»
2) DE MAIOR – Qui a atteint la majorité – «O Paulo é de maior»
MAJERÓ (s.m.) – V. MUAMBA
MAJORENGO (s.m.)
1) V. COMISSA
2) V. CACIQUE
MAJURA (s.m.) – V. COMISSA
MAL-AMERICANO (s.m.) – V. GÁLICO
MAL-CANADENSE – Idem
MAL-CÉLTICO – Idem
MAL-DA-BAIA-DE SÃO PAULO – Idem
MAL-DE-FIÚME – Idem
MAL-DE-LAZO (s.m.)
Lèpre
MAL-DE-NÁPOLES – V. GÁLICO
MAL-DOS-CRISTÃOS – Idem
MAL-DOS-PEITOS – V. MAGRINHA
MAL-ESCOCÊS – V. GÁLICO
MAL-FRANCÊS – Idem
MAL-GÁLICO – Idem
MAL-GERMÂNICO – Idem
MAL-ILÍRICO – Idem

MAL-NAPOLITANO – Idem
MAL-POLACO – Idem
MAL-TURCO – Idem
MALA (s.m.) – V. BISCA
MALA (s.f.)
  1) V. CAIXA-DE-COMIDA
  2) V. BUCHO (3)
  3) ARRASTAR MALA – Faire le brava-che, menacer (En installer, la ra-mener) – V. BAMBA (2), FAROFEIRO
  4) V. BOLADA
  5) V. DAR (NA MALA)
MALACAS (s.f.pl.)
  Seins grands et flasques (Blagues à tabac, gants de toilette, pelotes à épingles, tétasses) – V. TETAS
MALAGRIFAS (s.f.pl.)
  Ruses, astuces, stratagèmes (Ficel-les)
MALANDRÉU (s.m.) – V. BISCA
MALDITA (s.f.)
  1) Mal de tête
  2) Mauvaise eau-de-vie
MALDITO (s.m.) – V. ARAME
MALHAÇÃO (s.f.) – V. ESCULHAMBAÇÃO (1) – DAR MALHAÇÃO EM – V. ES-CULHAMBAR (1)
MALHAR (v.tr.)
  1) Vendre (Laver)
  2) V. AFANAR
  3) V. ACHACAR (1)
  4) V. BARATINAR (1)
  5) V. BARATINAR (3, 4)
  6) V. BAIXAR O PAU EM
  7) V. ESCULHAMBAR (1), GOZAR
MALHO (s.m.)
  1) V. ESCULHAMBAÇÃO (1) – DAR, MANDAR O MALHO – V. ESCULHAM-BAR (1)
  2) V. ACHAQUE (1)
  3) V. BATENTE
MALINADO (adj.)
  Syphilitique

MALINCÓLIA (s.f.)
  Mélancolie, tristesse (Mouron)
MALOCA (s.f.)
  1) Endroit où se cachent ou habi-tent des mineurs délinquants ou des chenapans – V. ENRUSTE (1)
  2) V. BATOTA (3)
MALOCAR
  1) (v.intr.) Habiter (Crécher)
  2) (v.tr.) – V. ENRUSTIR
MALOQUEIRO (adj. et s.m.)
  1) Jeune garçon sale et mal vêtu qui se livre à toutes sortes de petits larcins, le plus souvent en groupe, et s'adonne à la drogue. – V. PIVETE
  2) V. LUSTRA
MALUCO (adj.) – V. BARATINADO, PIRADO
MALUDO (adj.) – V. BAMBA (2)
MALUNGA (s.f.) – V. PINGA
MALUQUECER (v.intr.) – V. MACA-QUINHOS (TER MACAQUINHOS NO SÓ-TÃO)
MALVA (s.f.) – V. DIAMBA
MALVADA (s.f.) – v. PINGA
MAMADO (adj.) – V. BEBUM (2)
MAMADOR (adj.) – V. BEBAÇA
MAMÃE (s.f.)
  1) A MAMÃE – V. PAPAI (O PAPAI)
  2) V. OSSO (4)
MAMÃE-ME-LEVA (s.f.)
  Voiture cellulaire (Panier à salade)
MAMA-EM-ONÇA (s.m.)
  Individu qui cherche à faire un ma-riage avantageux
MAMÃE-SACODE (s.f.) – V. PINGA
MAMAR (v.intr.)
  1) V. ÓLEO (2) (PÔR ÓLEO)
  2) Avoir des gains illicites (Se su-crer)
MAMATA (s.f.)
  1) Situation qui permet de s'enrichir facilement (Filon)
  2) V. ESTOURO (2), MARMELADA

MAMBEMBE (adj.)

1) V. MICHO (2)

2) V. BEBUM (2)

MAMOEIRO (s.m.) – V. BEBAÇA

MAMÕES (s.m.pl.) – V. TETAS

MAMPARRA (s.f.)

Paresse (Flemme, cosse, rame) – V. FOLGADO (2)

MAMPARREAR (v.intr.)

Faire semblant de travailler – V. FOLGADO (2)

MANCADA (s.f.)

1) DAR MANCADA – Connaître un échec (Faire un bide, faire fiasco) – V. DAR COM OS BURROS NA ÁGUA

2) DAR UMA MANCADA – Commettre une erreur, une gaffe (Mettre les pieds dans le plat, faire une boulette)

3) Manquement à la parole donnée

MANCAR (v.intr.)

1) V. DAR COM OS BURROS NA ÁGUA

2) Manquer à la parole donnée (Dérober)

3) V. BOLO (DAR O BOLO)

MANCAR-SE (v.pr.)

1) Remarquer, faire attention, observer avec méfiance (Allumer, chasser, gaffer, mordre, repérer, tapisser) – «Os lalaus se mancaram da chegada da justa»

2) S'apercevoir qu'on a fait une erreur, une gaffe (Revenir de son erreur) – «Vê se te manca, ô migué!»

MANCO (adj.)

1) Mou, sans vivacité (Chiffe molle, emplâtre, empoté, mollasse, mollasson, nouille) – V. BANANA (1)

2) Se dit du voleur qui se fait prendre en flagrant délit (Manche, s.m.)

MANDA (s.m.) – V. MANDA-CHUVA

MANDA-BRASA (adj.)

1) Vaillant, intrépide (Culotté, gonflé, pas cardiaque, qui a de l'estom, qui manque pas d'air, qui est un peu là, qui en a dans le ventre, qui pète le feu) – V. BAMBA (2)

2) V. PRAFRENTE

MANDA-CHUVA (s.m.)

1) Personne puissante et influente, dont l'autorité est incontestée (Caïd, épée, grand manitou, grossium, huile lourde, lame, manitou, matador, une grosse légume, une légume)

2) V. CACIQUE

MANDADOR (s.m.) – V. AFANADOR

MANDAR

1) (v.tr.) – V. AFANAR – «Mandou dois trouxas hoje»

2) V. CASTIGAR (1) – «Aos sábados, mandava uma feijoada legal»

3) (v.pr.) MANDAR-SE – V. AZULAR, DESINFETAR

4) MANDAR BRASA

a) Déborder d'activité (Péter le feu) – V. METER OS PEITOS

b) V. BAIXAR O PAU EM

c) V. METER BRASA

5) MANDAR BUGIAR (MANDAR ÀS FAVAS, PLANTAR BATATAS, PRA CUCUIA) – Se débarrasser de quelqu'un, envoyer promener (Balancer, empaqueter, vider, virer, envoyer sur les roses, envoyer à dache, chez Plumeau, envoyer bouler, chier, dinguer, rebondir, se faire fiche, se faire foutre, se faire cuire un oeuf)

6) MANDAR FUMO – V. PUXAR (5)

7) (v.intr.) MANDAR – Priser la cocaïne – PRIZE

8) MANDAR PARA DENTRO – V. ENCANAR

9) MANDAR PRA FRENTE – V. AFANAR

10) MANDAR PRO BEIÇO – V. AFANAR
11) MANDAR VER
a) V. ABAFAR (1)
b) V. CIMA (1) (ESTAR POR CIMA) – «Ficou rico e está mandando ver»
12) V. QUINTOS (MANDAR PARA OS QUINTOS)
MANDARIM (s.m.) – V. MANDA-CHUVA (1)
MANDUREBA (s.f.) – V. PINGA
MANÉ (s.m.) – V. OTÁRIO (1)
MANECA (s.f.)
Jeune femme qui présente les collections de haute couture, mannequin
MANERAR
1) (v.tr.) Modérer, tempérer (quelqu'un, une affirmation)
2) MANERAR ESSA, AS PONTAS – V. SEGURAR ESSA, AS PONTAS
3) (v.intr.) Agir avec précaution et adresse
4) Se calmer – V. BARATO (5) (DEIXAR BARATO)
MANEIRADA (s.f.)
Modération, retenue – «Vê se dá uma maneirada com a bebida»
MANGA (s.f.) – V. ARAME
MANGA ROSA (s.f.)
Marihuana de bonne qualité – V. DIAMBA, CABEÇA-DE-NEGRO
MANGANO (s.m.)
Homme vivant d'activités illicites (Truand) – V. BISCA
MANGAR (v.tr.)
Mendier (Faire la manche, pilonner)
MANGO (s.m.)
1) V. ARAME
2) Un «cruzeiro» ancien
MANGOTE (s.m.) – V. MANGO
MANGUAÇA (s.f.) – V. PINGA
MANGUARI (s.m.)
Homme grand et corpulent – V. BIGUANO (1), DOBRADO (1)

MANGUÇO (adj.)
1) Grand et mal bâti (Escogriffe – s.m.)
2) (s.m.) – V. MANGANO
MANGUINHAR (v.tr.) – V. MANGAR
MANGUINHAS (s.f.pl.) – V. BOTAR AS MANGUINHAS DE FORA
MANGUITO (s.m.) – V. BANANA (3)
MANHOSA (s.f.) – V. BARBEIRA
MANJA-BALÃO (s.m.)
Individu qui observe une personne endormie pour la voler – V. BALÃO (2), BALÃO APAGADO
MANJA-TEMPO (s.m.)
1) Commissaire habile à interroger les prisonniers
2) V. ALCAGOETE
3) V. FOLGADO (2)
MANJADA (s.f.) – V. DAR UMA MANJADA EM (ALGUÉM) – V. MANJAR (2)
MANJADO (adj.)
1) Repéré (Brûlé, flambé, grillé) – «A boca tá muito manjada»
2) Très connu (en parlant de quelqu'un, d'une histoire)
MANJAR (v.tr.)
1) Connaître, savoir, comprendre – «Manjei logo tua jogada» – MANJAR DE – «Não manja de futebol» (Être au coup, être affranchi, être à la page, piger, entraver)
2) Observer, épier (Bigler, borgnotter, frimer, gaffer, mater, tapisser, zyeuter) – V. SAPEAR
MANJUBA (s.f.) – V. BÓIA
MANOTUDO (adj.)
Qui a de grandes mains (Qui a des battoirs comac) – V. GADANHO
MANSINHO (DE MANSINHO) (loc.adv.) – «Chegou de mansinho» – V. LEVE (DE LEVE), MACIOTA (NA MACIOTA), FININHO (DE FININHO)
MANSO (NO MANSO) (loc.adv.) – V. DE MANSINHO

MANTA (s.f.)
1) V. PINTAR A MANTA
2) V. BORLA
MANTEIGA (s.f.)
1) V. ENGROSSAMENTO
2) V. ARAME
MÃO (s.f.) – V. PARAR (A) MÃO COM
MÃO-DE-ESTÁTUA (s.m.) – V. PÃO-DURO
MÃO-DE-FINADO (s.m.) – V. PÃO-DURO
MÃO-DE-GATO (s.f.) – V. AFANO
MÃO-DE-GESSO (s.m.) – V. PÃO-DURO
MÃO-DE-LEITÃO (s.) – V. PÃO-DURO
MÃO-DE-SEDA (s.m.) – V. AFANADOR, BA-
TEDOR DE CARTEIRA
MÃO-FECHADA (s.m.) – V. PÃO-DURO
MÃO-GRANDE (s.m.)
1) V. ATRACADOR
2) NA MÃO GRANDE – Avec violence, à main armée – «Tirou a
grana na mão grande»
MÃO-LEVE (s.m.)
1) Pickpocket – V. BATEDOR DE
CARTEIRA, ARMA-LEVE
2) V. IR DE MÃO LEVE EM
MÃO-NA-RODA (s.f.)
1) Gain facile
2) Aide, assistance – «Você foi
uma mão na roda»
MÃO-PELADA (s.m.) – V. AFANADOR, BA-
TEDOR DE CARTEIRA
MÃO-PESADA (s.m.) – V. ATRACADOR,
ARMA-PESADA
MAPA (s.m.)
1) V. SABIDO
2) TIRAR UM MAPA – V. MANJAR (2)
3) MAPA DA MINA – Expédient qui
permet d'atteindre sans peine un
objectif difficile
4) MAPA DO BRASIL – Personne très
vieille et très ridée
MÁQUINA (s.f.)
1) V. CHUCHU (I), PANCADÃO
2) V. BERRO
3) V. CARANGO (3)

MAQUINADA (s.f.) – V. BRASEIRO (2)
MAQUINADO (adj.) – V. COBERTO (I)
MAQUININHA (s.f.)
Prostituée très active (Gagneuse,
turbineuse) – V. PUTA
MARACUJÁ (s.m.)
Visage très ridé et fripé
MARAFA (s.f.)
1) V. BILONTRAGEM (I) – SER DA MA-
RAFA, VIVER NA MARAFA
2) V. PUTA
MARAFO (s.m.) – V. PINGA
MARAFONA (s.f.) – V. PUTA
MARAJUÁ (s.m.) – V. CAPIAU
MARAJUANGO (s.m.) – V. ESCONXISTA
MARCAÇÃO (s.f.)
1) Attente – «Estou de marcação
na chegada da mina»
2) ESTAR DE MARCAÇÃO COM AL-
GUÉM, TER MARCAÇÃO COM ALGUÉM –
Poursuivre quelqu'un sans relâche
MARCA-VIDA (s.m.) – V. BOBO (s.m.)
MARCANGA (s.f.) – V. DIAMBA
MARCAR BOBEIRA
1) Perdre du temps, être distrait,
ne pas faire ce que l'on doit par hésitation ou bêtise – V. BOBEAR (I)
2) S'exposer exagérément au dan-
ger, lors d'un échange de coups de
feu
MARCHAR (v.intr.) – V. GEMER
MARÉ (s.f.)
1) A MARÉ NUM TÁ PRA PEIXE – V.
BARRA (3) (A BARRA ESTÁ SUJA)
2) EM MARÉ BAIXA – En baisse, sans
prestige (Partir en brioche)
3) EM MARÉ MANSA – V. FOLGADO
(2), PEGAR MARÉ MANSA
4) MARÉ DE AZAR – Période de
malchance – V. CAFINFA (I)
MARGINA (s.m.) – V. BISCA
MARGINAL (s.m.)
Délinquant – V. BISCA
MARIA-BRANCA (s.f.) – V. PINGA

MARICA (s.f.)

1) Sorte de pipe à fumer de la marihuana, souvent improvisée (Chillum)

2) V. MARICAS

MARICANGA (s.f.) – V. DIAMBA

MARICAS (s.m.)

1) V. BICHA (1)

2) V. MARICA (1)

MARICO (s.m.) – V. BICHA (1)

MARIGONGA (s.f.) – V. DIAMBA

MARIMBAR

1) (v.intr.) – V. BATER PERNAS

2) (v.tr.) – V. BANHAR (1), TAPEAR

MARINHA (s.f.)

Groupe de prisonniers qui travaillent aux services de cuisine

MARIPOSA (s.f.) – V. PUTA

MARIQUINHA (s.f.)

1) V. FAROFA (1)

2) V. POTOCA

MARITAR COM (ALGUÉM) – V. AJUNTAR

MARMANJO (s.m.) – V. CARA (s.m.)

MARMELADA (s.f.)

Affaire, transaction peu scrupuleuse – V. ARRANJO (2), BARROADA, ESTOURO (2)

MARMOTA (s.f.) – V. MORENA

MARMOTEIRO (adj.) – V. LINHA-DE-FRENTE (1)

MARMOTISTA (s.m.)

Cambrioleur de coffre-fort (Casseur, ouvrier)

MAROLA (s.f.)

1) V. ONDA – FAZER MAROLA (FAZER ONDA)

2) V. CRISTA (2) (NA CRISTA DA MAROLA)

MARRA (NA MARRA) (loc.adv.)

1) D'autorité et avec force (D'autor et de rif) – V. PEITO (4), NO PEITO

2) TOMAR (PEGAR) NA MARRA

a) V. ATRACAR (1)

b) Violer

MARRETA

1) (s.f.) Mélange de sucre et de bicarbonate de soude vendu pour de la cocaïne

2) (s.m.) – V. BICÃO (1)

3) Vendeur ambulant qui n'a pas d'autorisation légale d'exercer

MARRETADA (s.f.) – V. PICIRICO

MARRETAR (v.intr.) – V. TREPAR

MARRETEIRO (s.m.) – V. MARRETA (3)

MARROCO (s.m.)

Pain (Bricheton, brignolet)

MARRUÁ (s.m.)

Novice, sans expérience (Bleu, bleu-bite)

MARRUDO (adj.)

1) V. MUCUDO

2) V. BAMBA (2)

MARTELÃO (s.m.)

Celui qui n'apprend qu'à force de répéter

MARTELO (s.m.) – V. BOLINHA (1)

MARUAMBA (s.f.) – V. DIAMBA

MARUPANA (s.m.) – V. BISCA

MARY (s.f.) – V. DIAMBA

MASSA (s.f.) – V. ARAME

MASTIGADOR (s.m.) – V. MASTIGANTE (1)

MASTIGANTE (s.m.)

1) Dent (Chaille, chocotte, croc, crochet, domino, piloche, quenotte, ratiche, tabouret)

2) Menton (Bichonnet)

MASTIGO (s.m.)

1) V. BÓIA

2) V. BOY

MATA-BICHO (s.m.)

1) V. PINGA

2) V. GRAXA

MATA-BORRÃO (s.m.) – V. BEBAÇA

MATA-CACHORRO (s.m.) – V. TIRA (1)

MATACAS (s.f.pl.) – V. HOLOFOTES (2), BUNDA (1)

MATACO (s.m.) – V. MATACAS

MATADOURO (s.m.)

Appartement de rencontres amoureuses (Baisodrome)

MATAR (v.tr.)

1) MATAR AULA, (O SERVIÇO), etc.) –
V. CABULAR

2) Amortir le ballon – «Pelé sabia
matar a menina no peito»

MATAR CACHORRO (JACARÉ) A GRITO (A
BELISCÃO)

Etre complètement démuni d'argent – V. LIMPO (1)

MATAR O BICHO – V. CHUPAR

MATA-RATO (s.m.)

Vin, cigarette ou cigare de mauvaise qualité

MATERIAL (s.m.)

Beau corps de femme – V. CHUCHU
(1), PANCADÃO

MATINA (s.f.)

Matin (Mat) – «As cinco de la matina» (A cinq plombes du mat)

MATO (s.m.)

1) SER MATO – Être en grand nombre (Une chiée, une flopée, une
foultitude, une tapée, une tinée
de…) – V. BESSA (À BESSA), PORRADA
(3)

2) V. DIAMBA

3) V. CAIR NO MATO

4) NO MATO SEM CACHORRO – Dans
une situation difficile, sans aucun
secours possible

MATRACA

1) (s.f.) – V. BOBO (s.m.)

2) (adj. et s.) Bavard (Bagouleur,
jacasseur, jacteur, jaspineur, vac-
ciné avec une aiguille à phono)

3) V. SABOREADORA – SOLTAR A MA-
TRACA -Parler avec abondance

4) Mitraillette – V. BRASINHA

MATRICULADO (adj.) – V. LINHA-DE-
FRENTE (1)

MATUSCA (adj.)

1) Débilité par suite de l'abus de
stupéfiants

2) V. BIRUTA

MATUSCAR (v.tr.) – V. MATUSQUELAR

MATUSQUELA (adj. et s.) – V. BIRUTA

MATUSQUELAR (v.tr.) – V. MORAR – «Não
tô matusquelando bulhufas do que
tu quer»

MATUSQUELICE (s.f.) – V. BIRUTICE

MATUTO (s.m.)

1) V. CAPIAU, OTÁRIO (1)

2) V. FILA (1)

MAXAMBETA (s.f.) – V. CONVERSA FIADA

MÁXIMO (s.m.) – O MÁXIMO – V. FINO (2)
(O FINO)

MECHA (s.f.) – V. AMEIXA

MEDRAR (v.intr.) – V. PENICO (2) (PEDIR
PENICO)

MEGA (s.m.) – V. MEGANHA

MEGANHA (s.m.) – V. TIRA (1)

MEIA-CARA (DE MEIA CARA) (loc.adv.)

Gratuitement (A l'oeil) – V. BEIÇO
(2) (DE BEIÇO)

MEIA-FICHA (s.f.) – V. FICHINHA (1)

MEIO (s.m.) – V. BUNDA (1)

MEIO-METRO (s.m.) – V. FICHINHA (1)

MEIO-MUNDO (s.m.)

Employé sans article: Beaucoup de
monde – «Foi encanado pela justa e
dedou meio-mundo»

MEIO-QUILO (s.m.)

1) V. FICHINHA (1)

2) V. PÉ-DE-CHINELO

MEIO-SOBRE (Loc. prép. suivie d'un adjectif avec l'article)

Un peu, légèrement – «Falou meio
sobre o revoltado» – «Um sujeito
meio sobre o maduro» (Un chouïa,
un loubé) – V. BOCADO (UM BOCADO)

MEIOTA (s.f.)

Une demi-cigarette de marihuana –
V. FININHO

MELADO

1) (s.m.) Sang (Raisin, raisiné)
2) (adj.) – V. BEBUM (2)

MELEQUINHA (adj. et s.) – V. BACANA (2)

MELGUEIRA (s.f.) – V. BARROADA, ES-
TOURO (2)

MELINDROSA (s.f.) – V. MENINA (4)

MELOSO (s.m.) – V. MELADO (1)

MENINA (s.f.)

1) V. DIAMBA
2) Clé (Carouble)
3) V. DENTROSA (1)
4) Ballon de football
5) V. GATA (1)

MENINO ENVOLTO (s.m.)

Couteau ou poignard dissimulé
dans un mouchoir ou un morceau
de papier

MENINO NEGRO (s.m.) – V. CRIOULO

MEOTA (s.f.) – V. MEIOTA

MEQUETREFE (s.m.)

1) V. JOÃO-NINGUÉM
2) V. FUÇADOR

MERCADORIA (s.f.)

Produit de contrebande, généralement de la drogue (Camelote)

MERCURE CROMIS (s.m.) – V. MELADO (1)

MERDA (s.f.)

1) (ESTAR NA MERDA) – V. ESTICA
(1)
2) CHEIO-DE-MERDA – V. CHEIO-DE-
FOBÓ

MERDUNCHO (s.m.) – V. JOÃO-NINGUÉM

MERGULHADOR (s.m.)

Voleur de voiture qui, ayant provo-
qué une panne, se présente provi-
dentiellement comme un mécanicien et propose de remorquer le
véhicule à son garage

MERGULHO (s.m.)

Escroquerie du MERGULHADOR

MESTRE (s.m.)

Chef de bande (Caïd, matador)

METAL (s.m.) – V. ARAME

METER (v.tr. et intr.) – V. COMER

METER-SE A BESTA

Faire l'idiot (Jouer au con)

METER A BOCA NO MUNDO (NO TROM-
BONE) – V. PÔR A BOCA NO MUNDO

METER A CARA

1) V. BAIXAR (1)
2) V. BAIXAR O PAU (EM)

METER A CARA NO MUNDO – V. AZULAR

METER A ESCOVA – V. POTOCAR

METER A FUÇA – V. FUÇAR

METER A LANÇA – V. LANÇA (3)

METER A LÍNGUA – V. ESCULHAMBAR

METER A MÃO – V. AFANAR, BATER (1)

METER A MÃO NA LATA – V. LATA

METER A MILONGA – V. MILONGA (2)

METER A RIPA – V. RIPA

METER A RONCA – V. RONCA

METER A TACA – V. TACA

METER BRASA – V. CUSPIR AMEIXA

METER FICHA

1) V. TACAR (5) (TACAR FICHA),
MANDAR (4) (MANDAR BRASA)
2) V. PASSAR

METER O ARCO – V. AZULAR

METER O BICO – V. BICO (4)

METER O (UM)FIO – V. BATER O FIO

METER O PAU (EM)

1) V. BAIXAR O PAU (EM)
2) V. ESCULHAMBAR (1, 2)

METER OS CINCO – V. AFANAR, BATER (1)

METER OS GADANHOS – V. AFANAR, BATER
(1)

METER OS PEITOS

Travailler avec ardeur à exécuter
un ouvrage (Bosser, boulonner,
bûcher, en foutre un coup, une secousse, marner, trimer, turbiner, se
casser le baigneur, le bonnet, le cul,
la tête, la tronche, se démancher)

METER PARA DENTRO – V. ENCANAR

METER UM BLÁ EM – V. BLÁ (2)

METER UMA FRIA EM (ALGUÉM)

Mettre en situation difficile – V.
APERTO (DAR UM APERTO), FRIA

METIDA (s.f.) – V. PICIRICO

METIDO A (adj.)

1) METIDO A ENGRAÇADO, VALENTE, etc. – Qui joue à … – V. DAR UMA DE…

2) METIDO A BESTA – Qui veut paraître plus qu'il n'est – V. FAROFEIRO

3) METIDO A SEBO – Pédant, vaniteux, qui veut paraître important

METRALHA (s.m.)

Gangster qui utilise des armes à feu

METRALHADORA (s.f.) – V. FELPUDA

METRANCA (s.f.) – V. BRASINHA

MEU (au vocatif)

Mon ami (Mon pote) – «Vamos devagar, ó meu» – V. CHAPA (1)

MEU-CONSÔLO (s.m.) – V. PINGA

MEXER OS PAUZINHOS

Mettre toute son énergie à la réussite d'une entreprise (Mettre le paquet)

MICHA

1) (s.f.) – V. DENTROSA (1)

2) (adj.) – V. MIXA

MICHADO (adj.) – V. LIMPO (1)

MICHAR

1) (v.tr.) Ouvrir des portes frauduleusement (Débrider, délourder)

2) Faire échouer – «O temporal michou o jogo»

3) (v.intr.) Perdre courage (Partir en brioche, se dégonfler)

4) Echouer, rater, se terminer (mal) – «Corta essa, senão o papo vai michar» – «Michou a entrevista, o assunto» – «O negócio michou» (Foirer)

MICHARIA (s.f.)

1) Chose de peu de valeur, insignifiante – V. MICHO (2)

2) V. DIAMBA

3) V. ARAME

MICHÉ (s.m.)

Prix demandé par la prostituée (Petit cadeau)

MICHEIRO (s.m.)

Voleur qui utilise de fausses clés (Caroubleur)

MICHELA (s.f.) – V. PUTA

MICHO (adj.)

1) V. LIMPO (1)

2) Sans valeur, insignifiant (A la noix, à la manque, qui ne vaut pas un pet de chien, de lapin) – V. BAGULHO (2)

3) Faux, falsifié (de bijoux, de billets) – V. FAJUTO (1)

MICHOSA (s.f.) – V. BOLA (1)

MICHURUCA (adj.) – V. MIXURUCA

MICHURUCAGEM (s.f.) – V. MIXURUCAGEM

MICHURUQUICE (s.f.) – V. MIXURUQUICE

MICO (adj. et s.m.)

1) Très jeune voleur (Pégriot) – V. PIVETE, PÉ-DE-CHINELO

2) V. DESTRIPAR O MICO

MIGUÉ (s.m.) – V. OTÁRIO (1)

MIGUELAR

1) (v.tr.) Menacer, faire peur à (Ficher (flanquer, foutre) la chiasse, la frousse, la pétoche, etc.) – V. CAGAÇO

2) (v.intr.) – V. ABOTICAR OS OLHOS

MIJÃO (adj.) – V. CAGÃO

MIJAR FORA DO CACO

Manquer à ses devoirs – V. MANCAR (2)

MIJAR OSSOS

Accoucher (Dépoter, pisser sa côtelette, pisser son os, pondre)

MIJOCA (s.f.)

Boisson de mauvaise qualité (Bibine)

MILHADO (adj.) – V. BEBUM (2)

MILHEIRO (s.m.)

Million (argent) (Brique, bâton)

MILHO (s.m.)
1) V. ARAME
2) V. MILHEIRO

MILICO (s.m.)
1) Soldat (Bidasse, griveton, trou-
bade, troufion)
2) V. TIRA (1)

MILITRIZ (s.f.) – V. PUTA

MILONGA (s.f.)
1) V. CONVERSA FIADA
2) V. METER A MILONGA, APLICAR A
MILONGA (1, 2)
3) V. REPICAR MILONGA
4) V. PASSAR A MILONGA

MILONGADO (adj.) – V. MANJADO (2) –
«Um dos mais milongados artistas
de nosso cinema»

MILONGAR (v.intr.)
1) Parler, dire (Jacter, rouler, bon-
nir)
2) V. BARATINAR (1)

MILONGUEIRO (adj. et s.) – V. FAROFEIRO

MILONGUICE (s.f.) – V. MILONGA (1)

MIMOSA (s.f.)
Chemise (Limace, limouse, liquet-
te)

MINA (s.f.)
1) V. RABO-DE-SAIA
2) V. BARBIANA (1, 2)
3) V. GATA (1)
4) V. PUTA

MINCHO (adj.) – V. MICHO

MINDUBA (s.f.) – V. PINGA

MINESTA (s.f.) – V. MINA

MINESTRA (s.f.) – V. MINA

MINGAU (s.m.)
1) V. PORRA
2) V. BARBIANA (2)

MINGOLAS (adj.) – V. PÃO-DURO

MINGOTE (s.m.) – V. BASEADO

MINHA – A MINHA (pr.possessif)
Mes intentions, mes habitudes –
«A minha não é brigar, é faturar
uma grana legal» – V. TUA (A TUA)

MINHEIRINHA (s.f.) – V. PINGA

MINHOCA (s.f.)
1) V. OTÁRIO (1, 2)
2) V. NERVO (1)
3) Indigène, par opposition à
l'étranger ou au touriste

MINHOCA FRESCA – V. OTÁRIO (1, 2)

MINHOCAR (v.intr.)
1) Faire de petits travaux supplé-
mentaires – V. BICO (1), BISCATEAR
2) Réfléchir avec une minutie excessive, retourner dans sa tête les
mêmes idées, se faire des idées
(Gamberger)

MÍNIMA (A MÍNIMA) – NÃO DAR, NÃO LI-
GAR A MÍNIMA
Ne pas attacher la moindre importance (S'en ficher, s'en foutre
comme de l'an quarante) – V. LIGAR
(2) (NÃO LIGAR) – Peut s'employer
aussi positivement (plus rarement) – V. LIGAR (3)

MINISTRO (s.m.) – V. MAGNATA (1, 2)

MINÓLIA (s.f.) – V. MINA

MINOTA (s.f.) – V. MINA

MIOLEIRA (s.f.) – V. BOLA (1)

MIOLEIRO (s.m.)
Voleur spécialisé dans la destruc-
tion des serrures

MIQUEADO (adj.) – V. LIMPO (1)

MIQUEAR (v.tr.)
Appauvrir, ruiner

MIQUELINO (adj.) – V. CAFONA (1)

MIQUITO (s.m.)
Urinoir (Pissotière)

MIRANTES (s.m.pl.) – V. HOLOFOTES (1)

MIRÃO (s.m.)
Espion, observateur

MIRONE (s.m.) – V. MIRÃO

MIRONGA (s.f.) – V. ENXAME (3)

MISCAR (v.intr. et pr.) – V. MUSCAR-SE

MISERÊ (s.m.)
1) V. PRONTIDÃO
2) V. ESTICA (1)

MISÉRIA(S) – FAZER MISÉRIA(S)
Accomplir des exploits incroyables – V. ABAFAR (1)

MISGO (adj.) – V. PÃO-DURO

MISSAL (s.m.)
Procès judiciaire – V. PEPINO (2), PIPOCA (3)

MISTURAR OS TRAPOS – V. AJUNTAR

MITRADO (adj.) – V. LINHA-DE-FRENTE (1)

MIXA (adj.) – V. MICHO (2)

MIXE (adj.) – V. MICHO (2)

MIXURUCA (adj.) – V. MICHO (2) – «Nunca vi filme tão mixuruca»

MIXURUCAGEM (s.f.) – V . MICHARIA (1)

MIXURUQUICE (s.f.) – V. MICHARIA (1)

MOAFA (s.f.) – V. PIFÃO

MOAMBA (s.f.) – V. MUAMBA

MOAMBEIRO (s.m.) – V. MUAMBEIRO

MOBÍLIA (s.f.)
Dentier

MOCA (s.m.) – V. NEGRINHO (1)

MOÇA (s.f.)
1) V. DIAMBA
2) V. PUTA

MOÇA-BRANCA (s.f.) – V. PINGA

MOCHILA (s.f.) – V. BAGOS

MOCINHO (s.m.) – V. COMISSA

MOCÓ (s.m.) – V. ENRUSTE (1)

MOCORONGO
1) (s.m.) – V. CAPIAU
2) V. BOLACHA (2)
3) (adj.) Paysan, grossier – «Tire já este terno mocorongo»

MOCOTÓ (s.m.)
Jambe (surtout au pluriel: bégonias, cannes, échasses, flûtes, fumerons, gambettes, gambilles, guibolles, poteaux)

MOCOZAR (v.tr.) – V. ENRUSTIR

MOCOZEAR (v.tr.) – V. MOCOZAR

MOFAR (v.intr.)
1) Attendre longuement, se morfondre (Croquer le marmot, se croutonner, faire le pied de grue, faire le poireau, mariner, moisir, poireauter)
2) Accomplir une longue peine de prison

MOFATRA (s.f.) – V. BANHO (1), BORLA

MOFO (s.m.)
1) Longue détention – «Já puxou um mofo» – V. TASCAR (6), CANA (1)
2) CRIAR MOFO – Vieillir (Avoir de la bouteille, dater, se décatir)

MOFUMBAR (v.tr.) – V. ENRUSTIR

MOFUMBO (s.m.) – V. ENRUSTE (1)

MOITA! (interj.) – V. BICO! (5)

MOITA – NA MOITA (loc.adv.)
Discrètement, en cachette, en sourdine (En douce)

MOITAR
1) (v.tr.) – V. ENRUSTIR
2) (v.intr.) Se tenir caché
3) Ne pas répondre – V. BICO (3) (FECHAR O BICO)

MOLDISTA (s.m.) – V. MICHEIRO

MOLE
1) (adj. et adv.) Facile – V. CANJA et l'antonyme ABACAXI (1) – «Cantou sem música, o que não é mole» – «Aí foi mole» – «Passou mole no exame»
2) NO MOLE (loc.adv.) – Sans difficulté, facilement – V. GAGOSA (DE GAGOSA)
3) V. LÍNGUA MOLE

MOLEJO (s.m.)
Mouvement des hanches de la femme – «Tava mexendo o molejo na praia»

MOLEZA (s.f.)
1) V. CANJA et les antonymes ABACAXI (1), DUREZA – «Era uma moleza afanar o palacete» – P.M.
2) DAR MOLEZA (surtout à la forme négative) – «A justa não deu moleza» – Ne pas relâcher sa sévérité

3) V. BARBIANA (2)

4) V. VIDÃO – «Saiu da moleza para entrar na bandidagem»

MOLHADO (adj.) – V. BEBUM (2)

MOLHAR A GOELA – V. CHUPAR

MOLHAR A MÃO – V. ENGRAXAR

MOLHAR O BISCOITO – V. TREPAR

MOLHAR O PEITO

  1) V. CHUPAR

  2) V. ÓLEO (2) (PÔR ÓLEO)

MOLHO (s.m.)

  1) Três forte pluie (Rincée, saucée, vase)

  2) Animation, piment – «Festa sem samba não tem molho»

  3) ESTAR DE MOLHO – V. ENSANGUENTADO, ENCANAR à la forme passive

  4) Situation – «Como é que tá o molho?»

MONA (s.f.) – V. PIFÃO

MONI (s.m.) – V. ARAME

MONTADO (adj.) – V. COBERTO (1, 2)

MONTADO NA ERVA (NA GAITA, NA GRANA…) – V. ABONADO

MONTRA (s.f.) – V. CANA (1)

MORAR

  1) (v.intr.) Comprendre (Entraver, piger) – MORAR NA JOGADA (NO ASSUNTO) Comprendre de quoi il s'agit (Entraver la coupure)

  2) MORAR NESSA – V. MORAR NA JOGADA

MORDEDOR (adj. et s.) – V. FACADISTA

MORDER (v.tr.) – V. FACADA (DAR UMA FACADA)

MORDIDA (s.f.) – V. FACADA (DAR UMA FACADA) – DAR UMA MORDIDA

MORDIDO (adj.)

  1) V. BEBUM (2)

  2) Atteint d'une maladie vénérienne

MORDOMA (s.f.) – V. CAFETINA

MORENA (s.f.)

  Coffre-fort (Coffio, diable, jacque, jacquot)

MORFAR (v.tr.)

  1) V. BOIAR (1)

  2) V. AFANAR

  3) V. ATRACAR

  4) Abattre, tuer, assassiner (Bousiller, buter, carboniser, crever, dégommer, dégringoler, descendre, démolir, dessouder, dézinguer, ébouser, effacer, estourbir, escagasser, étendre, faire la peau, flinguer, mettre en l'air, nettoyer, ratatiner, rectifier, refroidir, repasser, zigouiller)

MORFI (s.f.)

  Morphine (Morph)

MORFILAR (v.tr.) – V. MORFAR (1)

MORGAR (v.intr.)

  1) Dormir sous l'effet de la boisson – «Morgou em cima da mesa do boteco» – V. APAGAR (2)

  2) V. BOIAR (1)

MORINGA (s.f.)

  1) V. BOLA (1)

  2) MORINGA FRESCA – V. BIRUTA

  3) MORINGA QUENTE – V. BIRUTA

MORINGÃO (adj.) – V. BIRUTA

MORINGUEIRA (adj.) – V. BIRUTA

MORINGUETA (adj.) – V. BIRUTA

MORINGUICE (s.f.) – V. PORRALOUQUICE

MORMO (s.m.) – V. BOLACHA (2)

MORMOSA (s.f.) – V. MORMO

MOROCHA (s.f.)

  Mulâtresse – V. LUSCO-FUSCO

MORRÃO (s.m.)

  1) V. PINGA

  2) Grande cigarette de marihuana (le double d'un «BASEADO») – V. FININHO

MORRENDO GENTE (Employé adjective-ment avec valeur superlative) – V. BACANA (2), MORRER (2)

MORRER (v. intr.)
1) Payer une dette
2) LINDO DE MORRER – Extrême-ment beau – V. BACANA (2)

MORRINHA (adj. et s.)
1) V. PÃO-DURO
2) V. CHATO (1, 2)

MORRUDO (adj.) – V. DOBRADO (1)

MORTE (s. f.) dans l'expression: SER DE MORTE –
Etre difficile à supporter, dé-concertant – «Esse cara é de morte!» (Ce type est impossible) – «Essa é de morte!»

MORTEIRO (s. m.) – V. BOLACHA (2)

MORUNGA (s. f.)
1) V. DIAMBA
2) V. CARAMINGUÁS

MOSCA (s. f.) – V. COMER MOSCA, PAPAR MOSCA

MOSCA BRANCA (s. f.)
Chose très difficile à voir, à obtenir

MOSCO (s. m.) – V. ESCRUNCHO

MOSQUEIRO (s. m.) – V. FREGE-MOSCAS

MOSQUETÃO (s. m.) – V. BOLACHA (1, 2)

MOSQUITO (s. m.)
Difficulté, problème – «Viu que ia ter mosquito» – et surtout dans l'expression «NÃO TEM MOSQUITO» (Y a pas de problème) – V. ABACAXI (2) et l'antonyme CANJA

MOSTARDA (s. f.) – V. BOLACHA (1, 2)

MOSTEIRO (s. m.) – V. CANA (1)

MOTOCA (s. f.)
1) Motocyclette (Moto)
2) V. GATA (1)

MOTOQUEIRO (s. m)
Motocycliste (Motard)

MOTOROLA (s. m.)
Chauffeur de taxi

MUAMBA (s. f.)
1) V. BAGULHO (1)
2) Objets de contrebande

MUAMBEIRO (s. m)
1) Contrebandier
2) V. DRAGÃO

MUCUDO (adj.)
Musclé (Aux gros bras, qui roule les biscottes, les mécaniques) – V. DOBRADO (1), MUQUE

MUCUFA (s. m.) – V. CAGÃO

MUCUFO (s. m.)
1) V. CAGÃO
2) V. CAPIAU

MUCURANA (s.) – V. MUQUIRANA (2)

MUDAR DE ARMA
Changer d'activité illicite

MUDO (s. m.) – V. CRIOULO

MUITA MÃO DE OBRA – V. PANCADÃO

MULA MANCA – V. PUTA

MULATA (s. f.)
Bière brune – V. LOIRINHA

MULATINHA (s. f.) – V. DIAMBA

MULHA (s. f.) – V. RABO-DE-SAIA

MULHER-À-TOA (s. f.) – V. PUTA

MULHER DA COMÉDIA – V. PUTA

MULHER DA RÓTULA – V. PUTA

MULHER DA RUA – V. PUTA

MULHER DA VIDA – V. PUTA

MULHER DE MÁ NOTA – V. PUTA

MULHER DE PORTAS ABERTAS – V. PUTA

MULHER DE VIRAÇÃO – V. PUTA

MULHER DO FADO – V. PUTA

MULHER DO FANDANGO – V. PUTA

MULHER DO MUNDO – V. PUTA

MULHER DO PALA ABERTO – V. PUTA

MULHERIO (s. m.) – V. GADO

MUMUNHA (s. f.)
1) V. FOFOCA
2) V. FRESCURA (1, 2) – «Não vou fazer mumunha, o que eu tiver pra dizer eu vou dizer» P.M.

MUNDARÉU (s. m.)
Monde – «Um dos mocós mais escrotos do mundaréu» P.M.

MUNDO (s.m.) – DO OUTRO MUNDO
Excellent, extraordinaire – «Uma mulata do outro mundo» – V. BA-CANA (2)

MUNHECA
1) (s.f.) – V. QUEBRAR A MUNHECA
2) (adj. et s.) – V. PÃO-DURO

MUNHECA-DE-SAMAMBAIA (s.) – V. PÃO-DURO

MUNHECAR (v.tr.) – V. ABOTOAR (1)

MUQUE (s.m.)
1) Muscle, biceps, poigne (Biscottos, huile de coude, mécaniques, pl.) – V. MUCUDO
2) A MUQUE (loc.adv.) – A la force du poignet (En y mettant de l'huile de coude)

MUQUETE (s.m.) – V. BUQUETE

MUQUIFO (s.m.) – V. AÇOUGUE

MUQUIRA (adj.) – V. PÃO-DURO

MUQUIRANA (s.)
1) V. PÃO-DURO
2) V. HABITANTE
3) Celui qui conduit une voiture avec mollesse

MURCHAR AS ORELHAS – V. BICO (3) (FECHAR O BICO)

MURIXABA (s.f.)
1) ARRANJO (1)
2) V. PUTA

MURRINHA (s.m.) – V. CHATO (1)

MURRUGUDO (s.m.) – V. MANGA ROSA

MURUNDU (s.m.) – V. COROA

MURUXABA (s.f.) – V. MURIXABA

MUSCAR-SE (v.pr.)
1) S'évader (S'arracher, se faire la belle, la cavale, s'esbigner, se faire la paire, jouer la fille de l'air)
2) V. AZULAR
3) V. GUARITAR-SE

MUSEU (s.m.)
1) V. COROA
2) V. CAFONA (1), FORA (1) (ESTAR POR FORA)

MÚSICA (s.f.)
Portefeuille garni d'argent (Matelas) – V. CORINGA

MUTUCA (s.f.)
Petite quantité de marihuana pilée en boulettes

MUTUCÃO (s.m.) – V. PACAU (1)

MUXAXA (s.f.) – V. GATA (1)

MUXIBA
1) (adj. et s.) – V. PÃO-DURO
2) (s.f.) – V. CORUJA (1)

MUXIBENTO (adj.) – V. MUXIBA (1)

MUXURUNDAR (v.tr.) – V. BAIXAR O PAU (EM)

NA BAMBURRA (loc. adv.)
Au hasard, à l'aveuglette
NA BASE DE... (loc. adv.) – V. BASE
NA BATATA (loc. adv.) – V. BATATA (NA BATATA)
NA BOCA PARA... (loc. adv.) – V. BOCA (2)
NA BUCHA (loc. adv.) – V. ESTALO (NO ESTALO)
NA CRISTA DA ONDA (DA MAROLA) – V. CRISTA (2)
NA EXATA (loc. adv.)
Très exactement, rigoureusement –
«Pagou a conta na exata»
NA MACIOTA (loc. adv.) – V. MACIOTA
NA MÃO GRANDE (loc. adv.) – V. MÃO GRANDE (2)
NA MARRA (loc. adv.) – V. MARRA
NA MOITA (loc. adv.) – V. MOITA (NA MOITA)
NA MORISQUETA (loc. adv.) – V. ESTALO (NO ESTALO)
NA ONDA – V. ONDA (2, 7)
NA PIOR (loc. adv.) – V. PIOR
NA RAÇA (loc. adv.) – V. RAÇA (2)
NA SUA (loc. adv.) – V. ESTAR NA SUA
NA TORA (loc. adv.) – V. NA MARRA
NA ZULA (loc. adv.) – V. ESTALO (NO ESTALO)
NABO (s. m.) – V. NERVO (1)
NACA (s. f.) – V. CANA
NADA (adv.) – NÃO SER DE NADA
1) Etre incapable, incompétent, bon à rien – V. BOLHA-D'ÁGUA
2) V. BROXEAR

NADA FEITO! (loc. adv.)
Pas question!
NADANTES (adv.) – V. NECA
NAIFA (s. f.) – V. AÇO (1)
NAIFADA (s. f.) – V. FACONAÇO, RABO-DE-GALO (1)
NAIFAR (v. tr.)
1) V. AFANAR
2) V. MORFAR (4)
NAMBA (s. f.) – V. DIAMBA
NÃO ESTAR NEM AÍ – V. DESLIGAR (1)
NAPA (s. f.) – V. FORNALHA
NAPO (s. m.)
Veilleur de nuit
NARCISO (s. m.)
1) Voleur qui opère tout seul
2) V. PÉ-DE-CHINELO
3) V. BICHA (1)
NARCOTIZADOR (s. m.)
Voleur qui endort ses victimes avec des narcotiques – V. BALÃO (2)
NARIZ (s. m.) – V. CARA (s. m.)
NAVALHA (s. m.) – V. BARBEIRO
NECA (adv.)
1) Rien du tout (Ballejan, balmuche, baltringue, des bigorneaux, des clopinettes, des clous, des colombins, des copeaux, des dattes, des nèfles, du flan, du vent, lape, la peau, la tringle, macache, nib, nib de nib, niente, nix, peau de balle, peau de balle et balai de crin, peau de balle et variété, peau de zébi, que dalle, que fifre, que lape, que couic, que pouic, que t'chi) – «Tudo

pra mim e neca pra você» – «Não tou vendo neca»

2) Non (négation) – «Viu o filme?» – «Neca»

NEGAÇÃO (s. f.)
Homme nul, nullité (Un hotu, un nullard, une croix, une niente)

NEGATIVA (s. f.)
Cocaïne falsifiée, qui ne produit pas d'effet

NEGATIVO (adj.)
Formule de refus (Bernique! macache! des clous! des nèfles! la peau! mon œil! que dalle!) – V. NECA et l'antonyme POSITIVO

NEGO
1) (s. m.) – V. CARA (s. m.)
2) Toxicomane habile et rusé
3) (s. m. et f.) Celui, celle qui est aimé(e), chéri(e) (précédé du possessif) NEGA – «Vem cá, minha nega» – V. BEM (2)
On dit aussi «NEGO BOM, NEGO MACHO» – V. CHAPA (1)

NEGO DE ADIANTO (s. m.)
1) V. NEGO (2)
2) V. BISCA

NEGÓCIO (s. m.)
1) Problème, question – «Qual é o teu negócio?» – V. GRILO (4)
2) Chose, objet – V. JOÇA (1), TROÇO (1)
3) Employé comme superlatif (précédé de l'article «um») – «A menina é um negócio!» – V. COISA (2)

NEGÓCIO DA COSTA DA MINA
Affaire exceptionnelle, d'un très bon rapport – V. GALINHA-MORTA (2)

NEGRA (s. f.)
1) Nuit (Borgnon, borgne, noïe, noire, neuille, sorgue)
2) V. MORENA

NEGRINHO (s. m.)
1) Café (Caoua, jus, noir)
2) V. CRIOULO
3) NEGRINHO DE BORRACHA – V. SALSICHA (1)

NEGRO (s. m.) – V. NEGO (1, 3)

NEM QUE A VACA TUSSA
En aucune façon – «Não saio hoje, nem que a vaca tussa»

NENÉ, NENEM (ESTAR A NENEM, FICAR A NENEM) – V. LIMPO (1), PINDAÍBA

NENECA (s. f.) – V. PUTA

NENHUM – ESTAR, FICAR A NENHUM – V. LIMPO (1), PINDAÍBA

NEQUIMBAR (v. tr.) – V. AFANAR

NEREIDAS (adv.) – NÃO ENTENDER NEREIDAS – V. BULHUFAS (1)

NERES (pr. ind.) – V. NECA

NERES DE NERES (loc. adv.) – V. NECA

NERES DE PETIBIRIBA (loc. adv.) – V. NECA

NERIS – V. NERES, NECA

NERUSCA (adv.) – V. NECA

NERUSCA DE PETIBIRIBA (loc. adv.) – V. NECA

NERVO (s. m.)
1) Membre viril, verge (Affaires personnelles, arbalète, baïonnette, balayette, balayette infernale, biniou, biroute, bitte, borgne à roulettes, bout, braquemard, chibre, chinois, colonne, dard, dardillon, défonceuse, gaule, goupillon, guiseau, macaroni, noeud, os à moëlle, outil, panais, panoplie, petit frère, pine, pistolet, poireau, queue, quéquette, quiquette, sabre, tringle, zob, zobi)
2) V. ARAME

NERVOSA (s. f.)
Nervosisme, état nerveux

NESSA (pr. dém.) – V. ESSA

NESSA ALTURA DO CAMPEONATO
A ce moment-là

NHACA (s.f.) – V. CAFINFA (1)

NICA (s.f.) – V. BAGULHO (2)

NICAR (v.intr.) – V. TREPAR, COMER

NICLES (adv.) – V. NECA

NIM (adv.) – V. NECA

NINHO (s.m.) – V. MATADOURO

NÍQUEL (s.m.) – V. ARAME, CARAMIN-
GUÁ(S), NECA

NÍQUEIS (adv.) – V. NECA – «Não entender níqueis» – V. BULHUFAS (1)

NIQUIBUS (adv.) – V. NECA

NO DURO (loc.adv.) – V. DURO

NO MOLE (loc.adv.) – V. MOLE (2)

NOBRE (adj. et s.)

Voleur qui ne tue jamais – V. l'antonyme DROMEDÁRIO

NOÉ (adj.) – V. BEBUM (2)

NOJENTO (adj. et s.) – V. FEDORENTO

NONA (s.f.) – V. VELHA

NONO (s.m.)

Vieux mari – V. COROA, EDITOR
RESPONSÁVEL

NORAR (v.intr.)

Ignorer (N'être pas affranchi, pas
dans le coup, pas au parfum) – V.
FORA (1) (ESTAR POR FORA)

NOSSA! (interj.)

Exclamation d'étonnement, d'admiration ou de peur

NOTA (s.f.)

1) V. ARAME

2) Valeur intensive: une grande
somme d'argent – «Cobrou uma
nota» (uma nota alta, comprida,
daquelas, firme, graúda, violenta,
viva…) – V. BOLADA

NOTA FALSA (adj. et s.)

Hypocrite – V. CROCODILO (1),
AMIGO DA ONÇA

NOTÃO (s.m.) – V. NOTA (2)

NOVIDADE (s.f.) – V. BRANCA-DE-NEVE

NUVEM (s.f.)

1) V. CRIVO (1)

2) Danger (Deuil, pet, pétard)

NUZÃO, NUZINHO (adj.) – V. PELADO

O

OBRAR (v. intr.) – V. DAR DE CORPO

ÔCO DA GRUTA (s. m.) – V. CANA (1)

ÔCO DA PEROBA (s. m.) – V. CANA (1)

ÔCO DO MUNDO (s. m.) – V. CAIR NO ÔCO DO MUNDO

OCUPADA (adj.) – V. EMPURRAR O VAGÃO

OI!

Interjection servant à saluer, interpeller – «Oi, tudo bom?»

ÓLEO (s. m.)

1) V. PINGA

2) PÔR ÓLEO – S'enivrer (Se paffer, se piquer le nez, prendre, ramasser une beurrée, une biture, une cocarde, une cuite, une muflée, se biturer, se charger, se cuiter, se noircir, se pocharder, prendre un coup dans l'aile, dans le pif) – V. CHUPAR

3) V. TROCAR ÓLEO

OLHAR CONTRA O GOVERNO

Loucher (Avoir les mirettes en aiguillage, avoir les yeux qui se croisent les jambes, bigler en biais, boiter des calots)

OLHEIRO (s. m.)

1) Celui qui observe un lieu à cambrioler – V. CAMPANA (1)

2) Celui qui informe de l'arrivée de la police

OLHO (s. m.)

1) ESTAR DE OLHO – V. CAMPANAR (1, 2)

2) DO OLHO – Très bon – «Ele cuidou de mim, é do olho» – V. BACANA (2)

OLHO DE VIDRO (s. m.)

Policier débutant, ingénu, qui ignore tout des habitudes des malfaiteurs

OLHO LASCADO (s. m.)

1) Japonais (Jap)

2) Chinois (Chinetoque)

ONÇA (s. f.)

1) V. BAMBA (2)

2) V. BOFE (1)

3) V. BLECAUTE

4) ESTAR NA ONÇA – V. PRONTIDÃO, LIMPO (1)

5) V. ARARA (3)

ONDA (s. f.)

1) Bruit mensonger, boniment (Baratin, bobard, courant d'air) – «Essa onda de disco-voador não pega» – V. CONVERSA FIADA, FOFOCA – ONDA CARECA – V. PAPO CARECA

2) IR NA ONDA – Se laisser entraîner par les autres, ou se laisser abuser par ingénuité ou bonne foi (Se faire embobiner, se faire monter le coup, marcher)

3) FAZER ONDA – Provoquer de l'agitation, troubler par goût ou par intérêt (Faire du barouf, du boucan, du chabanais, du chambard, du foin, du pétard, du potin, du raffut, du ramdam) – V. BAGUNÇAR

4) V. TIRAR (UMA) ONDA DE (BACANA, RICO...) – «Tiraram uma onda de detetives» – V. DAR UMA DE...

5) Action de l'alcool ou d'un stupéfiant – «Ficou em cana até curtir a onda» – «Está na onda» – V. BARATO (2), VIAGEM

6) TIRAR (UMA) ONDA – V. PUXAR (5) (PUXAR FUMO) – SER DA ONDA DO FUMO – V. POLÍTICA (SER DA POLÍTICA)

7) NA CRISTA DA ONDA, NA ONDA – V. CRISTA (2), PRAFRENTE

8) V. POR CIMA DA ONDA

9) UMA ONDA DIFERENTE – Une nouveauté

ONDANTES (s.m.pl.) – V. LISANTES

ONDEIRO (adj. et s.) – V. FOFOQUEIRO

OPA (s.f.) – V. BILONTRAGEM (1)

OPERAR (v.tr.) – V. AFANAR

ÓPIO DE POBRE – V. DIAMBA

OQUEI (adv.) O.K. – «Tá tudo oquei» – V. LEGAL (4) (ESTÁ LEGAL), POSITIVO (2)

ORDEM – EM ORDEM – V. BARATINADO

ORELHUDO (adj. et s.) – V. ZEBRA (1)

OSSADA (s.f.) – V. DAR A OSSADA

OSSO

1) (adj.) – V. BAMBA (1, 2)

2) (s.m.) Emploi (boulot, flambeau, flanche, gâche, job, truc, turbin) – V. BATENTE

3) Malade pauvre qui ne paie pas la consultation

4) Femme qui donne de l'argent à son amant – V. BARBIANA (2)

5) (au plur.) – V. GADANHO (2)

6) ESTAR NO OSSO – Se dit d'une voiture qui a les pneus à plat

OSTRA (s.f.)

1) Crachat (Glaviot, huître, molard)

2) V. CHATO (1)

OTA (s.m.) – V. OTÁRIO

OTÁRIA (s.f.) – V. BARBIANA (2)

OTÁRIO (s.m.)

1) Homme ingénu, crédule, qui se laisse facilement duper (Andouille, ballot, beau, bénibouftout, bouille, bonnard, branque (s.m.), branquignol, cave (s.m.), conard, corniaud, duconneau, fleur de nave, gland, godiche, godichon, gogo, jobard, moule, nature, nave (s.m.), nouille, pante (s.m.), pomme, pomme à l'eau, tordu, tourte)

2) V. BIRUTA

OTAVIANO (adj. et s.) – V. OTÁRIO (1)

OURIÇADÃO (adj.)

Excitant – «Um filme ouriçadão»

OURIÇADO (adj. et s.)

1) V. AFINADO

2) Toxicomane agité, impatient de se droguer – V. A FIM (1) (A FIM DAS COISAS)

OURIÇAR

1) (v.tr.) Irriter (Mettre en boule, en pétard, en rogne, en suif) – V. INVOCAR

2) V. BAGUNÇAR (2) – «Vamos ouriçar o embalo»

3) OURIÇAR COM ALGUÉM – V. OURIÇAR (1)

4) (v.pr.) S'animer, s'agiter

OURIÇO (s.m.)

1) V. OURIÇADO (1, 2)

2) V. GRILO (4)

3) Grande animation, agitation, excitation

4) PARIR OURIÇO – Se ronger les ongles des pieds

OUTRA – NÃO DEU OUTRA (COISA)

C'est ce qui s'est justement produit

OVA! – UMA OVA!

1) Interjection qui exprime le refus, l'incrédulité (Bernique! Macache! Chez qui? Des clous! des dattes! des nèfles! Et mon oeil! Et ta soeur?)

2) V. NECA

OVOS (s.m.pl.) – V. BAGOS (2)

P

PÁ (s.f.) – UMA PÁ DE
Une grande quantité de – «Deu uma pá de concertos» – «Havia uma pá de gente» – V. PORRADA (3)

PA (s.f.)
Abréviation de PATOTA – «A pa foi à praia hoje»

PÁ DOS HOME
Groupe d'agents effectuant une descente de police – V. HOME (1)

PÁ LEGAL (adj.)
Excellent – «O papo está mesmo pá legal» – V. BACANA (2)

PABOLA (adj.)
1) V. FAROFEIRO
2) V. GAZETEIRO (2)

PABOLAGEM (s.f.) – V. FRESCURA (1, 2)

PACA (adj. et s.m.)
1) V. OTÁRIO (1)
2) V. BICHA (1)
3) V. CALOTEIRO

PACA, PACAS (adv.)
Employé adverbialement, pour ex-primer une intensité, une grande quantité – «É meu amigo paca» – «É feia pacas» – «Ele pesa pacas» – «Gostei pacas» – V. BESSA (À BESSA), CARALHO (2) (PRA CARALHO)

PACALHO – V. VIRAR (6) VIRAR PACALHO

PACAU (s.m.)
1) Petit paquet de marihuana, fait avec du papier journal, servant à rouler cinq ou six cigarettes
2) PACAU DÓLAR – Le double du «PACAU» simple

3) PACAU DE QUINA – Le quintuple du «PACAU» simple
4) BATER O PACAU – V. BATER AS BO-TAS

PACO (s.m.)
1) Liasse faite de papier sans va-leur comportant des billets vérita-bles seulement aux extrémités, et destinée à appâter un ingénu – V. CONTO DO VIGÁRIO, CAMBIAZO
2) V. PACAU (1)

PACOTE (s.m.)
1) IR NO PACOTE – V. ONDA (2) (IR NA ONDA)
2) S'emploie aussi au pluriel – «Ele ganhou os pacotes» – V. BO-LADA

PADARIA (s.f.) – V. BUNDA (1), HOLOFO-TES (2)

PADRECO (s.m.) – V. CRUZ-CREDO

PAGANINI (s.m.)
Celui qui paie les consommations

PAGÃO (s.m.) – V. PAGANINI

PAGAR E NÃO BUFAR
Payer sans discuter

PAGAR O PAU
Se soumettre à une extorsion d'ar-gent pour ne pas être inquiété – V. GEMER

PAGINADOR (s.m.)
Amant (Jules, coquin, matou, matz, mec)

PAGODE
1) (s.m.) – V. GOZAÇÃO – FAZER PA-GODE COM (ALGUÉM) – V. GOZAR (1)

2) V. BILONTRAGEM (1)

3) DE PAGODE (loc.adv.) – V. BESSA
(À BESSA)

PAI (s.m.) – V. DRAGÃO

PAI-D'ÉGUA (s. et adj.)
Se dit d'une chose grande, volumi-
neuse, qui fait peur

PAI-DOS-BURROS (s.m.)
Dictionnaire (Dical, dico)

PAI-MANÉ (s.m.) – V. OTÁRIO (1)

PAIOL (s.m.)
Dépôt, cachette de stupéfiants
(Trappe) – V. ENRUSTE (1)

PAIOLEIRO (s.m.)
Celui qui stocke la marihuana

PAIXA (s.f.)
Passion

PALA
1) (s.f.) Avis, avertissement, renseignement – DAR A PALA – V. DICA
(1), DAR A DICA

2) DAR PALA – Montrer, faire voir –
«O otário deu pala de guita»

3) (s.m.) ABRIR O PALA – V. AZULAR

PALANQUE (DE PALANQUE) (loc.adv.)
Sans risque (Sans pépin, peinarde-
ment, tranquille)

PALETA (s.f.) – V. JIBÓIA

PALETÓ (s.m.)
1) V. CARA (s.m.)

2) PALETÓ DE MADEIRA (PINHO) – V.
CASACA DE PAU

3) ABOTOAR O PALETÓ – FECHAR O
PALETÓ

PALHA (s.f.)
1) V. CONVERSA FIADA, POTOCA

2) DE PALHA (loc.adv.) – V. ARAQUE
(DE ARAQUE)

3) TIRAR, PUXAR UMA PALHA, PEGAR
A PALHA – Faire une petite sieste
(Piquer un roupillon)

4) V. PANO DA MENINA

5) V. CAPIM (2)

PALHAÇO (s.m.) – V. OTÁRIO (1)

PALHEIRO (adj.) – V. GAZETEIRO (1, 2)

PALITO (s.m.)
1) V. FININHO

2) V. TAQUARIÇO

PALMEADOR (s.m.) – V. AFANADOR

PALMEAR (v.tr.)
1) V. AFANAR

2) Soustraire la marihuana à l'attention des agents

PALPITE (s.m.)
1) Renseignement confidentiel
(Tuyau) – V. DICA (1)

2) Opinion de quelqu'un qui n'est
pas au courant de la question

PALRANTE (s.m.) – V. ADVOGA

PALUMBETA (s.f.) – V. LANÇA (1)

PAMPAS (ÀS PAMPAS) (loc.adv.)
En grande quantité – «Ficou vermelho às pampas» – «Temos pinga
às pampas» – V. BESSA (À BESSA)

PAMPARRAS (ÀS PAMPARRAS) (loc.adv.) –
V. ÀS PAMPAS

PAMPEIRO (s.m.) – V. BAFAFÁ

PANACA (adj. et s.)
1) V. OTÁRIO (1)

2) V. BOLHA D'ÁGUA

PANARO (s.m.) – V. BUNDA (1)

PANCA (s.f.)
1) DAR PANCAS – Briller, se distin-
guer – V. ABAFAR (1)

2) ESTAR DE PANCAS – Etre disposé
à se battre (Chercher la bagarre,
chercher des crosses, être en pétard) – V. ARENGUEIRO

3) Air, allure – «Se tivesse panca
de granfa»; DAR PANCA DE (PLAYBOY,
GRANFA...) – V. DAR UMA DE...

PANCADA
1) (adj. et s.m.) – V. BIRUTA

2) (s.f.) TER PANCADA NA MOLA – V.
MACAQUINHOS (TER MACAQUINHOS
NO SÓTÃO)

PANCADÃO (s.m.)
Femme bien faite et attrayante

(Bandante, bien bousculée, bien roulée, gironde, un beau chassis, un beau morceau, un sujet) – V. CHUCHU (1), PEIXÃO

PANCADEIRO (adj.) – V. ARENGUEIRO

PANELA (s.f.)
1) V. BUNDA (1), HOLOFOTES (2)
2) V. PANELEIRO

PANELEIRO (s.m.)
Celui qui pratique le surf comme un débutant, tout en étant persuadé qu'il y est habile

PANELINHA (s.f.)
Groupe de personnes (politiciens, hommes de lettres) qui se font des éloges réciproques et dont les intentions ne sont jamais très pures – V. BATOTA (6)

PANETE (s.m.) – V. PINGA

PANGO (s.m.) – V. DIAMBA

PANO (s.m.)
1) V. DUANA – «Vestia um tremendo pano»
2) V. JUNTAR OS PANOS

PANO DA MENINA (s.m.)
Papier pour rouler une cigarette de marijuana – V. SEDA (1)

PANO DO TURCO (s.m.) – V. BRIM DO TURCO

PANTÚRRIO (s.m.) – V. BUCHO (3)

PÃO (s.m.)
Se dit surtout d'un homme beau, élégant, qui provoque la sympathie (Sympa) – V. BACANA (2), BARBIANO

PÃO-DE-LÓ (s.m.) – V. BROTINHO

PÃO-DURISMO (s.m.)
Avarice

PÃO-DURO (s.m.)
Avare, pingre (Chien, fesse-mathieu, grigou, grippe-sou, pignouf, radin, rat, rapiat, constipé du crapaud, du morlingue, dur à la détente, malade du pouce)

PAPA
1) (s.m.) – V. COMISSA
2) (s.m.) Juge (Endormi, guignol) – V. CURIOSO
3) (s.f.) – V. BÓIA
4) (s.f.) – V. CONVERSA FIADA – «Não entrou na minha papa»

PAPA-DEFUNTO (s.m.)
Employé des pompes funèbres (Croque-mort)

PAPAGAIADA (s.f.) – V. FAROFA (1, 2), PRESEPADA

PAPAGAIO
1) (s.m.) Poste de radio
2) V. CRIOULO
3) Bon, billet qui permet d'obtenir une avance
4) Billet, petite lettre
5) Traite, lettre de change
6) PAPAGAIO ENFEITADO – Voyou sans envergure qui se donne de l'importance – V. JOÃO-NINGUÉM, PÉ-DE-CHINELO (2)
7) Permis de conduire provisoire
8) Interjection exprimant l'étonnement, l'admiration – «Papagaio!» (Ben, mon colon!)

PAPA-GENTE (s.m.)
1) Agent de police qui enregistre les dépositions
2) Fantôme, revenant

PAPAI – O PAPAI (s.m.)
Désignation qu'un individu fait de lui-même à la troisième personne et qui démontre compétence ou supériorité (Souvent suivi de «aqui») – «O papai aqui nunca foi da moleza» – «Isso é com o papai» – V. DEGAS (O DEGAS)

PAPAR (v.tr.)
1) V. ABISCOITAR (1)
2) V. BOIAR (1)
3) V. COMER

4) Dépasser une voiture à toute vitesse

5) PAPAR MOSCA – V. COMER MOSCA

PAPA-TERRA (s.m.) – V. NERVO (1)

PAPARICAÇÃO (s.f.) – V. ENGROSSAMENTO

PAPARICAR (v.tr.) – V. ENGROSSAR (1)

PAPATA (s.f.) – V. MAMATA (1, 2)

PAPEAR (v.intr.) – V. BATER UM PAPO

PAPEL MOFADO (s.m.) – V. PAPEL QUEI-MADO

PAPEL PINTADO (s.m.)

Action, titre dans une société

PAPEL QUEIMADO (s.m.)

Homme marié – V. AMARRADO (3)

PAPELÃO (s.m.)

Conduite ridicule ou honteuse (Bide, s.m.)

PAPELEIRA (s.f.) – V. MÚSICA

PAPELOTE (s.m.) – V. PANO DA MENINA

PAPISMO (s.m.) – V. BATE-PAPO

PAPO (s.m.)

1) Conversation à bâtons rompus – «Gostaria de ter um papo com ele» – V. BATE-PAPO, BATER UM PAPO

– ABRIR PAPO – Dialoguer, transiger – «Sem a gaita, ele não abre papo»

– CORTAR O PAPO – Détourner la conversation

– DAR PAPO – «Ele só dá papo comigo» – V. BATER UM PAPO

– ENGRENAR UM PAPO – Se mettre à dialoguer

– ENROLAR UM PAPO – V. BARATI-NAR (1)

– ESTAR A PAPO – Avoir envie de parler

– ENTREGAR O PAPO – Parler franchement (Y aller carrément, franco)

– V. FIM (DE PAPO)

– V. FURAR (2) (FURAR O PAPO)

– IR AO PAPO – Se mettre à parler

– LEVAR (UM) PAPO – V. BATER PAPO

– LEVAR NO PAPO – V. BARATINAR (1)

– RACHAR O PAPO – V. BICO (3) (ABRIR O BICO)

– RONCAR PAPO – V. ARROTAR

2) PAPO FIRME, PAPO LEGAL, GRANDE PAPO

a) Bonne conversation, franche et loyale

b) Bon causeur, qui sait exposer ses idées, vivre en société, tenir parole – «O amigo aqui é um bom papo»

3) PAPO CARECA, PAPO FURADO, PAPO DE QUIABO

a) V. CONVERSA FIADA (1)

b) Celui qui fait des boniments – V. FAROFEIRO

4) ESTAR NO PAPO – Etre acquis, gagné – «Está no papo» (C'est du tout cuit) – «A moça está no papo» – «Este emprego está no papo»

5) Affaire, question – «Assim o papo é outro» – V. BABADO (1), PLÁ (3)

6) V. CAIXA-DE-COMIDA

7) V. ENCHER O PAPO

8) PASSAR PRO PAPO – V. COMER

DE PAPOCO (loc.adj.)

Excellent, de premier ordre – «Deu uma aula de papoco»

PAPUDO (adj.)

1) V. BAMBA (2), FAROFEIRO

2) V. PAPO (2) (PAPO FIRME, LEGAL)

PAQUEIRA (s.f.) – V. PAQUERA

PAQUEIRAÇÃO (s.f.) – V. PAQUERAÇÃO

PAQUEIRADOR (adj. et s.) – V. PAQUERA-DOR

PAQUERA

1) (s.f.) Action d'aborder les filles dans la rue (le plus souvent en voi-

ture), en vue d'une aventure (Dra-
gue)

2) (s.m.) – V. PAQUERADOR

PAQUERAÇÃO (s.f.) – V. PAQUERA (1)

PAQUERADA (s.f.) DAR UMA PAQUERADA
EM... – V. PAQUERAR

PAQUERADOR (adj. et s.m.)
Celui qui aborde des filles dans la
rue (Dragueur)

PAQUERAR (v.tr.)
Aborder des filles dans la rue
(Draguer)

PAQUETE (s.m.) – V. BOI (1), DE PA-
QUETE – V. (ESTAR DE BOI)

PARA-BRISA (s.f.) – V. CANGALHAS

PARA BURRO (loc.adv.) – V. PRA BURRO

PARA CACHORRO (loc.adv.) – V. PRA
CACHORRO

PARA CARALHO (loc.adv.) – V. PRA CA-
RALHO, PACA, PACAS (adv.)

PARA CHUCHU (loc.adv.) – V. BESSA (À
BESSA)

PARA DIABO (loc.adv.) – V. BESSA (À
BESSA)

PARA FRENTE – V. PRAFRENTE

PÁRA-GÔZO (s.m.) – V. DESMANCHA-
PRAZERES

PARA INGLÊS VER
Seulement pour les apparences
(Pour la frime, pour la galerie)

PARA VALER (loc.adv.) – V. VALER

PARADA (s.f.)
1) Situation périlleuse que l'on
doit affronter – ENFRENTAR, TOPAR A
PARADA – Relever le défi, relever le
gant
2) V. AGÜENTAR A PARADA (AGÜEN-
TAR A MÃO)
3) Personne (ou animal) dangereuse à affronter, vaillante, intrépide – V. BAMBA (2), MANDA-BRASA
4) Personne (ou chose) très belle –
«Tua casa é uma parada» – V. BA-
CANA (2)

5) PARADA FEDERAL, PARADA INDI-
GESTA – V. PARADA (1, 3)

PARADÃO (adj.)
1) Déprimé sous l'effet de la boisson – V. ALTO, BEBUM (2)
2) ESTAR PARADÃO NUMA MENINA –
V. GAMADO

PARADO (adj.)
Dans l'expression «ESTÁ PARADO
PARA (ENGROSSAR, etc.)» (Il flatte
comme personne)

PARAFUSOS – ESTAR COM OS PARAFUSOS
SOLTOS (FROUXOS) – TER UM PARA-
FUSO DE MENOS (DE MAIS) – V. MACA-
QUINHOS (TER MACAQUINHOS NO SÓ-
TÃO), BIRUTA

PARANGO (s.m.) – V. PACAU (1)

PARANGOLÊ (s.m.) – V. CONVERSA FIADA

PARAQUEDISTA (s.m.) – V. BICÃO (2)

PARAR (A) MÃO COM (DE)
Mettre fin à, arrêter (Laisser tom-
ber) – «PARE A MÃO DE TANTA
FRESCURA» – «VAMOS PARAR MÃO
COM ESSA MINESTA» – V. LARGAR A
MÃO DE

PARAR COM ALGUÉM
Être très surpris par l'attitude de
quelqu'un et n'avoir plus rien à répondre – «Parei contigo!» (Tu
m'en bouches un coin!) – V. CLICK!

PAREDISTA (s.m.)
Complice du voleur à la tire (Mur,
porteur)

PAREDRO (s.m.) – V. MANDA-CHUVA (1)

PARENTE (s.m.)
Complice, comparse (Baron, che-
ville, équipier, équipière) – V. CAM-
PANA (1), FILA (1), GRUPO (1)

PARÓQUIA (s.f.)
1) Endroit, lieu (Bled, coin) – «O
cara lelé da paróquia»
2) S'emploie pour renforcer un
superlatif – «O maior bobo da paróquia»

3) V. PERTURBAR (2) (PERTURBAR A PARÓQUIA)

4) V. BATOTA (6)

PARRUDA (adj. et s.) – V. SELADA

PARTIR PARA...

   1) V. APELAR PARA...

   2) PARTIR PARA A IGNORÂNCIA – V. APELAR PRA IGNORÂNCIA

   3) PARTIR PRA APELAÇÃO – V. APELAÇÃO

   4) PARTIR PARA ESSA – Faire la même chose – «A vizinha anda de mini e você quer partir para essa?»

   5) PARTIR PARA OUTRA – S'occuper d'autre chose, faire quelque chose de différent

PASCÁCIO (s.m.) – V. OTÁRIO (1, 2)

PASSA-MOLEQUE (s.m.)

   Malhonnêteté, perfidie (Coup de vache, crasse, vacherie) – V. BANHO (1), BORLA

PASSADINHA (s.f.), DAR UMA PASSADINHA

   Faire une visite rapide (Faire un petit saut)

PASSADOR (s.m.)

   Revendeur de stupéfiants, au service d'un trafiquant – V. DRAGÃO, CAMINHÃO DA SORTE

PASSAR (v.tr.)

   Revendre (de la drogue, des objets volés, etc.) (Fourguer)

PASSAR A CONVERSA – V. BARATINAR (1)

PASSAR A FERRO

   Vendre un objet volé (Fourguer, laver)

PASSAR A MÃO – V. PASSAR OS CINCO

PASSAR A MILONGA – V. BARATINAR

PASSAR A PERNA EM (ALGUÉM)

   1) Devancer (Gratter, griller, faire la pige à)

   2) Frustrer par tromperie ou déloyauté quelqu'un qui vous accordait sa confiance (Doubler) – V. BANHAR (1), TAPEAR

3) V. CORNEAR

PASSAR A SALIVA – V. BARATINAR

PASSAR DESTA PARA MELHOR – V. BATER AS BOTAS

PASSAR NOS COBRES – V. MALHAR (1) – V. PASSAR OS COBRES

PASSAR NOS PEITOS – V. COMER

PASSAR O ARAQUE – V. ARAQUE (3)

PASSAR O BEIÇO – V. BEIÇO (1)

PASSAR O CHAMEGÃO – V. CHAMEGÃO

PASSAR O CONTO – V. APLICAR O CONTO

PASSAR O QUE O DIABO ENJEITOU – V. COMER DA BANDA PODRE

PASSAR OS CINCO – V. AFANAR, BATER (1)

PASSAR OS (NOS) COBRES – V. ESPICHAR OS COBRES, CAIR COM OS COBRES, GEMER

PASSAR (ALGUÉM) PARA TRÁS – V. PASSAR A PERNA EM (2)

PASSAR PRO PAPO – V. PAPO (8)

PASSAR PROS PEITOS – V. PASSAR PRO PAPO

PASSAR RECIBO – V. PARADA (1) (ENFRENTAR, TOPAR A PARADA)

PASSAR SEBO NAS CANELAS – V. AZULAR

PASSAR UM MAU PEDAÇO – V. COMER DA BANDA PODRE

PASSAR UM PITO – V. BRONQUEAR (1)

PASSAR (UM) TELEGRAMA

   1) V. VERTER ÁGUA

   2) V. DAR DE CORPO

PASSAR UM TROTE – V. TROTEAR (1, 2)

PASSARINHO (s.m.)

   Détenu (Taulard, fagot)

PASTAR (v.intr.)

   1) Être sans travail, chômer (Être chomdu)

   2) V. BOIAR (1)

   3) V. ESTREPAR-SE

PASTEIRO (s.m.)

   Voleur qui s'empare des serviettes des clients de banques

PASTEL (s.m.) – V. POLENTA

PASTILHA

   1) (s.f.) – V. BOLACHA (5)

   2) (au pluriel) – V. BALINHA

PASTO (PÔR, BOTAR NO PASTO)
Abandonner sa fiancée ou sa maî-
tresse (Larguer, plaquer, valouser)
PASTOREAR (v. tr.) – V. CAMPANAR (2)
PATACA (s. f.) – V. ARAME
PATACÃO (s. m.) – V. BOBO (s. m.)
PATAQUADA (s. f.) – V. PRESEPADA
PATAVINA (s. f.) – NÃO ENTENDER PATA-
VINA – V. BULHUFAS (1)
PATO (s. m.) – V. OTÁRIO (1, 2)
PATOLA (s. f.) – V. GADANHO (2)
PATOLAR (v. tr.)
  1) Saisir fermement avec la main
  2) V. ABOTOAR (1)
PATOLUDO (adj.) – V. MANOTUDO
PATOTA (s. f.) – V. BATOTA (3, 4, 5, 6, 7)
PATRÃO (s. m.)
Appellation respectueuse que don-
nent des personnes humbles à
d'autres de condition supérieure
ou, souvent, par simple affection
ou ironie entre personnes de
condition égale.
PATRÍCIA (s. f.) – V. PINGA
PATRÍCIAS (s. f. pl.)
Hémorroïdes (Choux-fleurs, éme-
raudes)
PATRIOTA (s. f.) – V. JEROMA
PATROA (s. f.) – V. COSTELA (1)
PATROPI (s. m.)
Le Brésil (Abréviation de «PAÍS
TROPICAL»)
PATRÓPICO (adj.)
Brésilien
PATUÁ (s. m.)
  1) Amulette, porte-bonheur (Gri-
gri)
  2) Langue incompréhensible, jar-
gon, charabia
  3) V. MISSAL
  4) Habeas-corpus – V. ALÍVIO (2)
  5) V. ENTORTAR O PATUÁ
PATUREBA (s. m.) – V. OTÁRIO (1)
PAU (s. m.)
  1) V. CHATO (1, 2)

2) V. NERVO (1)
3) V. BIABA (1) – «Saiu o maior
pau»
4) V. BAIXAR (O PAU), METER (O
PAU), ENTRAR (NO PAU)
5) LEVAR PAU
a) V. BOMBA (2) (LEVAR BOMBA)
b) V. ENTRAR NO PAU
6) ESTAR (PARAR) NO PAU – Etre arrêté – V. ENCANAR (au passif), EN-
SANGUENTADO
7) PAU COMEU – Se dit lorsqu'éclate
une bagarre – «Não leu, o pau comeu» (Ça va barder, ça va chier, ça
va bouillir, va y avoir du deuil). On
dit aussi PAU CANTOU
8) V. ABRIR NOS PAUS
9) V. ACHAQUE (1), PAGAR O PAU –
«Teve que pagar o pau»
PAU D'ÁGUA (s. m.) – V. BEBAÇA
PAU-DE-FOGO (s. m.) – V. COMADRE (4),
BERRO
PAU-DE-FUMAÇA (s. m.) – V. COMADRE
(4), BERRO
PAU-DE-FUMO (s. m.)
  1) V. BLECAUTE
  2) V. PAU-DE-FOGO
PAU FURADO (s. m.) – V. COMADRE (4)
PAULEIRA (s. f.) – V. BAFAFÁ
PAULIFICAÇÃO (s. f.) – V. INJEÇÃO (1)
PAULIFICÂNCIA (s. f.) – V. INJEÇÃO (1)
PAULIFICAR (v. tr.) – V. AMOLAR
PAUZINHOS (s. m. pl.) – V. MEXER (TO-
CAR) OS PAUZINHOS
PAVUNA (s. f.) – V. NEGRA (1)
PÉ (s. m.)
  1) V. ABRIR O PÉ, DAR NO PÉ, BOTAR O
PÉ NO MUNDO – V. AZULAR
  2) V. DAR PÉ (NÃO DAR PÉ)
  3) V. PEGAR O (NO) PÉ
  4) UM PÉ NO SACO – «Aquela aula
foi um pé no saco» – V. SACO (3),
CHATO (2)
PÉ-DE-ANJO (s. m.) – V. LANCHA (1)

143

PÉ-DE-BICHO (s. m.)
　Mendiant (Mendigot, mengave, pilon, pied de biche)
PÉ-DE-BOI (s. m.)
　Homme très laborieux (Bosseur, boulot, bûcheur, marneur, trimeur, turbineur, qui en fiche (fout) un coup, une secousse)
PÉ-DE-BORRACHA (s. m.) – V. CARANGO (3)
PÉ-DE-BREGUE (s. m.) – V. JOÃO-NINGUÉM
PÉ-DE-BRIGA (s. m.) – V. PINGA
PÉ-DE-BRONZE (s. m.) – V. PÉ-DE-CHUMBO (1)
PÉ-DE-CABRA (s. m.) – V. DENTROSA (2)
PÉ-DE-CANA (s. m.) – V. BEBAÇA
PÉ-DE-CANTINGA (s. m.)
　Prétexte (Coupure)
PÉ-DE-CHINELO (s. m.)
　1) V. JOÃO-NINGUÉM
　2) Voleur sans envergure (Pégriot, petit poisse, petite frappe)
PÉ-DE-CHULÉ (s. m.) – V. PÉ-DE-CHINELO (1, 2)
PÉ-DE-CHUMBO (s. m.)
　1) Policier incorruptible
　2) V. CUTRUCO
PÉ-INCHADO (s. m.) – V. PÉ-DE-BOI
PÉ-DE-MEIA (s. m.)
　Economies, bas de laine (Econocroques, planque)
PÉ-DE-MESA (s. m.)
　Membre viril de grande taille
PÉ-DE-OUVIDO (s. m.) – V. BOLACHA (1)
PÉ-DE-PLUMA (s. m.) – V. AFANADOR
PÉ-DURO (s. m.) – V. CAPIAU
PÉ-FRIO (s. m.)
　Personne qui porte malchance (Porte-guigne) – V. AZARADO
PÉ-GELADO (s. m.) – V. PÉ-FRIO
PÉ-INCHADO (s. m.)
　1) V. PÉ-DE-BICHO
　2) V. PÉ-DE-CHINELO (2)

PÉ-NO-CHÃO (s. m.) – V. CAPIAU
PÉ-QUENTE (s. m.)
　Personne qui réussit, qui porte bonheur – V. PÊLO
PÉ-RAPADO (s. m.) – V. JOÃO-NINGUÉM
PÉ-REDONDO (s. m.) – V. BEBUM (2)
PEÃO (s. m.) – V. FRANCHONA, BICHA (1)
PEÇA (s. f.)
　1) V. PANCADÃO
　2) V. NERVO (1)
　3) PEÇA RARA – «Uma peça rara» (Un type original) – V. FIGURINHA
PECHADA (s. f.) – V. FACADA
PECHAR (v. tr.) – V. FACADA (DAR UMA FACADA)
PEDAÇO (s. m.)
　1) V. PANCADÃO
　2) V. ENRUSTE (1), PAIOL
　3) Endroit où se tiennent habituellement des prostituées et des délinquants – V. BOCA (1)
　4) PEDAÇO DE MAU CAMINHO
　a) V. PANCADÃO
　b) V. BISCA
PEDÁGIO (s. m.)
　1) Autorisation que la police accorde aux prostituées d'exercer leur activité, en contrepartie d'informations ou de finance (Condé)
　2) Somme d'argent payée par chantage – V. ACHAQUE
PEDAL – NÃO DAR PEDAL – V. PÉ (2) (NÃO DAR PÉ)
PÊDAVIDA (adj.) – V. PUTO DA VIDA
PEDIDA (s. f.)
　Suggestion heureuse (accompagné d'un adjectif comme «boa», «melhor», etc.) – «A pedida mais quente pra domingo é o jogo do Pacaembu» – «Transar o Rio é a pedida do verão»
PEDINDO ÁGUA
　Se dit d'une personne ou d'une

chose qui est en très mauvais état (Fichu, foutu)

PEDIR BAIXA – V. BATER AS BOTAS

PEDIR SODA

Se rendre, se livrer

PEDRA (s.f.) – E LÁ VAI PEDRA – V. FUMAÇA (2)

PEDRADA (s.f.) – E LÁ VAI PEDRADA – V. FUMAÇA (2)

PEDRA-NOVENTA (adj.)

Sur qui on peut compter, qui tient parole (Franco, régule) – V. BARRA-LIMPA (adj.), FÉ (2) (SER DE FÉ)

PEDREIRA (s.f.)

Quelque chose de très difficile à faire – V. ABACAXI (2)

PEDRINHO (s.m.) – V. PEDRO

PEDRO (s.m.) – V. LUCA

PEGA (s.m.)

1) V. PANCADÃO, CHUCHU (I)

2) V. BAFAFÁ

3) V. BRONCA (I) – «Eu preciso dar um pega na empregada»

4) V. RACHA

5) V. RAPA (2)

6) V. BARRUFO

PEGA-PEGA (s.m.)

1) V. BAFAFÁ

2) Arrestations en masse

PEGADO (adj.) – V. BEBUM (2)

PEGANCHO (s.m.) – V. GAMAÇÃO

PEGAR

1) (v.tr.) PEGAR UMA COISA, PEGAR DAS COISAS – Prendre de la drogue – V. BARATINAR (3, 4)

2) PEGAR A RETA – V. AZULAR

3) (v.intr.) PEGAR BEM

a) Causer une bonne impression

b) Avoir un effet immédiat (en parlant de la cocaïne)

4) PEGAR MAL – Causer mauvaise impression – «Se eu fosse contar tudo, ia pegar mal» (Si je racontais tout, ça la ficherait (foutrait) mal)

PEGAR BARRANCO – V. BARRANCO

PEGAR DE MARITAL – V. AJUNTAR

PEGAR MARÉ MANSA

Mener une vie tranquille, sans trop travailler – V. FOLGADO (2), MARÉ (3)

PEGAR NA CHALEIRA – V. ENGROSSAR (I)

PEGAR NA MARRA – V. MARRA (2)

PEGAR NAS COISAS – V. PEGAR (I)

PEGAR O (NO) PÉ

1) V. GOZAR (I)

2) V. ESCULHAMBAR (I)

3) V. BAIXAR O PAU (EM)

PEGAR O SEU – V. ENTRAR

PEGA-PRA-CAPAR (s.m.) – V. BANZÉ (I, 2) – «Na hora do pega-pra-capar, ele se mandou»

PEGAR PRA CAPAR

Attraper pour de bon, faire un mauvais coup

PEIA (s.f.) – V. NERVO (I)

PEITA (s.f.) – V. MIMOSA

PEITARIA (s.f.)

Seins opulents – V. JEROMA

PEITO (s.m.)

1) AMIGO DO PEITO, MEU DO PEITO – V. CHAPA (I)

2) V. ABRIR O PEITO

3) V. ESQUENTAR, MOLHAR O PEITO

4) NO PEITO (loc.adv.) Avec énergie «NO PEITO E NA RAÇA» – V. RAÇA (I, 2) , MARRA (NA MARRA)

5) V. METER OS PEITOS

6) V. PASSAR NOS PEITOS

PEITÓRIO (s.m.) – V. PEITO

PEITOSA (s.f.) – V. MIMOSA

PEITUDA (s.f.) – V. MIMOSA

PEITUDO (adj.) – V. BAMBA (2)

PEIXADA (s.f.) – V. PISTOLÃO

PEIXÃO (s.m.) – V. PANCADÃO

PEIXE (s.m.)

1) V. ONDA (I), POTOCA

2) Protégé par un supérieur (surtout à l'armée) – V. PEIXINHO

PEIXEIRA (s.f.) – V. LAMBEDEIRA

PEIXEIRAR (v.tr.) – V. RISCAR

PEIXINHO (s.m.)

Individu protégé par une personne influente – V. CALÇADO (2), CUMPIN-CHA (1)

PEJEREBA (s.f.) – V. JEREBA

PELADA (s.f.)

Partie de football sans importance, disputée le plus souvent entre des jeunes ou des amateurs

PELADO (adj.)

Nu (A poil, à loilpé, à loilpuche, en Jésus)

PELA AÍ (PELAÍ) (adv.)

1) Par ici (Dans le coin, dans le secteur)

2) SAIR PELAÍ – V. DAR (UMAS) BANDAS

PELANCA

1) (s.f.) – V. CORUJA (1)

2) (s.m.) Vieux reporter

PELE (s.f.)

Billet de banque (Bifton, talbin)

PELEGA (s.f.) – V. PELE

PÊLO (s.m.)

1) Chance – TER PÊLO – Avoir de la chance (Avoir du pot, de la bagouse, du bol, du fion, du flambeau, de l'oignon, du proze, du vase) – V. IMPELICADO et l'antonyme CAFINFA (1)

2) V. PICHETE

3) V. TIRAR UM PÊLO

PELOSO (s.m.) – V. CASCA (2)

PELOTA (s.f.)

1) V. BELOTA

2) DAR PELOTA, NÃO DAR PELOTA – V. BOLA (4) (NÃO DAR BOLA)

PELUDO

1) (adj. et s.) – V. IMPELICADO, PÊLO (1) et l'antonyme AZARADO

2) (s.m.) – V. PIFÃO

PENANTE (s.m.) – V. ABAJUR

PENDURA

1) (s.f.) Addition dont on remet le règlement à plus tard (Ardoise)

2) ESTAR NA PENDURA – V. LIMPO (1)

3) (s.m.) Celui qui dépose un bien au Mont-de-Piété

PENDURADO (adj.)

1) Acheté à crédit

2) Mis au Mont-de-Piété; hypothéqué

3) Endetté

PENDURAR (v.tr.)

1) Acheter à crédit (Faire une ardoise, acheter à credo)

2) Mettre au Mont-de-Piété (Empégaler, mettre au clou, au prégal, chez ma tante)

3) PENDURAR A(S) CHUTEIRA(S) Cesser définitivement une activité, une profession (Dételer, raccrocher, passer la main, se retirer du biseness, des voitures, se ranger des voitures)

PENETRA (s.m.) – V. BICÃO (2)

PENGA (s.f.) – V. PUTA

PENICILINA (s.f.)

Truquage du compteur, à l'aide d'une allumette, que font certains chauffeurs de taxi quand ils attendent à la demande du client

PENICO (s.m.)

1) V. BOCA DE BOI

2) PEDIR PENICO – Prendre peur (Avoir la chiasse, la frousse, la pétoche, la trouille, les chocottes, les colombins, les copeaux, les jetons, les grelots, les foies, les avoir à zéro, chier dans sa culotte, dans son froc) – V. CAGAÇO, CAGÃO

3) V. ROER BEIRA DE PENICO

PENOSA (s.f.)

Poule

PENSÃO DO GOVERNO (s.f.) – V. CANA (1)

PENTEAR MACACOS
1) V. ESCOVAR URUBU
2) MANDAR (ALGUÉM) PENTEAR MA-
CACOS – V. MANDAR (5) (MANDAR
BUGIAR)
PENTE-FINO (s.m.)
1) V. LINHA-DE-FRENTE (1)
2) Voleur sans spécialité, qui tire
parti de toutes les situations pour
lui favorables
3) V. FACADISTA
4) V. VASSOURA (1)
PEPÊ (s.f.)
Prison préventive (Prévence, pré-
vette)
PEPINO (s.m.)
1) V. ABACAXI (1, 2), BODE (1) – «Aí
estourou o pepino»
2) Charge judiciaire, accusation,
procès – V. MISSAL, PIPOCA (3), ES-
TOURAR (2)
PERDER A ESPORTIVA – V. ESPORTIVA (2)
PERDIGOTEIRO (s.m.)
Celui qui projette des parcelles de
salive en parlant
PERDIGOTO (s.m.)
Parcelle de salive projetée en
parlant (Postillon)
PERDIGUEIRO (s.m.)
Perdant au jeu
PEREBA (adj. et s.) – V. BOLHA-D'ÁGUA
PEREQUÊ (s.m.) – V. BAFAFÁ
PERERECA (s.f.) – V. BABACA (1)
PERERECO (s.m.)
Bagarre pleine d'imprévus –
«Acaba sempre aprontando uns
pererecos» – V. BAFAFÁ
PERIGÃO (s.m.) – ESTAR A PERIGÃO – V.
PERIGO (2)
PERIGO (s.m.)
1) Femme provocante
2) ESTAR A PERIGO – Etre démuni
d'argent – V. LIMPO (1), PRONTIDÃO
PERIGOTE (s.m.) – V. TAFULÃO

PERIQUITAR (v.intr.)
Marcher les pieds à l'intérieur
(Avoir les genoux qui font des étin-
celles)
PERNA (s.f.)
1) V. ABRIR AS PERNAS
2) V. BATER PERNAS
3) V. PASSAR A PERNA EM (ALGUÉM)
PERNAÇA (s.f.) – V. PERNOCA
PERNAÇO (s.m.) – V. PERNOCA
PERNAMBUCANA (s.f.) – V. LAMBEDEIRA
PERNAME (s.m.) – V. PERNOCA
PERNÃO (s.m.) – V. PERNOCA
PERNOCA (s.f.)
Jolie jambe – V. MOCOTÓ
PEROBA (s.m.) – V. CHATO (1)
PEROBEAÇÃO (s.f.) – V. INJEÇÃO (1)
PEROBEAR (v.tr.) – V. AMOLAR
PEROBO (s.m.) – V. BICHA (1)
PERTURBAR
1) (v.intr.) – V. ABAFAR (1)
2) (v.tr.) PERTURBAR A PARÓQUIA –
V. BAGUNÇAR (1, 2)
PERU (s.m.)
1) Individu qui aime donner son
opinion, faire des observations
2) V. SAPO (1)
3) V. NERVO (1)
4) Militaire qui fait du zèle
(Fayot) – V. CAXIAS
PERUA (s.f.)
1) V. PIFÃO
2) V. PUTA
PERUAÇÃO (s.f.) – V. PERUADA
PERUADA (s.f.)
1) V. TROTE (1)
2) V. PALPITE
PERUAR
1) (v.intr.) – Faire du zèle, en
parlant des militaires (Fayoter)
2) (v.tr.) – Observer un jeu en
donnant des conseils – V. SAPEAR
PERVERSA (s.f.)
Cocaïne mélangée à du «Pervitin»

PESADA (s.f.)

1) V. JUSTA

2) Ce qu'il y a de plus avancé, moderne (surtout dans le monde artistique) – «A pesada da música brasileira»

3) DA PESADA

a) Qui fait partie d'un gang de voleurs à main armée – V. ATRACADOR, TURMA DA PESADA

b) Dangereux (homme) – V. PINTA (3)

c) Moderne – «Uma cantora da pesada» – «Um jornal da pesada» – V. PRAFRENTE

PESADO (adj. et s.) – V. AZARADO

PESCADOR (s.m.)

Voleur de troncs d'église

PESCAR

1) (v.tr.) – V. GANHAR (3)

2) V. MORAR

3) V. FLAGRAR

4) Voir en passant, intentionnellement

5) NADA PESCAR – V. BOIAR (2)

6) (v.intr.) – V. COLAR

PESCARIA (s.f.) – V. COLA (1)

PESCOTAPA (s.m.) – V. BOLACHA (1, 2)

PESO (s.m.) – V. CAFINFA (1)

PESQUEIRO (s.m.)

Moyens mis en oeuvre pour exécuter un mauvais coup – ARMAR, MONTAR O PESQUEIRO, ESTRAGAR O PESQUEIRO

PETELECA (s.f.) – V. BOLACHA (1, 2)

PETISCO (s.m.) – V. BICHA (1)

PETROLEIRO (s.m.)

Trafiquant d'alcool dans les prisons

PETRÓLEO (s.m.) – V. PINGA

PEVIDE (s.f.) – V. BOTÃO (2)

PIABA (s.f.) – V. BIABA (1)

PIANÇAR POR (ALGUMA COISA)

Désirer ardemment (En pincer pour)

PIANO (s.m.) – V. IR PRO PIANO

PIANTO (s.m.) – V. BALASTRING

PIAR (v.intr.)

1) Parler – «Não piou durante o almoço»

2) Aux cartes, faire connaître son jeu par des signes – V. DICA (1) (DAR A DICA)

PIAU (s.m.) – V. BIABA (1)

PICA (s.f.) – V. NERVO (1)

PICA-FUMO (adj. et s.m.) – V. PÃO-DURO

PICADA (s.f.)

1) Injection de stupéfiant (Picouse, shoot, fixe) – V. FISGAR

2) V. FIM DA PICADA

3) V. ESTICA (2)

PICADO (adj.)

Légèrement ivre (Allumé, éméché, lancé, parti, pompette) – V. BEBUM (2)

PICÃO (s.m.)

Individu, d'ordinaire bien de sa personne, qui attire irrésistiblement les femmes

PICAR-SE (v.pr.)

Se diriger rapidement vers – «Entrou no carro e picou-se pro batente»

PICAR A MULA (O BURRO) – V. AZULAR

PICARAÇO (adj.) – V. LINHA-DE-FRENTE (1)

PICARETA (s.m.)

1) V. BICÃO (2)

2) Personne qui se targue de mérites qu'elle n'a pas pour obtenir des profits ou des avantages (il s'agit souvent de courtiers)

3) V. VIGARISTA

PICARETAGEM (s.f.)

1) Expédients mis en oeuvre pour obtenir des avantages

2) V. VIGARICE

PICAS (s.f.pl. utilisé comme pr. indéfini)

148

Rien – «Não ganhou picas na loteria» – V. NECA (1)

PICHADO (adj.) – V. PIXADO

PICHAR (v. tr.) – V. PIXAR

PICHE (s. m.) – V. PIXE

PICHETE (s. m.)
Cheveux longs, tignasse – «Ele tem um pichete lisão» – V. LISANTES

PICHICATA (s. f.) – V. BRANCA-DE-NEVE

PICHICATEIRO (s. m.)
Qui se drogue à la cocaïne – V. ASPIRADOR-DE-PÓ

PICHOS (s. m. pl.) – V. PICHOLÉS

PICHOLÉS (s. m. pl.) – V. CARAMINGUÁS

PICHORRA (s. f.) – V. MAMPARRA

PICHOTE (adj.)
1) Maladroit, sans expérience (Mazette, sabot)
2) V. CAGÃO

PICHULÉS (s. m. pl.) – V. PIXULÉS

PICIRICAR (v. intr.) – V. TREPAR

PICIRICO (s. m.)
Relations sexuelles (Partie de jambes en l'air, tringlette, zizi pan pan)

PICO (s. m.) – V. PICADA (1)

PICOTE (s. m.) – V. PICIRICO

PICUMÃ (s. m.)
Chevelure laineuse et crépue des Noirs

PIELA (s. f.) – V. PIFÃO

PIFA (s. m.) – V. PIFÃO

PIFÃO (s. m.)
Ivresse (Beurrée, biture, cocarde, muflée, poivrade, coup dans l'aile, dans le pif) – V. ÓLEO (2) (PÔR ÓLEO)

PIFAR (v. intr.)
1) Cesser de fonctionner, tomber en panne (D'une automobile, d'un moteur) (Tomber en carafe, en frime, en plan, en rideau)
2) Echouer – «O jornal pifou em dois meses»
3) V. BATER AS BOTAS

PIJAMA DE MADEIRA (PINHO) (s. m.) – V. CASACA-DE-PAU, VESTIR (O PIJAMA DE MADEIRA)

PIJAMÃO (s. m.) – V. PIJAMA DE MADEIRA

PILA (s. m.)
1) V. PILANTRA
2) V. CRUZA

PILANTRA (adj. et s.)
1) Qui aime être bien mis, mais n'a pas suffisamment de ressources pour cela
2) Fripouille (Frappe, gouape, malfrat, poisse, truand) – V. BILONTRA (1, 2), BISCA

PILANTRAGEM (s. f.) – V. BILONTRAGEM (1, 2)

PILANTRICE (s. f.) – V. PILANTRAGEM

PILANTROSO (s. m.) – V. PILANTRA

PILÃO (s. m.)
Petit flacon à l'intérieur duquel on pulvérise des comprimés que l'on dilue et injecte ensuite

PILEQUE (s. m.)
1) V. PIFÃO
2) SUSPENDER (TOMAR) UM PILEQUE – V. ÓLEO (2) (PÔR ÓLEO), CHUPAR

PILEQUINHO (s. m.)
Etat agréable qui précède le «PILEQUE» et donne une sensation d'euphorie

PILÓIA (s. f.) – V. PINGA

PILOMBETA
1) (s. m.) Homme grand et maigre (Asperge, clou, échalas, fil de fer, planche à pain) – V. GIRAFA
2) (s. f.) – V. BOLACHA (2)

PIMENTÃO (s. m.) – V. BATATA (1)

PINCELAR (v. intr.) – V. BROXEAR

PINDA (s. f.) – V. PINDAÍBA

PINDAÍBA (s. f.)
Manque d'argent – ESTAR NA PINDAÍBA – V. PRONTIDÃO, LIMPO (1)

PINDORAMA (s. f.) – V. DAR A PINDORAMA

PINDURA (s.m.)

Compte à crédit (Ardoise) – V. PENDURA (1)

PINGA

1) (s.f.) Eau-de-vie (Cric, gnole, goutte, raide, schnaps, tord-boyaux)

2) (s.m.) Homme sans argent – V. LIMPO (1)

PINGADEIRA (s.f.)

1) V. BOI (1)

2) V. ESQUENTAMENTO

PINGADO

1) (adj.) – V. BEBUM (2)

2) (s.m.) Verre de café additionné de lait, ou vice-versa

PINGA-FOGO (s.m.) – V. BERRO

PINGENTE (s.m.)

Voyageur qui se tient accroché à l'extérieur des autobus ou des trains

PINGOLADA (s.f.) – V. PICIRICO

PINGOLAR (v.intr.) – V. TREPAR

PINGUÇO (adj.) – V. BEBAÇA

PINGUELA (s.f.) – V. TAQUARIÇO

PINGUIM (s.m.)

1) Voiture de ronde (Volkswagen) utilisée par la police

2) V. VAIVÉM

PINHÃO (s.m.) – V. ARAME

PINICAR

1) (v.intr.) – V. AZULAR

2) (v.tr.) – V. AFANAR

PINIMA (s.f.)

1) Chose mauvaise ou fatale, fléau, calamité

2) Obstination, entêtement

PINIMBA (s.f.) – V. PINIMA

PINONHAS – NÃO ENTENDER PINONHAS – V. BULHUFAS (1)

PINÓIA

1) Femme élégante et de mœurs légères

2) V. BAGULHO (2)

PINOTE (s.m.)

Fuite, évasion – «Na hora do pinote» (DAR O PINOTE, SAIR DE PINOTE) – S'évader – V. AZULAR

PINOTEAR (v.intr.) – V. AZULAR

PINTA (s.m.)

1) V. CARA (s.m.)

2) V. RABO-DE-SAIA

3) Individu dangereux (Loquedu, mauvais fer, toc) – V. BISCA

4) BOA PINTA

a) (Bon type, brave type, bon mec, brave mec, chouette) – V. BACANA (1, 2)

b) V. ENCADERNADO

5) PINTA BRABA – V. PINTA (3)

PINTAR (v.intr.)

1) Se montrer, venir (Se ramener, rappliquer) – V. BAIXAR (1), DAR AS CARAS – «Pinta lá em casa» – «Pintou na esquina»

2) SE PINTAR – Si ça va (Si ça gaze) – «Se pintar vou pro Rio»

3) Commencer à apparaître – «Pintou que é goleiro classudo»

PINTAR O CANECO – V. PINTAR O SETE

PINTAR O DEMÔNIO

Faire du bruit – V. LELÉ (1), PINTAR O SETE

PINTAR A MACACA – V. PINTAR O SETE

PINTAR A MANTA – V. PINTAR O SETE

PINTAR O PADRE – V. PINTAR O SETE

PINTAR O SETE – V. ESBORNIAR

PINTAR O SIMÃO – V. ESBORNIAR

PINTO (s.m.)

1) V. CANJA – «Levantar 100 quilos para ele é pinto»

2) V. NERVO (1)

3) V. BACURI

PINTOSO (adj.) – V. BACANA (1, 2), ENCADERNADO, PINTA (4) (BOA PINTA)

PINTUDO (adj.) – V. PINTOSO

PIOLHEIRA (s.f.)
1) V. BOLA (1)
2) Affaire peu rentable
PIOLHOSA (s.f.) – V. BOLA (1)
PIOR (adj.) – ESTAR, ANDAR NA PIOR
1) V. LIMPO (1)
2) Être dans une situation difficile – V. ESTICA (1)
3) BOTAR NA PIOR – Donner la vie,
mettre au monde
4) LEVAR A PIOR – V. ENTRAR NO PAU
PIORADA (s.f.) – V. ESTICA (1)
PIPA (s.f.) – V. AMEIXA
PIPOCA (s.f.)
1) V. AMEIXA
2) V. BRASEIRO (2)
3) Procès en cours – V. PEPINO (2),
MISSAL, ESTOURAR (2)
4) Serviette, porte-documents
5) V. CHUCA
6) V. BOLACHA (2)
PIPOCADO (s.m.) – V. BRASEIRO (2)
PIPOCAR (v.intr.)
1) V. CUSPIR AMEIXA
2) V. MANDAR (3) (MANDAR BRASA)
PIPOQUEIRO (s.m.)
1) V. CHUQUEIRO
2) V. DESCUIDISTA
PIQUE (s.m.) – V. PICADA (1)
PIQUIRA (s.m.)
1) V. FICHINHA (1)
2) V. JOÃO-NINGUÉM
3) FERRAR NO PIQUIRA – Dormir
profondément (En écraser) – V.
APAGAR (2)
PIRA (DAR O PIRA) – V. AZULAR
PIRADÃO (adj.) – V. PIRADO
PIRADO (adj.)
1) V. BIRUTA
2) Halluciné par la drogue – V. BA-
RATINADO, PIRAR (1)
3) V. PRAFRENTE
PIRANDAR (v.intr.) – V. PIRAR (3)

PIRANDELAR (v.intr. et pr.) – V. PIRAR
(3)
PIRANDELO (DAR O PIRANDELO) – V. PIRA
(DAR O PIRA)
PIRANHA (s.f.)
1) V. LINHA-DE-FRENTE (1)
2) V. PUTA
3) V. BOFE (1)
PIRANHUDA (s.f.) – V. PUTA
PIRÃO (s.m.) – V. CHUCHU (1)
PIRÃO-NA-UNHA (s.m.) – V. PÃO-DURO
PIRAR
1) (v.intr.) Arriver au plus haut
point de l'hallucination, de l'hébé-
tude, sous l'effet de la drogue (Flip-
per, être «high», être «stoned») – V.
BANHO (4)
2) V. AZULAR
3) (v.pr.) – V. AZULAR
PIRITUBA (s.f.) – V. PINGA
PIROCA (s.f.) – V. NERVO (1)
PIROCAR (v.intr.) – V. TREPAR
PIROLITO (s.m.) – V. PIRULITO
PIROTEAR (v.intr.) – V. AZULAR
PIRULITAR (v.intr. et pr.)
1) V. AZULAR
2) V. DAR (UMAS) BANDAS
PIRULITO (s.m.)
1) (s.m.) (DAR O PIRULITO) – V.
AZULAR
2) V. NERVO (1)
PISA (s.f.)
1) V. BIABA
2) V. PISANTE
3) Vol dans les magasins
PISA-MACIO (s.m.) – V. AFANADOR, BATE-
DOR DE CARTEIRA
PISANTE (s.m.) – V. CALCANTE (1, 2)
PISAR (v.intr.)
1) Accélérer une automobile
2) V. TREPAR
3) PISAR NO MUNDO (NO PÉ, NO
TEMPO) – V. AZULAR
4) PISAR NAS TAMANCAS – V. EMPOM-
BAR

PISO (s.m.) – V. BREQUE

PÍSSICO (adj.) – V. PIRADO (1, 2), PSI-CADA

PISSIRICO (s.m.) – V. PICIRICO

PISSO (s.m.) – V. PICIRICO

PISTOLA (s.f.) – V. NERVO (1)

PISTOLÃO (s.m.)

Recommandation visant à obtenir un avantage (Piston)

PISTOLEIRA (s.f.) – V. PUTA – «Uma pistoleira com muitos anos de janela» P.M.

PITADA (s.f.)

1) V. PRIZE

2) V. PUTA

3) V. PICIRICO

PITAR MACAIA – V. BATER AS BOTAS

PITEIRA (s.f.)

1) V. PIFÃO

2) V. CANUDO (2)

PITÉU (s.m. et f.)

1) V. CHUCHU (1)

2) Jeune fille (de 11 à 16 ans) qui s'initie à la drogue – «Flagraram a pitéu puxando fumo»

PITICO (s.m.) – V. FICHINHA (1)

PITO (s.m.)

1) V. BRONCA (1), PASSAR UM PITO

2) V. CRIVO (2)

3) V. BASEADO

PITOCAR (v.tr.) – V. TREPAR

PITOMBA (s.f.) – V. BOLACHA (1)

PITORRA (s.f.) – V. BOLA (1)

PIVETE (s.m.)

Délinquant mineur – V. PÉ-DE-CHI-NELO (2)

PIXAÇÃO (s.f.) – V. ESCULHAMBAÇÃO (1)

PIXADO (adj.)

Banal, usé – «Maconheiro é um troço muito pixado; diga: chincheiro»

PIXAR

1) (v.tr.) – V. ESCULHAMBAR (1)

2) V. ALCAGOETAR

3) (v.intr.) Médire

PIXE (s.m.) – DAR PIXE – V. ESCULHAM-BAR (1), PIXAÇÃO

PIXICATA (s.f.) – V. PICHICATA

PIXO (s.m.) – V. ARAME

PIXOTE (adj.) – V. PICHOTE

PIXULÉS (s.m.pl.) – V. CARAMINGUÁS

PLÁ (s.m.) – V. PAPO, BLÁ

1) Conversation – «O plá foi animado» – V. BATE-PAPO – BATER UM PLÁ – V. BATER UM PAPO

DAR O PLÁ – Causer, parler – «Dá o seu plá toda noite na televisão» – «Tchau, meu chapa, quando quiser me dá um plá, falou?» – V. BATER UM PAPO

RACHAR O PLÁ – V. BICO (3) (ABRIR O BICO)

2) PLÁ FURADO – V. PAPO (3) (PAPO FURADO)

3) Affaire, question – «Comigo o plá é outro» – «Só tem um plá que dá medo» – V. PAPO (5), BABADO (1), QUAL É O PLÁ?

4) METER UM PLÁ EM – V. BLÁ (2)

PLANTA DO DIABO – V. DIAMBA

PLANTAÇÃO (s.f.)

Action de préparer le terrain en vue de bénéfices futurs

PLANTAR BATATAS – V. MANDAR (5)

PLANTAR VERDE – V. JOGAR VERDE

PLAPLAPLÁ (s.m.) – V. BLABLABLÁ

PLEIBOI (s.m.)

Jeune homme de bonne famille qui se croit tout permis – V. FILHO DO PAPAI

PNEU (s.m.)

1) V. CAIXA DO CATARRO

2) PNEU FURADO – V. MAGRINHA

3) PNEU DE AVIÃO – Nègre grand et fort

4) (s.m.pl.) – V. HOLOFOTES (2)

PÔ!

Interjection d'admiration, de surprise, d'indignation (Abréviation de PORRA!)

PÓ (s.m.) – V. QUAL É O PÓ?

PÓ, PÓ BRANCO, PÓ MALDITO, PÓ MIMOSO, PÓ-DE-SONHO (s.m.) – V. BRANCA-DE-NEVE

PODAR (v.tr.)

1) Dépasser une voiture d'un brusque coup de volant

2) Renvoyer quelqu'un de son emploi (Balancer, vider, virer) – V. MANDAR (5) (MANDAR BUGIAR) au passif, RODAR

PODRE DE (RICO, CHIQUE, FELIZ etc.) (adj.)

Riche, chic etc. à un haut degré

POEIRA (s.f.)

1) V. BRANCA-DE-NEVE

2) DAR POEIRA – Dépasser une automobile en la distançant aussitôt

3) FAZER POEIRA – Provoquer des désordres – V. BAGUNÇAR

POEIRADA (s.f.)

Tumulte sans grandes conséquences

POETA (s.m.)

Un individu quelconque

POLENTA (s.f.)

Personne molle – V. MANCO (1), BANANA (1)

POLÍTICA (s.f.)

Groupe qui fume de la marihuana – «Ele é da política» – V. MACONHEIRO (2)

POLITICÃO (s.m.)

Grand homme politique

POLÍTICO (s.m.)

1) ESTAR POLÍTICO COM – Etre fâché avec quelqu'un

2) Terroriste

POLPAS (s.f.pl.) – V. HOLOFOTES (2)

POLPUDO (adj.)

Qui est d'un bon rapport (Juteux)

POMADA

1) (s.m.) – V. ENGROSSADOR, VASELINA

2) V. FAROFEIRO

3) (s.f.) Vanité, présomption

4) Mensonge

POMADISTA (s.m.) – V. POMADA (1, 2)

POMBA (s.f.)

1) Femme détenue

2) V. BABACA

POMBAL (s.m.)

Maison d'arrêt pour femmes

POMBAS! – Interjection – V. PÔ!, PUXA-VIDA!

PONGAR (v.tr.) – V. PUNGUEAR

PONGO (adj. et s.) – V. BIRUTA

PONTA (s.f.)

1) AGÜENTAR AS PONTAS – V. AGÜENTAR A MÃO

2) DA PONTA – V. PONTINHA (1, 2)

PONTAÇO (s.m.)

Coup de couteau – V. FACONAÇO

PONTA-FIRME (adj. et s.)

1) V. LINHA-DE-FRENTE (1)

2) V. BAMBA (1)

3) V. CHAPA (1)

4) V. PEDRA-NOVENTA

PONTINHA (DA PONTINHA) (s.f.)

1) V. BACANA (2)

2) DA PONTINHA DA ORELHA – V. BACANA (2)

PONTO (s.m.)

1) V. BOCA DE ASFALTO, BOCA DE FUMO

2) Coup d'oeil malicieux, amoureux – «O bicho ficou maluco quando a cabrita deu aquele ponto»

3) V. DORMIR NO PONTO

4) V. ENTREGAR OS PONTOS

PONTO DE BALA (EM PONTO DE BALA)

1) Se dit d'un individu qui est préparé à toute éventualité (D'attaque)

2) Qui est en excellent état de conservation ou de fonctionnement

3) V. ARRETADO (1)

POPÓ (s.m.) – V. BUNDA (1), HOLOFOTES (2)

PÔR (v.tr. et intr.) – V. COMER, TREPAR

PÔR (BOTAR, METER) A BOCA NO MUNDO (NO TROMBONE)

1) Brailler, crier (Gueuler)

2) V. ALCAGOETAR

PÔR AREIA – V. AREIA

PÔR AS MANGUINHAS DE FORA – V. BOTAR AS MANGUINHAS DE FORA

POR BAIXO DO PANO

Clandestinement, en contrebande

PÔR BANCA – V. BANCA (1)

PÔR CHIFRE – V. CORNEAR

POR CIMA DA CARNE SECA (ANDAR, IR, ESTAR)

Etre dans une situation prospère, très à l'aise

POR CIMA DA ONDA – V. CRISTA (2) (NA CRISTA DA ONDA)

POR CIMA DA SITUAÇÃO – V. POR CIMA DA CARNE SECA

POR CONTA DA VIDA – V. AFINADO

PÔR NO GELO – V. DAR UM GELO EM

PÔR NO PASTO – V. PASTO

PÔR ÓLEO – V. ÓLEO (2)

POR TRÁS DO BIOMBO – V. BIOMBO

PORÃO (s.m.)

Chacune des poches sur le derrière ou le côté des pantalons, où l'on peut mettre de l'argent – V. BURACO NO PANO

PORCO (s.m.) – V. TOMAR UM PORCO

PORORÓ (s.m.) – V. ARAME

PORQUEIRA (s.f.) – V. BAFAFÁ

PORRA

1) (s.f.) Sperme (Foutre, yaourt)

2) (interj.) Exprime le dégoût, l'impatience, le mécontentement

PORRADA (s.f.)

1) V. BIABA

2) Coup violent – V. BOLACHA (2)

3) Grande quantité (de choses ou de personnes) (Une chiée, des bottes, une flopée, des flottes, une foultitude, lerche, une tapée) – V. BESSA (À BESSA)

PORRADO (adj.) – V. BEBUM (2)

PORRA-LOUCA (s.m.)

Individu qui ne mesure pas les conséquences de ce qu'il dit ou de ce qu'il fait, irresponsable (Toutfou) – V. BIRUTA

PORRA-LOUQUICE (s.f.)

Folie, idiotie (Connerie)

PORRA-LOUQUISMO (s.m.) – V. PORRA-LOUQUICE

PORRE (s.m.) – V. ÓLEO (2) (PÔR ÓLEO), PIFÃO

PORRÊTA (adj.) – V. BACANA (2)

PORRINHA (s.f.) – V. PORRA

PORRISTA (adj.) – V. BEBUM (2)

PORTA DE XADREZ – V. ADVOGA

PORTA-LUVA (s.m.) – V. BURACO NO PANO

PORTUGA (s.m.) – V. CUTRUCO

POSÉTICO (adj.)

Poseur (Bêcheur, béchamel, m'astu-vu)

POSITÃO (s.m.) – V. POSITIVO (2)

POSITIVO (s.m.)

1) V. ARAME

2) Formule d'acquiescement (Banco! Bono! Ça biche! Ça colle! Ça gaze!) – V. l'antonyme NEGATIVO

POSITO – V. POSITIVO (2)

POSITÓRIO – V. POSITIVO (2)

POSSUÍDO (adj.) – V. POSÉTICO

POSUDO (adj.) – V. POSÉTICO

POTE (s.m.)

1) V. BUQUE

2) DE POTE – «Ficou de pote antes de casar» – Etre enceinte – V. BUCHUDA

POTOCA (s.f.)

Mensonge (Bourrage de mou, charre, craque) – V. ONDA (1)

POTOCAR (v.intr.)

Mentir (Bidonner, bourrer le mou, charrier, tirer une carotte)

POTOQUEIRO (adj. et s.) – V. GAZETEIRO (2)

POTOQUISTA (adj. et s.) – V. POTOQUEIRO

POTRANCA (s.f.) – V. CHUCHU (1)

POUSO (s.m.) – V. MOCOTÓ

POXA! (Exclamation) – V. PUXA!

POZINHO (s.m.) – V. BRANCA-DE-NEVE

PRA BURRO (loc.adv.) – V. BURRO – «Ouvia disco pra burro» – «Está nervoso pra burro» – «Choveu pra burro» – «A vida subiu pra burro»

PRA CACHORRO (loc.adv.) – V. CACHORRO

PRA CARALHO (loc.adv.) – V. CARALHO

PRA CHUCHU (loc.adv.) – V. BESSA (À BESSA)

PRA DIABO (loc.adv.) – V. BESSA (À BESSA)

PRAFRENTE (loc.adv. employée comme adjectif)

Moderne, avancé, à la page (Dans le vent) – V. DENTRO (1) (POR DENTRO)

PRAFRENTEX (loc.adj.) – V. PRAFRENTE

PRAFRENTISTA (adj.) – V. PRAFRENTE

PRA LÁ DE

Expression d'intensité – «Um cara pra lá de bacana» – V. BESSA (À BESSA)

PRAÇA (BOA) (s.m.) – V. PINTA (BOA) (4, a)

PRANCHA (s.f.) – V. LANCHA (1)

PRATA DA CASA (s.f.)

Personne aimée de tous

PRA VALER – V. VALER

PREÁ (s.m.)

1) V. BICÃO (2)

2) Voleur dans les hôtels (Rat d'hôtel) – V. DESCUIDISTA

PREÇO DE BANANA (s.m.)

Prix dérisoire – «Vendeu a casa a preço de banana»

PREGADO (adj.)

1) V. BEBUM (2)

2) V. PREGO (6) (ESTAR NO PREGO)

PREGAR A MÃO NA LATA – V. LATA

PREGO (s.m.)

1) V. ÓLEO (2) (PÔR ÓLEO), PIFÃO

2) V. PINGA

3) V. POTOCA

4) V. ARCA-DE-NOÉ

5) V. NERVO (1)

6) ESTAR NO PREGO – Etre fatigué (Etre à ramasser à la petite cuillère, crevé, flagada, flappi, groggy, lessivé, pompé, raplapla, rincé, sur les rotules, vanné, vaseux, vasouillard, vidé, avoir le coup de barre, le coup de pompe, en avoir marre, sa claque, plein les bottes, plein le dos) – V. ESBALDAR-SE (1)

7) V. OTÁRIO (1)

PREJU (s.m.)

Préjudice, tort

PREMIADO (adj.)

Condamné – «Tinha sido premiado com dois anos» – V. ENTRUTAR (3)

PRENSA (s.f.)

1) Interrogatoire sans trêve, accompagné de violences – «A prensa foi firme na Delegacia» – V. APERTO, VOMITÓRIO

2) DAR A (UMA) PRENSA

a) Mettre en situation difficile, menacer – «A menina deu uma prensa no namorado» – «Com o berro na mão deu uma prensa no loque» – V. APERTO (DAR UM APERTO)

b) V. BAIXAR O PAU EM – «Os dois rapazes deram uma prensa no coleguinha deles»

PRENSADA (s.f.) – V. PRENSA

PRENSAR (v.tr.)
1) V. ABOTOAR (1)
2) V. ATRACAR (1)
3) V. DAR UMA PRENSA
PRESENÇA (s.f.) – V. FAZER UMA PRE-SENÇA
PRESEPADA (s.f.) – V. FAROFA (1) – «Pra se exibir fazia mil e umas presepadas» P.M.
PRESEPEIRO (adj. et s.m.) – V. FAROFEIRO
PRESILHA (s.f.) – V. PUXADINHA
PRESUNTO (s.m.)
1) Cadavre (Macchabe, macchabé, refroidi)
2) VIRAR PRESUNTO – V. BATER AS BOTAS
PRETINHA (s.f.) – V. DIAMBA
PRETINHO (s.m.) – V. CRIOULO
PRIMA (s.f.) – V. PUTA
PRIMAVERA (s.f.)
Année de prison (Gerbe, longe) – «Está premiado com cinco primaveras»
PRIMO DO CABEÇÃO – V. PASSADOR
PRISA (s.f.) – V. PRIZE
PRIZE (s.f.)
Prise de cocaïne, Priser de la cocaïne (Se bourrer le pif, se camer, se schnouffer, en prendre à pleine bouche) – V. MANDAR (7)
PRIZOTADA (s.f.) – V. PRIZE
PROGRAMA (s.m.)
Partie de plaisir offerte par une prostituée (Partie de jambes en l'air)
PROLETA (adj. et s.)
Pauvre, peu favorisé par la société
PROMESSINHA (s.m.) – V. PAPO (3) PAPO FURADO
PRONTA (adj.)
Enceinte – V. EMPURRAR O VAGÃO
PRONTIDÃO (s.f.)
Manque d'argent (Courtille, fauche) – V. PINDAÍBA, LIMPO (1)

PRONTO (adj.) – V. LIMPO (1)
PROSA
1) (adj. et s.) – V. FAROFEIRO
2) (s.f.) – V. FAROFA (1, 2)
3) DAR UMA PROSA – V. BATER UM PAPO
PROSA FIADA (s.f.) – V. CONVERSA FIADA
PROSOPÉIA, PROSOPOPÉIA (s.f.) – V. CONVERSA FIADA
PSICADA (s.f.) – V. PÍSSICO, PORRALOUQUICE
PUA (s.f.)
1) V. PIFÃO, ÓLEO (2) (PÔR ÓLEO)
2) V. CONVERSA FIADA
3) V. ENTRAR EM PUA
PUDIM (s.m.) – V. CHUCHU (1)
PUIM (s.m.) – V. BUFA
PULA-PULA (s.m.)
Changement fréquent d'établissement de la part de la prostituée
PULA-VENTANA (s.m.) – V. VENTANISTA
PULADOR DE CERCA
Mari infidèle – V. DAR OS SEUS PULINHOS
PULAR A CERCA – V. DAR OS SEUS PULINHOS, CORNEAR
PULGA (s.f.)
Automobile très petite
PULGUEIRO (s.m.)
Cinéma peu confortable
PULSADOR (s.m.) – V. RELÓGIO (1)
PULSEIRAS (s.f.pl.) – V. ABOTOADURAS
PUNGA
1) (s.f.) Vol à la tire (Vanne, vannage, vente)
2) (s.m.) – V. BATEDOR DE CARTEIRA
3) Victime du voleur à la tire
4) Objet volé par le pickpocket – V. BAGULHO (1)
PUNGAR (v.tr.) – V. PUNGUEAR
PUNGUEADOR (s.m.) – V. PUNGUIADEIRO
PUNGUEAR (v.tr.) – V. BATER (1)

PUNGUIADEIRO (s.m.)

Endroit fréquenté par les voleurs à la tire

PUNGUISTA (s.m.) – V. BATEDOR DE CARTEIRA

PUNHETA (s.f.) – V. COVARDIA

BATER (TOCAR) PUNHETA – V. DESCASCAR O PALMITO

PURA (s.f.) – V. PINGA

PURÃO (adj.) – V. BARRA-LIMPA

PURGAÇÃO (s.f.)

1) V. ESQUENTAMENTO

2) V. BOI (1)

PURGANTE (s.m.) – V. CHATO (1)

PURINHA (s.f.) – V. PINGA

PURURUCA (adj.) – V. AFINADO

PUTA (s.f.)

1) Prostituée (Bourin, catiche, catin, gagneuse, greluche, grue, morue, paillasse, paillasson, pavute, putain, pute, racoleuse, radeuse, ramier, roulure, tapin, tapineuse, traînée, travailleuse, turfeuse, turf)

2) (adj.) «Que puta pesadelo!» (Quel putain de cauchemar!)

PUTEAÇÃO (s.f.)

Insultes avec des paroles obscènes

PUTEAR (v.tr.)

Insulter avec des paroles obscènes (Traîner dans la boue, le fumier, la merde, engueuler comme du poisson pourri)

PUTEDO (s.m.) – V. AÇOUGUE

PUTEIRO (s.m.) – V. AÇOUGUE

PUTZ! (Exclamation) – PUXA-VIDA!

PUXA! (Exclamation) – V. PUXA-VIDA!

PUXAÇÃO (s.f.) – V. ENGROSSAMENTO

PUXADA (s.f.) DAR UMA PUXADA – V. PUXAR(5)

PUXADINHA (s.f.) DAR UMA PUXADINHA – V. PUXAR (5)

PUXADOR (s.m.)

1) Fumeur de marijuana

2) V. CARANGUEJEIRO

PUXAMENTO (s.m.)

Vol de voiture

PUXAR (v.tr.)

1) V. AFANAR, BATER (1)

2) PUXAR (O) SACO, PUXAR – V. ENGROSSAR

3) PUXAR CANA, PUXAR TEMPO, PUXAR DOIS ANOS… – Purger, subir une peine de prison (S'appuyer, s'envoyer, tirer de la taule)

4) PUXAR (UM)FOGO – V. ÓLEO (2) (PÔR ÓLEO)

5) PUXAR FUMO, A ERVA – Fumer de la marijuana

6) PUXAR CORDA – Provoquer la conversation (Entrer en dame)

7) PUXAR A PALHA, O RONCO – V. APAGAR (2)

8) (v.intr.) – V. PUXAR FUMO

9) PUXAR O CARRO – V. AZULAR

10) PUXAR UMA CAPIVARA – V. CAPIVARA (1)

PUXA-SACO (s.m.) – V. ENGROSSADOR

PUXA-SAQUICE (s.f.) – V. ENGROSSAMENTO

PUXA-SAQUISMO (s.m.) – V. ENGROSSAMENTO

PUXA-VIDA!

Exclamation d'étonnement, de déception, d'irritation – Ça alors! (Merde alors!)

PUXETA (s.f.) – V. CANA (1)

PUXO (s.m.) – DAR UM PUXO – V. PUXAR FUMO (5)

Q

QUADRADÃO (adj. et s.) – V. QUADRADO (1, 2, 3, 4)

QUADRADICE (s.f.)

Bêtise, imbécillité, stupidité (Connerie)

QUADRADISMO (s.m.) – V. QUADRADICE

QUADRADO (adj. et s.)

1) Qui ne comprend rien ou pas grand'chose, borné, lourd (Bouché, bouché à l'émeri) – V. ZEBRA (1)

2) V. CAFONA (1), FORA (1) (ESTAR POR FORA), COROA

3) V. CHATO (1)

4) V. BESTA QUADRADA

5) V. VER O SOL QUADRADO

QUADRATURA (s.f.) – V. QUADRADICE

QUADRILHA (s.f.)

Groupe de malfaiteurs, gang – V. BATOTA (3)

QUADRILHEIRO (s.m.)

Gangster – V. PESADA (3) (DA PESADA)

QUAL É? – V. QUAL É A TUA?

QUAL É A BRONCA?

Quelle est la difficulté? Quel est le problème? Qu'est-ce-qu'il y a?

QUAL É A (SUA) TUA? – V. TUA (A TUA)

1) Quelle est ton explication?

2) Quelles sont tes intentions?

QUAL É O GALHO? – V. QUAL É A BRONCA?

QUAL É O PLÁ? (O BABADO?, O PÓ?) – V. QUAL É A BRONCA?

QUARTA (DAR NA QUARTA) – V. MIJAR OSSOS

QUARTAU (s.m.) – V. PANCADÃO

QUÁS-QUÁS-QUÁS (s.m.)

1) V. TELELÉU

2) V. CONVERSA FIADA – «E sem mais quás-quás-quás se mandaram» – «Sem chiar, o Leléu escutou o quás-quás-quás» P.M.

QUASE-PARANDO (employé comme adj.) – V. DEVAGAR (1)

QUATREIRO (s.m.)

Voleur de bétail

QUATRO-CINCO (s.m.)

Revolver de calibre 45

QUATROLHO (adj.) – V. BICEGO

QUEBRADA (s.f.)

Rue, route, tournant, virage – «Nas quebradas do mundaréu» P.M.

QUEBRADEIRA (s.f.) – V. PINDAÍBA

QUEBRADO (adj.) – V. LIMPO (1)

QUEBRA-GALHO (s.m.)

Toute personne ou chose qui permet de régler les situations compliquées – V. MANDA-CHUVA (1)

QUEBRA-LANÇA (s.m.) – V. QUEBRA-GALHO

QUEBRA-PAU (s.m.) – V. BAFAFÁ

QUEBRA-QUEBRA (s.m.)

Tumulte accompagné de déprédations (Rififi) – V. BAFAFÁ

QUEBRA-QUEIXO (s.m.)

Cigare de mauvaise qualité – V. MATA-RATO

QUEBRAR

1) (v.tr.) – V. MORFAR (4)

2) QUEBRAR ESSA – V. GALHO (1)
(QUEBRAR O GALHO)

3) (v.intr.) Être toujours vêtu avec recherche – «O camarada sempre quebra na seda»

QUEBRAR A CARA – V. DAR COM OS BURROS NA ÁGUA

QUEBRAR A MADEIRA – V. QUEBRAR O PAU

QUEBRAR A MUNHECA – V. ÓLEO (2) (PÔR ÓLEO), CHUPAR

QUEBRAR O GALHO – V. GALHO (1)

QUEBRAR (O) PAU – V. GRUDAR-SE

QUEBRAR OS PAUS – V. AZULAR

QUEBRAS (s.f.pl.)
Ce qui subsiste, restes

QUEBREIRA (s.f.) – V. QUEBRADEIRA

QUEDAÇO (s.m.)
Chute violente (Gadin, gamelle, pelle, valdingue) – V. TATU (3)

QUEDÊ? – V. CADÊ?

QUEIJO (s.m.)
1) Calvitie (Boule de billard, caillou, genou, skating à mouches)
2) V. MUAMBA

QUEIMADO (adj.) – V. AFINADO

QUEIMANTE (s.m.) – V. BERRO

QUEIMAR
1) (v.tr.) – V. CUSPIR AMEIXA
2) Fumer (du tabac) (En griller une, tirer)
3) QUEIMAR O CHEIRO (ERVA, COISA, FUMO) – V. PUXAR (5)
4) V. TORRAR (1, 2)
5) QUEIMAR A CUCA – V. FUNDIR A CUCA
6) QUEIMAR O PÉ – V. ÓLEO (2) , PÔR ÓLEO
7) (v.pr.) QUEIMAR-SE
a) V. EMPOMBAR
b) V. ESTREPAR-SE

QUEIXO-DURO (s.m.) – V. CARA-DE-PAU (2)

QUELELÉ (s.m.)
1) V. FOFOCA
2) V. BAFAFÁ

QUENGA (s.f.) – V. PUTA

QUENGADA (s.f.)
1) V. BORLA
2) Filouterie (Marloupinerie)

QUENGO (s.m.)
1) V. BOLA (1)
2) Intelligence: TER QUENGO (Avoir du carat, chignon, chou, cigare, citron)
3) Individu malin – V. LINHA-DE-FRENTE (1)

QUENTE (adj.)
1) V. PICADO
2) Authentique, véritable (Appellation contrôlée, vrai de vrai) – «A documentação do carro era quente» – V. BATATA (2), DURO (2) (NO DURO)
   NOME QUENTE – Véritable nom d'une personne (par opposition au pseudonyme ou au sobriquet)
3) Compétent, savant en quelque chose (Cador, caïd, calé, fortiche, qui en connaît un bout, un loubé, un rayon) – «Ele é quente em francês» – V. LENHA (3), BAMBA (1)
4) V. PRAFRENTE
5) V. MORINGA QUENTE

QUENTÉRRIMO (adj.) – Superlatif de QUENTE

QÜERA (adj.) – V. BAMBA (2)

QÜERUDO (adj.) – V. QÜERA

QUICO (s.m.) – V. BOLA (1)

QUILEIRO (s.m.) – V. ATRACADOR

QUILO (s.m.)
1) V. ESCRUNCHO, TURMA DO QUILO
2) V. MEIO-QUILO (1)

QUILOMETRAGEM (s.f.) – V. TURMA DA QUILOMETRAGEM

QUILÓMETRO (s.m.) – V. PESADA (DA PESADA), ATRACADOR

QUÍMICA BRANCA (s.f.)
Traitement chimique qui consiste à

additionner d'autres produits à la cocaïne pure

QUINTAS (ESTAR NAS SUAS SETE QUIN-TAS)

Être très content (L'avoir à la joie, à la rigolade, se taper le cul par terre, être joice)

QUINTOS (s.m.pl.)

1) L'enfer

2) MANDAR PARA OS QUINTOS – Tuer – V. MORFAR (4)

QUIQUIQUI (adj.) – V. EMPACADOR

QUIRELAS (s.f.pl.) – V. CARAMINGUÁS

QUIZUMBA (s.f.) – V. BANZÉ (1, 2)

R

RÃ (s.f.) – V. CRIVO (1)

RABANADA (s.f.)

Croc en jambe

RABEAR (v.tr.)

Faire déraper la voiture sur les roues arrière

RABECÃO (s.m.)

Voiture servant à transporter les cadavres

RABO (s.m.)

1) V. BUNDA (1), HOLOFOTES (2)

2) V. DAR COM O RABO NA CERCA

RABO-DE-FOGUETE (s.m.) – «Não vou segurar esse rabo-de-foguete» – V. NUVEM (2), ABACAXI (2), FOGUETE, SEGURAR O FOGUETE

RABO-DE-GALO (s.m.)

1) Cicatrice au visage (Marquouse, virgule). La «croix-des-vaches» est une marque vengeresse faite au visage d'un coup de rasoir – V. AVENIDA, FACONAÇO, RISCAR

2) V. ABRIDEIRA (2)

3) Courte épée utilisée par les policiers

RABO-DE-SAIA (s.m.)

Femme (Fatma, femelle, fesse, frangine, gerce, gonzesse, gisquette, greluche, julie, môme, moukère, nana, pépée, polka, rombière, soeur, souris, typesse)

RAÇA (s.f.)

1) Energie, courage. TER RAÇA (Avoir de l'estomac, des couilles au cul, du poil au cul, en avoir dans le ventre, être gonflé, être d'attaque, être un peu là, n'avoir pas froid aux châsses, aux yeux, s'en sentir) – V. MANDA-BRASA (1)

2) NA RAÇA (loc.adv.) – Avec énergie – V. PEITO (4), NO PEITO E NA RAÇA

3) Police (surtout militaire) – V. JUSTA – «Enfrentar a raça não é mole, não»

RACHA

1) (s.m.) Course de voitures organisée clandestinement par des jeunes gens.

TIRAR UM RACHA – Disputer une course de voitures

2) (s.f.) – V. BABACA (1)

RACHADEIRA (s.f.) – V. ESTICA (1)

RACHA-PÉ (s.m.)

Danse populaire qui s'exécute en tapant du talon et de la semelle

RACHAR (v.tr.)

1) Donner à quelqu'un la moitié des bénéfices d'une affaire, partager (Décarpiller, fader, aller au fade, au pied)

2) Partager les dépenses

3) RACHAR O PAPO, O PLÁ – V. BICO (3) (ABRIR O BICO)

4) RACHAR O BICO – Rire à gorge déployée (Se fendre la gueule, la pêche, la terrine, se bidonner, se boyauter, se gondoler, se marrer, se poiler, se rouler, se tirebouchonner, se tordre, s'en payer une tran-

che, rigoler comme une baleine, comme un bossu)

RACHAR-SE (v.pr.) – V. ABRIR-SE

RAFA (s.f.)
  1) V. RAGU (1)
  2) V.RAFE

RAFAEL (s.m.) – V. DOUTOR RAFAEL

RAFE (s.m.) – V. RAFAEL

RAFI (s.m.) – V. RAFAEL

RAFO (s.m.) – V. RAFAEL

RAGU (s.m.)
  1) Faim violente – Avoir faim, être affamé – V. ESGURIDO
  2) V. BÓIA

RAGUSAR (v.tr.) – V. BOIAR (1)

RAITE (s.m.)
  1) Détective
  2) V. CRIVO (1)

RAMA (s.f.)
  1) V. PINGA – COMER RAMA – V. ÓLEO (2) (PÔR ÓLEO)
  2) V. DIAMBA

RAMAGEM (s.f.)
  Groupe de drogués qui utilisent les mêmes stupéfiants – «Fulano é da nossa ramagem» – V. BATOTA (7)

RAMÃO (s.m.) – V. AFANADOR

RAMONA (s.f.) – V. CAFINFA (1)

RAMONEIO (s.m.) – V. AFANO

RANA (s.m.)
  Voleur qui opère à bord des bateaux

RANDEVU (s.m.) – V. AÇOUGUE

RANGAR (v.tr.) – V. BOIAR (1)

RANGE (s.m.) – V. BÓIA

RANGO (s.m.) – V. BÓIA

RANGU (s.m.) – V. BÓIA

RAPA (s.m.)
  1) V. AFANO
  2) Contrôle des marchands ambulants fait par la mairie
  3) V. BATIDA (1)

RAPADO (adj.) – V. LIMPO (1)

RAPADURA (s.f.) – V. ENTREGAR A RAPADURA

RAPARIGA (s.f.)
  1) V. ARRANJO (1)
  2) V. PUTA

RAPARIGAR (v.intr.) – V. CAIR NA VIDA

RAPARIGUEIRO (adj. et s.) – V. AZEITEIRO (1)

RAQUETA (s.f.) – V. GADANHO (2)

RAQUETADA (s.f.) – V. BOLACHA (1)

RASCA (s.f.) – V. PIFÃO

RASGAR O SELO
  Dépuceler (Affranchir la cicatrice, casser le sabot, cueillir la fleur, mettre en perce, prendre le berlingue)

RASGAR SEDA – V. ENGROSSAR

RASPANÇA (s.f.) – V. BRONCA (1)

RASPANÇO (s.m.) – V. BRONCA (1)

RASPANTE (s.m.)
  Peigne (Crasseux)

RASPAR (v.tr. et intr.) – V. ACERTAR (2)

RASPAR-SE (v.pr.) – V. AZULAR

RASPUTIN (s.m.) – V. TAFULÃO

RATANHA (s.f.) – V. DENTROSA (1)

RATAZANA (s.f.)
  1) V. AFANADOR
  2) V. BICHA (1)

RATE (s.m.) – V. DIAMBA

RATI (s.m.)
  1) V. TIRA (1)
  2) V. DIAMBA

RATO (s.m.)
  1) V. AFANADOR, DESCUIDISTA
  2) V. CRIVO (1)
  3) V. DIAMBA
  4) RATO CINZENTO – V. MALOQUEIRO
  5) V. ALCAGOETE

RÉ (s.m.) ESTÁ NO RÉ
  1) C'est entendu, d'accord (D'ac)
  2) L'affaire marche bien – «Tudo no ré, bicho!» – V. POSITIVO (2), LEGAL (4) (ESTÁ LEGAL)

REAÇA (s.m.)

Réactionnaire (Réac)

REBITAR (v.tr.)

Atteindre quelqu'un avec une arme à feu (Flinguer, seringuer) – V. CUSPIR AMEIXA

REBITE (s.m.) – V. ARREBITE, AMEIXA

REBOCAR (v.tr.)

Etre en compagnie de, aller bras dessus bras dessous – «Rebocar uma mulata»

REBOLADO (s.m.)

1) Théâtre où se pratiquent des strip-tease

2) PERDER O REBOLADO – Se troubler, être déconcerté, perdre sa contenance

REBOLAR

1) (v.intr.) Agiter avec grâce et désinvolture les hanches, les fesses, le corps tout entier (Tortiller du croupion, des fesses, chahuter du proze, onduler de l'anneau)

2) V. METER OS PEITOS

3) (v.pr.) – V. METER OS PEITOS – «Me rebolei para ajudar o amigo»

REBOLOSA (adj.f.)

Qui agite les hanches et les seins comme en dansant (Qui ondule du croupion, tortille des fesses)

REBOQUE (s.m.)

1) V. PUTA

2) IR (VIR) NO REBOQUE – V. CAMPANAR (2)

RECADO (s.m.) – V. DAR O (SEU) RECADO

RECAUCHUTAGEM GERAL (s.f.)

Opération de chirurgie esthétique destinée à rajeunir le visage

RECLAME DE PICHE (s.m.) – V. BLECAUTE

RECO (s.m.) – V. BICHO (4)

RECUETA (s.f.) – DAR (UMA)RECUETA

Reculer, faire marche arrière – «Não podia mais dar recueta»

RÉDIA (s.f.) – V. NERVO (1)

REDONDA (s.f.)

1) Table (Carante)

2) Ballon de football

REDONDO (adj.) – V. BEBUM (2)

REFORÇAR (v.intr.)

Demander une nouvelle consommation (Remettre ça)

REFRESCAR (v.intr.)

Faire une pause dans l'usage de la drogue mais sans avoir l'intention d'abandonner – V. CORTAR

REFRESCO (s.m.)

1) V. BIABA

2) DAR UM REFRESCO – Gagner du temps dans une situation dangereuse (Donner de l'air)

REGULAR (adj.)

Qui ne fait pas partie de la police, civil (Péquin) – «O cabo da PM queria voltar a ser um homem regular»

REGULAR (v.intr.)

S'emploie surtout négativement. NÃO REGULAR – Ne pas être très sain d'esprit – V. BIRUTA, MACAQUINHOS (TER MACAQUINHOS NO SÓTÃO, FUNDIR A CUCA (DE CUCA FUNDIDA)

RELA-BUCHO (s.m.) – V. ARRASTA-PÉ

RELÓGIO (s.m.)

1) Coeur (Battant, grand ressort, palpitant)

2) V. BUNDA (1)

REMADA (s.f.) – V. BICADA

REMAR SUA CATRAIA – V. METER OS PEITOS

REMARCADOR (s.m.)

Celui qui modifie une voiture volée (Maquilleur)

REMARCAR (v.tr.)

Modifier une voiture volée (Maquiller)

REMÉDIO (s.m.) – V. PINGA

REMELEXO (s.m.) – V. REQUEBRADO

REMEXIDO (s.m.) – V. REQUEBRADO

REMO (s.m.)

Cuiller (Louche, pelle)

REPETECO (s.m.)

Répétition – DAR REPETECO – Recommencer (Remettre ça, repiquer au truc)

REPICAR (v.tr.)

1) Voler quelqu'un une nouvelle fois

2) REPICAR MILONGA – Parler de nouveau (à)

REPIQUE (s.m.)

Vol répété de la même victime

REPUXO (s.m.) – V. AGÜENTAR, ESCORAR O REPUXO

REQUEBRADO (s.m.)

Mouvement langoureux du corps – V. REBOLAR (1)

RESBALOSA (s.f.) – V. AÇO (1)

RESERVADO (s.m.) – V. ALCAGOETE

RESIDIR (v.intr.) – V. MORAR

RESSACA (s.f.)

Malaise ressenti le lendemain de trop grandes libations (Gueule de bois, mal aux cheveux) – «Estava curtindo uma retumbante ressaca» P.M.

RETA (s.f.)

La terre, le sol (La basse, la dure, le plancher des vaches)

REVERTERE (s.m.)

Changement de situation qui, de favorable, devient mauvaise – V. CAFINFA (1) – «Tudo dava certo até que um dia bateu o revertere»

REVERTÉRIO (s.m.) – V. REVERTERE

REZADEIRO

1) (adj.) Bigot (Bondieusard)

2) V. CRUZ-CREDO

3) (s.m.) Eglise (Bouterolle, ratiche)

RIAMBA (s.f.) – V. DIAMBA

RICAÇO (adj. et s.)

Très riche – V. ABONADO

RIFAR (v.tr.)

1) Abandonner une personne ou une chose qui n'intéresse plus – «Rifou a amante»

2) Dénoncer, trahir un complice – V. ALCAGOETAR

RIPA (s.f.)

1) METER A RIPA EM – V. BAIXAR O PAU (EM)

2) LEVAR RIPA – Être condamné en justice – V. PREMIADO

RIPADA (s.f.)

1) V. BICADA

2) V. BIABA (1)

RISCA-FACA (s.f.) – V. ARRASTA-PÉ

RISCANTE (s.m.)

Allumette (Albroque, allouche, bûche, craquante, frotte, soufrante)

RISCAR CHÃO – V. AZULAR

RITUAL (s.m.)

Préparation d'une séance d'intoxication par des stupéfiants

ROÇA-ROÇA (s.m.) – V. ROÇADINHO

ROÇADINHO (s.m.)

Pratique homosexuelle entre femmes (Ail, gougnottage)

ROÇAR (v.tr.) – V. AFANAR

RODA (DE RODA) (loc.adv.) – V. LIMPO (1)

RODA-DE-PAU (s.f.) – V. BIABA

RODADA (s.f.)

Ensemble de boissons offertes et payées par un consommateur (Tournanche, tournée)

RODADORA (s.f.) – V. ANDADORA

RODANTE (s.m.) – V. CARANGO (3)

RODAR (v.intr.)

1) Etre congédié, renvoyé (Se faire balancer, empaqueter, envoyer sur les roses, envoyer bouler, envoyer foutre, envoyer lanlaire, envoyer se faire cuire un oeuf, saquer, scier, virer) – V. MANDAR (5) (MANDAR BUGIAR) au passif

2) V. BOMBA (LEVAR BOMBA) – «Rodou no exame»

3) Marcher, se promener

RODELA (s.f.)

  1) V. FAROFA (1)

  2) V. POTOCA

RODEDEIRA (s.f.) – V. DOR-DE-COTOVELO

ROEDOR (adj. et s.m.) – V. BEBAÇA

ROER BEIRA DE PENICO – V. ESTICA (1)

ROGACI (s.m.) – V. CRIVO (2)

ROÍDO (adj.) – V. BEBUM (2)

ROJÃO (s.m.)

  1) Rythme intense de travail, de vie

  2) AGÜENTAR O ROJÃO – V. AGÜENTAR A MÃO

ROLA (s.f.) – V. NERVO (1)

ROLO (s.m.)

  1) V. BAGUNÇA

  2) V. BANZÉ (1, 2)

  3) V. DENTROSA (2)

ROMBO (s.m.) – V. LEVAR ROMBO

RONCA (s.f.) – METER A RONCA EM ALGUÉM – V. ESCULHAMBAR (1)

RONCADOR (adj.) – V. FAROFEIRO

RONCAR PAPO – V. ARROTAR

ROSCA (s.f.)

  1) V. PIFÃO

  2) V. BOTÃO (2)

  3) V. BAGULHO (2)

ROSA MARIA (s.f.) – V. DIAMBA

ROSETAR (v.intr.)

  1) Vivre sans souci (Ne pas s'en faire) – V. FOLGADO (2), BELEZA (ESTAR DE BELEZA)

  2) Se divertir avec une personne du sexe opposé – V. TREPAR

ROSETEAR (v.intr.) – V. ROSETAR

ROTOLA (s.f.) – V. AÇOUGUE

ROUPA

  1) (s.m.) Complice du voleur à la tire, chargé de détourner l'attention de la victime – V. FURQUETA, ESPARRO

  2) (s.f.) DAR A ROUPA – Aider le voleur à la tire en détournant l'attention de la victime (Faire le mur) – V. FILA (1), GRUPO (1)

ROUPEIRO (s.m.) – V. ROUPA (s.m.)

ROXA (s.f.)

  Mulâtresse – V. LUSCO-FUSCO

ROXINHA (s.f.)

  Jeune mulâtresse – V. LUSCO-FUSCO

ROXO (adj.)

  1) Très difficile, ardu – «Trabalho roxo»

  2) ROXO POR – Qui aime beaucoup quelque chose ou quelqu'un (Mordu) – «Anda roxo pelas mulatas e pela pintura primitiva» – V. VIDRADO

ROXO-FORTE (s.m.) – V. PINGA

RUFIÃO (s.m.) – V. AZEITEIRO (1, 2)

RUFIO (s.m.) – V. AZEITEIRO (1, 2)

RUIVA (s.f.) – V. JUSTA

RUSTE (s.m.)

  Voleur qui trompe ses complices au moment de partager le butin

RUSTICADOR (s.m.) – V. RUSTIDOR

RUSTIDEIRA (s.f.) – V. BÓIA

RUSTIDOR (s.m.) – V. ENRUSTE (1)

RUSTILO (s.m.)

  Poche secrète (Finette)

RUSTIR (v.tr.)

  Tromper ses complices au moment de partager le butin (Arranger, arrangemaner, empiler, faire jongler, faire de la glisse) – V. BANHAR (2), ENRUSTIR

RUSTO (s.m.)

  Action de tromper ses complices au moment de partager le butin (Galoup) – V. BANHO (2), ENRUSTE (2)

S

SABACADA (s.f.)
1) V. BOLACHA (1, 2)
2) V. BIABA (1)
SABAGANTE (s.m.) – V. CARA (s.m.)
SABÃO (s.m.) – V. BRONCA (1)
SABAQUÁ (s.m.) – V. OTÁRIO (1)
SABENÇA (s.f.)
Science, érudition – «Foi logo deitar sabença para cima da gente»
SABIDO (s.m.)
Journal (Baveux, canard, menteur, narca, salissant)
SÁBIO (s.m.)
Journaliste (Journaleux, pisseur de copie)
SABONETE (s.m.) – V. SABÃO
SABOREADORA (s.f.)
Bouche (Bec, boîte, boîte à dominos, clapoir, égoût, gargoulette, gargue, goulot, gueule, margoulette, porte-pipe, respirante, salle à manger, tire-lire, trappe)
SABUGAR (v.tr.) – V. BAIXAR O PAU (EM)
SACADA (s.f.) – DAR UMA SACADA EM – V. SACAR (2)
SACAL (adj.) – V. CHATO (1)
SACANA (adj. et s.m.)
1) Individu sans moralité, méprisable – V. BISCA, PILANTRA
2) V. BICHA (1)
SACANÁ (s.f.) – V. SACANAGEM
SACANAGEM (s.f.)
1) V. BILONTRAGEM (1, 2)
2) V. SAFADEZA

SACANEAR (v.tr.)
1) V. ESCULHAMBAR (1)
2) V. ALCAGOETAR
SACAR
1) (v.tr.) – V. MANJAR (1) – «Saquem essa, fãs do Pelé!»
2) V. MANJAR (2) – «Quando cheguei, saquei logo os homens»
3) Faire une distinction entre – «Sabia sacar o trouxa do vivaldino» – «Dava para sacar de cara os três tipos de candidatos»
4) SACAR A JOGADA, O LANCE – V. MORAR NO JOGADA
5) (v.intr.) – V. POTOCAR
SAÇARICAR (v.intr.)
1) Danser en s'agitant beaucoup (Tortiller de la brioche, du croupion, croupionner) – V. AMASSAR O BARRO, REBOLAR (1)
2) V. FATURAR (2)
SAÇARICO (s.m.) – V. COBERTOR DE ORELHA (2)
SACO (s.m.)
1) V. BAGOS
2) V.ENCHER O SACO, DAR NO SACO
3) V. CHATO (1, 2) – «É um saco!» – «Que saco, esta mulher!»
4) SACO DE BROA, SACO DE TRIPA – V. BUCHO (3)
5) SACO DE GATOS
a) Association, institution où ne règne aucune entente (Sac de nœuds)
b) V. ABACAXI (2)

6) SACO FURADO – V. PAPO (3) (PAPO FURADO)

7) DE (COM) SACO CHEIO – V. CHEIO (1) – «Estou com saco cheio de mandar livros a quem não merece»

8) SACO DE OURO – Qui supporte, tolère tout

9) (NÃO) TER SACO PARA... – «Não tenho saco pro papo daquele cara» (Ne pas) avoir la patience de supporter

10) CHAMAR NO SACO – V. BRONQUEAR (1)

SACUDO (adj.) – V. BAMBA (2)

SAFADEZA (s.f.)
Action infâmante, méchante; indélicatesse, goujaterie (Cochonnerie, crasse, saloperie, tour de cochon, vacherie) – V. APRONTAR UMA

SAFADICE (s.f.) – V. SAFADEZA

SAFADISMO (s.m.) – V. SAFADEZA

SAFADO (adj. et s.)
1) V. BISCA, PILANTRA
2) V. AFINADO – «Fiquei safado com êle»
3) V. COMER SAFADO

SAFANAGEM (s.f.) – V. SACANAGEM (1, 2)

SAFANÃO (s.m.) – V. BOLACHA (1)

SAFANEAR (v.tr.) – V. TAPEAR

SAFA-ONÇA (s.m.)
Expédient ou recours d'urgence

SAFARDANA (s.m.) – V. SAFADO (1)

SAFARNAGEM (s.f.) – V. SAFADEZA

SAFARRASCADA (s.f.)
1) V. BAFAFÁ
2) V. ENCRENCA (1, 2)

SAFO
1) (s.m.) Mouchoir (Blave, tire-jus, tire-moëlle)
2) (adj.) – V. LINHA-DE-FRENTE

SAIDEIRA (s.f.)
Dernier verre d'eau-de-vie ou d'apéritif avant de se séparer

SAIR DA AVENIDA DE ALGUÉM – V. SAIR DE ALGUÉM

SAIR DE ALGUÉM
Laisser quelqu'un tranquille, le quitter (Ficher, foutre la paix à...) – «Sai de mim!»

SAIR DE PINOTE – V. PINOTE

SAIR DESSA (surtout à l'impératif)
Se mêler de ses affaires – «Sai dessa!» (Mêle-toi de tes oignons!) – V. ESSA

SAIR DO AR – V. PIRAR (1)

SAIR DO PÊLO DE ALGUÉM – V. SAIR DE ALGUÉM

SAIR FORA
Se dérober (Ne pas marcher)

SAIR NA LINHA GROSSA – V. XINGAR

SAIR NO PAU COM ALGUÉM – V. BAIXAR O PAU (EM)

SAIR PARA A IGNORÂNCIA – V. APELAR PARA A IGNORÂNCIA

SAIR PELAÍ – V. PELAÍ

SAIR PELA TANGENTE
Éluder adroitement les arguments de son adversaire (S'échapper par la tangente, prendre la tangente)

SAIR-SE PELO CANO – V. ENTRAR PELO CANO

SAIÚDA (s.f.) – V. BARATA (1)

SAIÚDO (s.m.) – V. CRUZ-CREDO

SALADA (s.f.)
Confusion, malentendu (Embrouille, salades) – V. BAGUNÇA

SALADINHA (s.f.) – V. FACONAÇO

SALAFRA (s.m.) – V. SACANA (1)

SALAFRÁRIO (s.m.) – V. SACANA (1)

SALÃO (s.m.) – V. LIMPAR O SALÃO

SALÁRIO MÍNIMO – V. FICHINHA (1)

SALDAR AS DÍVIDAS – V. BATER AS BOTAS

SALGALHADA (s.f.) – V. SALADA

SALIVA (s.f.)
1) V. CONVERSA FIADA – «Entrou na saliva do pilantra»
2) V. PASSAR A SALIVA

SALIVAR
1) (v.intr.) – V. BATER UM PAPO
2) (v.tr.) – V. BARATINAR (1)
SALSEIRO (s.m.) – V. BAFAFÁ – «Começou a aprontar toda espécie de salseiro» P.M.
SALSICHA
1) (s.f.) Pneu d'automobile (Boudin)
2) (s.m.) Allemand (Boche, chleu, fridolin, frisé, fritz, frisou)
SAMANGO (s.m.) – V. TIRA (1)
SAMBA (s.m.)
1) V. PINGA
2) V. GRUDE (4)
SAMBANGA (adj. et s.) – V. BIRUTA
SANDUBA (s.m.)
Sandwich
SANFONA (s.f.)
1) V. CORINGA
2) Notes clandestines que certains étudiants utilisent à l'examen (Tuyaux)
SANFONA GORDA (s.f.) – V. MÚSICA
SANGANGU (s.m.) – V. BAFAFÁ
SANGRADURA (s.f.)
Vol pratiqué en coupant le fond de la poche
SANGRIA (s.f.)
1) V. SUADOURO
2) Coup de rasoir dans une poche pour voler
3) V. BOI (1)
4) V. FACADA
5) Opération par laquelle un voleur débloque la direction d'une voiture
SANGUE-SUJO (s.m.) – V. GÁLICO
SANTA PAZ (s.f.) – ESTAR NA SANTA PAZ –
Atteindre un état comparable au «nirvana» après absorption de cocaïne
NA SANTA – «Tudo na santa» – V. LEGAL (4)

SANTINHA (s.f.) – V. PINGA
SÃO-PEDRO (s.m.) – V. ALARDIO
SAPEAÇÃO (s.f.)
Action d'observer avec attention, sans participer
SAPEAR (v.tr.)
Observer avec attention, sans participer (à un jeu, etc.) (Bigler, borgnoter, frimer, gaffer, reluquer, tapisser, zyeuter) – «De longe, o cupincha sapeava o lance»
SAPECA (s.f.) – V. BIABA
SAPECAR (v.tr.) – V.BAIXAR O PAU (EM)
SAPO (s.m.)
1) Individu qui assiste à un jeu sans y participer, qui écoute les conversations des autres, qui profite du journal des autres, etc.
2) Cadenas
3) V. NERVO (1)
SAQUE (s.m.) – V. POTOCA
SAQUICE (s.f.) – V. INJEÇÃO (1)
SARABANDA (s.f.) – V. BRONCA (1)
SARACÁ (s.f.)
Femme très maigre, aux jambes très minces (Fil de fer) – V. TÁBUA (3), TAQUARIÇO
SARADO (adj.)
1) V. BAMBA (2)
2) V. LINHA-DE-FRENTE (1)
3) Gourmand, glouton – V. SARNA (2)
SARAMBÉ (s.) – V. BIRUTA
SARANGA (adj. et s.) – V. BIRUTA
SARDINHA (s.f.) – V. AÇO (1)
SARILHO (s.m.) – V. BAFAFÁ
SARJA (s.m.)
Sergent (Serre-patte)
SARNA (s.f.)
1) Personne impertinente, ennuyeuse (Gale, peste) – V. CHATO (1)
2) Personne qui mange beaucoup, glouton

SARRABULHO (s.m.)
1) V. BOLACHA (1)
2) V. BATE-BOCA (1, 2)

SARRAFADA (s.f.) – DAR SARRAFADAS – V. SARRAFEAR

SARRAFASCADA (s.f.) – V. BAFAFÁ

SARRAFEAR (v.tr.) – V. BAIXAR O PAU (EM)

SARRAFO (s.m.) – ARREAR, BAIXAR, DESCER O SARRAFO (EM) – V. BAIXAR O PAU (EM)

SARRAR (v.tr.) – V. TIRAR UM SARRO

SARRO (s.m.)
1) Personne ou chose amusante, drôle (Rigolade) – «Essa Faculdade é um sarro» – «Achavam um sarro tudo o que ele fazia»
2) V. TIRAR UM SARRO
3) V. GRILO (4)

SASSARICAR (v.intr.) – V. SAÇARICAR

SASSARICO (s.m.) – V. SAÇARICO

SATANÁS (s.m.)
Avocat général, procureur (Le bêcheur)

SATISFA (s.f.)
1) Satisfaction, joie – «Mas, que satisfa, meu chapa!»
2) Satisfaction, action par laquelle on répare une offense – «O cara veio exigir uma satisfa»

SAUNA (s.f.)
Action de fumer la marihuana en groupe dans des locaux confinés, comme une voiture, afin que tous en profitent au maximum; ce local lui-même – V. ASSEMBLÉIA

SAUNINHA (s.f.) – V. SAUNA

SEBO (s.m.)
1) DAR SEBO ÀS CANELAS, PASSAR SEBO NAS CANELAS –V. AZULAR
2) V. METIDO A SEBO

SEBOSO (adj.)
1) V. CHAGOSO
2) V. METIDO A SEBO

SECA (s.f.)
1) V. MAGRINHA
2) Etat pénible de manque de drogue – V. ESTAR EM FALTA
3) V. SARNA (1)

SECAR (v.tr.)
1) V. AMOLAR
2) V. CHUPAR
3) Porter malheur – V. CABULOSO (2), CAFINFA (1)

SECRETA (s.m.) – V. CRIVO (1)

SEDA (s.f.)
1) Papier à cigarette de marijuana – V. PANO DA MENINA
2) V. BASEADO

SEGUINTE (adj.)
Employé souvent pour «O NEGÓCIO É O SEGUINTE» (Voici, voilà) – «O que aconteceu com o Paulo? – Seguinte, bicho, entrou em cana»

SEGURAR ESSA
Dominer une situation difficile (Tenir le coup) – V. AGÜENTAR A MÃO

SEGURAR AS PONTAS – V. AGÜENTAR A MÃO – «Segura as pontas, meu chapa, que vou»

SEGURAR O APITO – V. SEGURAR AS PONTAS

SEGURAR O FOGUETE (O RABO-DE-FOGUETE)
Couvrir une affaire que l'on ne peut dénoncer

SEGURO (adj.) – V. PÃO-DURO

SELADA (adj. et s.)
Femme vierge (Faux-poids)

SELAR (v.intr.)
Affirmer (Bonir) – «Cismou e selou: – Vou, sim!» P.M.

SELO (s.m.)
1) V. CABAÇO
2) V. RASGAR O SELO

SEM ESSA! (loc.interj.) – SEM ESSA DE… – «Sem essa de tuas férias em Paris» – V. CORTA ESSA!

SEM-VERGONHA (adj. et s.)

1) V. ALCAGOETE

2) V. SAFADO (1)

SERENO (s.m.)

Vie nocturne

SERESMA (s.f.) – V. CORUJA (1)

SERIBOLO (s.m.) – V. BAFAFÁ

SERPENTE (s.f.) – V. CORUJA (1)

SERRA (s.f.) – V. SUBIR À SERRA

SERRA-OSSO (s.m.) – V. ARRASTA-PÉ

SERRAR (v.tr.)

Obtenir gratuitement par des moyens habiles – V. FILAR – «Serrar um jantar»

SERROTE (s.m.)

Personne qui demande toujours quelque chose (Tapeur) – V. FILANTE

SERVIÇO (s.m.)

1) Affaire délictueuse, mauvais coup (Flanche, mouillette) – V. ESTOURO (2)

2) V. DAR (O) SERVIÇO, ENTREGAR O SERVIÇO

3) V. ARRANCAR, TIRAR O SERVIÇO

SESSÃO ESPÍRITA (s.f.)

Interrogatoire accompagné de sévices – V. VOMITÓRIO

SESSO (s.m.) – V. BUNDA (1), HOLOFOTES (2)

SEU (toujours devant un nom)

1) Devant un nom de personne: «Seu João chegou.» Le féminin correspondant est «DONA» ou «SINHÁ, SINHA, SIÁ, SIA» – «Olhaí Dona Maria». C'est un équivalent familier de «Monsieur», «Madame» (le père Jean, la mère Marie)

SEU CHAVES, SEU XAVIER – V. DOUTOR CHAVES

SEU JOAQUIM, SEU ZÉ – V. ZÉ

SEU CORNÉLIO – V. CORNO

SEU GUEDES, SEU VAGO – V. VAGAU

2) Devant un nom commun s'emploie:

a) Comme insulte ou mépris: «Paraí, seu cachorro!» – «Seu desaforado!». Le féminin correspondant est «SUA»: «Te mato, sua piranha!» – «Sua vaca!» («Espèce de»: espèce de salaud!)

b) avec une nuance de sympathie ou de malice – «Acorde, seu preguiçoso!» (petit paresseux)

SEXTA-FEIRA (s.f.) – V. ARRANJO (1)

SIFU – V. FODER-SE (2)

SIMÃO (s.m.)

1) Toute espèce de singe

2) V. PINTAR O SIMÃO

SINAGOGA (s.f.) – V. BOLA (1)

SINAL (s.m.) – V. AVANÇAR O SINAL

SINHAZINHA (s.f.) – V. PINGA

SINUCA (s.f.)

Situation sans issue, impasse – «Ficou em sinuca quando suas duas namoradas chegaram na mesma hora»

SIRI (s.m.) – V. BOCA-DE-SIRI

SIRIGAITA (s.f.)

Femme prétentieuse, qui s'agite beaucoup (Bêcheuse) – V. FAROFEIRO

SITU (s.f.) – V. SITUAÇÃO

SITUAÇÃO (s.f.)

1) Le monde des drogués

2) Le pouvoir politique – ESTAR COM A SITUAÇÃO – Être protégé (Être du côté du manche) – V. CUMPINCHA (1)

3) V. POR CIMA DA SITUAÇÃO

4) V. DENTRO (1) (ESTAR POR DENTRO DA SITUAÇÃO)

SOBROSO (s.m.) – V. PORRA

SOÇAITE (s.m.) – V. GRANFINAGEM

SODA (s.f.) – V. PEDIR SODA

SOFLAGRANTE (NO SOFLAGRANTE) (loc. adv.) – V. ESTALO (NO ESTALO)

SOGRAR (v.intr.)
Vivre aux crochets de son beau-père

SOL (s.m.) – V. VER O SOL QUADRADO

SOLA (s.f.)
1) V. BARBEIRA
2) V. BIABA, ENTRAR NUMA SOLA
3) V. BREQUE
4) Bifteck
5) V. ENTRAR DE SOLA

SOLANTE (s.m.)
Chapeau contre le soleil – V. ABA-JUR

SOLITÁRIA (s.f.) – V. BUQUE

SOLTAR AS PENAS
Etre infidèle (d'une femme) – V. CORNEAR

SOLTAR O BARRO
Évacuer les gros excréments (Chier, débourrer, décocter, mouler un bronze, poser un colombin, une pêche, tartir) – V. DAR DE CORPO

SOLTAR O SARRAFO – V. BAIXAR O PAU (EM)

SOM (s.m.)
Style caractéristique d'un chanteur, d'un instrumentiste ou d'un orchestre

SOMBRA (s.m.) – V. BUQUE

SONADO (adj.) – V. BIRUTA

SONANTE (s.m.) – V. ARAME

SONDAR (v.tr.) – V. CAMPANAR (1, 2)

SOPA (s.f.)
1) V. CANJA – «Foi uma sopa: prenderam os lalaus sem dar um tiro»
2) V. DAR SOPA

SORONGO (s.m.) – V. ARRASTA-PÉ

SORORÓ (s.m.) – V. BAFAFÁ

SORTUDO (adj. et s.) – V. PELUDO

SORUMA (s.f.) – V. DIAMBA

SOTALA (s.f.)
Poche intérieure de la veste – V. BURACO NO PANO

SOVACADA (s.f.) – V. ARRASTA-PÉ

SOVAQUEIRO (s.m.) – V. AMOSTREQUEIRO

SOVELAR (v.tr.) – V. AMOLAR

SOVERTER-SE (v.pr.) – V. AZULAR

SUA
1) (comme insulte) – V. SEU (2)
2) (pr.possessif)
a) V. QUAL É A SUA?
b) V. ESTAR NA DE ALGUÉM (3)

SUADEIRA (s.f.)
1) Prostituée qui dévalise ses clients, le plus souvent avec des complices (Entôleuse)
2) Maison où les prostituées dévalisent leurs clients

SUADOR (s.m.) – V. SUADOURO

SUADOURO (s.m.)
Vol pratiqué sur les clients d'une prostituée (Entôlage, ento)

SUAR (v.tr.)
Voler un client, en parlant d'une prostituée (Entôler) – «Tinha-lhe suado um bobo fumante»

SUBACADA (s.f.) – V. ARRASTA-PÉ

SUBIR (v.intr.) – V. ÓLEO (2) (PÔR ÓLEO)

SUBIR À SERRA – V. EMPOMBAR

SUBIR NAS TAMANCAS – V. EMPOMBAR

SUBMICHO (s.m.)
Sous-commissaire

SUBNITRATO-DE-PÓ-DE-MICO (s.m.)
Personne insignifiante, qui n'a aucune valeur – V. JOÃO-NINGUÉM

SUBURBA (adj. et s.) – V. CAFONA

SUFRAGRANTE – NO SUFRAGRANTE (loc.adv.) – V. SOFLAGRANTE (NO SOFLAGRANTE)

SUGESTA (s.f.)
Intimidation, menace, suggestion de donner de l'argent – «A sugesta vinha da tiragem» – V. CONGESTA

SUGESTÃO (s.f.) – V. SUGESTA

SUÍTE (s.m.) (DAR O SUÍTE) – V. AZULAR
SUJA (s.f.)

Action malhonnête – «Fez uma suja com o vizinho»

SUJÃO (adj.) – V. ALCAGOETE
SUJAR (v.tr.)

1) V. ALCAGOETAR

2) SUJAR A BARRA – Attirer maladroitement l'attention de la police – V. LIMPAR A BARRA

SUJEIRA

1) (s.m.) Voleur qui force les portes – V. ESCRUCHANTE

2) (s.f.) – V. BISCA

3) DAR SUJEIRA – V. A BARRA ESTÁ SUJA – Se faire arrêter – V. ENCANAR au passif

4) V. BATER SUJEIRA

SUJO (adj.)

1) Se dit de l'endroit où le malfaiteur risque d'être découvert – «O ônibus está sujo» – V. l'antonyme BONITO

2) FICAR SUJO – Etre déconsidéré, perdre tout son prestige – V. ESCULHAMBADO

3) V. GUARDA SUJO

SUNFA (s.f.) – V. BIABA
SUOR-DE-ALAMBIQUE (s.m.) – V. PINGA

SUPER

1) S'emploie devant un grand nombre d'adjectifs avec valeur superlative: «Um baile superanimado, uma menina superavançada, uma mulher superbacana, um jantar supergrãfino, um cantor superprafrente, etc...»

2) De même devant un substantif: «superbeleza, superbiquini, supergata, supermulher, supernotícia, superquadrilha, supertime, etc...»

SUPIMPA (adj.) – V. BACANA (2)
SUPOSITÓRIO (s.m.) – V. BALASTRING
SURRIPIAR OU SURRUPIAR (v.tr.) – V. AFANAR
SURUBA

1) (adj.) – V. BACANA (2)

2) (s.f.) Débauche orgiaque (Partouse) – V. BILONTRAGEM (1)

SURUBADA (s.f.) – V. SURUBA (2)
SURUMBAMBA (s.m.) – V. TURUMBAMBA
SURUNGO (s.m.) – V. ARRASTA-PÉ
SURURU (s.m.) – V. BAFAFÁ
SUSPENDER UM PILEQUE – V. PILEQUE (2)
SUTALA (s.f.) – V. SOTALA
SUVERTER-SE (v.pr.) – V. SOVERTER-SE

T

TÁ – Troisième personne de l'indicatif présent de «ESTAR» (está). Signifie: «Ça va, c'est d'accord» – «Tá, irei amanhã»

TABACA
1) (s.f.) – V. BABACA
2) (adj. et s.) – V. BIRUTA et ZEBRA

TABACADA (s.f.) – V. BOLACHA (1, 2)

TABACO (s.m.) – V. DIAMBA

TABEFE (s.m.) – V. BOLACHA (1, 2)

TABELA (s.f.) – POR TABELA (loc.adv.) D'une façon indirecte – «Foi repreendido por tabela»

TABIQUE (s.f.) – V. CANA

TABOCA (s.f.)
1) Supercherie, tromperie
2) PASSAR TABOCA – Rompre les fiançailles pour se marier à un autre
3) LEVAR TABOCA – Etre repoussée (avant le mariage) – V. TÁBUA (4)

TÁBUA (s.f.)
1) V. SAFO (1)
2) Porte (Lourde)
3) Femme aux formes peu saillantes (Planche à pain, planche à repasser)
4) LEVAR (UMA) TÁBUA – Être éconduit dans toute sorte de proposition galante (mariage, invitation à danser, etc.)
5) IR DE PÉ NA TÁBUA – Appuyer à fond sur l'accélérateur (Avoir le pied au plancher, appuyer sur le champignon)

TACA (s.f.) – METER A TACA EM ALGUÉM – V. RONCA (METER A RONCA EM), ESCULHAMBAR (1)

TACACA (s.f.)
Odeur fétide de sueur

TACADA (s.f.)
1) V. FACADA
2) DAR UMA TACADA – V. DAR NA FINA

TACAR (v.tr.) (V. TASCAR)
1) Jeter, passer rapidement – «Tacou brilhantina às pamparras no pêlo» – «O tiruncho me tacou os braceletes» – «Tacou multa»
2) Dilapider au jeu (Flamber)
3) TACAR A MÃO (O BRAÇO) – V. ACENDER A VELA
4) TACAR CHUMBO, FOGO – V. CUSPIR AMEIXA
5) TACAR FICHA
a) S'employer avec ardeur à quelque chose – «Os cartolas estão tacando ficha na preparação do campeonato» – V. METER OS PEITOS
b) Voler très vite un objet (Dégringoler) – «Tacaram ficha nos trouxas»
6) V. EM CIMA (5) (TACAR EM CIMA)

TACHO (s.m.)
1) Mauvais piano (Chaudron)
2) V. ARAME

TACO (s.m.)
1) Excellent joueur de billard qui vit le plus souvent de ses gains au jeu

2) V. BAMBA (1), QUENTE (3) – «Ele é taco para negócios»

TACO-FIRME (adj. et s.) – V. PONTA-FIRME

TAFULÃO (s.m.)
    Séducteur – V. AZEITEIRO (1)

TAIJA (adj. et s.m.) – V. BAMBA (2)

TALAGADA (s.f.) – V. BICADA

TALISQUEIRO (s.m.) – V. VENTANISTA

TAMANCA (s.f.) – PISAR (SUBIR, TREPAR-SE) NAS TAMANCAS – V. EMPOMBAR

TAMANCO (s.m.) – TREPAR-SE NOS TA-MANCOS – V. EMPOMBAR

TAMANHO FAMÍLIA
    Expression à valeur adjectivale intensive: Très grand – «Uma dose tamanho família» (Comac, maousse) – V. BAITA, BRUTA

TAMBURÃO (s.m.) – V. MAMÃE-ME-LEVA, CAMBURÃO

TAMPA (s.f.)
    1) V. ABAJUR
    2) V. BOLA (1)
    3) TAMPA QUENTE – V. MORINGA QUENTE, BIRUTA

TAMPINHA (s.f.) – V. FICHINHA (1)

TAMPO (s.m.) – V. TIRAR OS TAMPOS

TANAJURA (s.m.)
    Personne aux fesses volumineuses

TANGA (s.f.) – ESTAR, FICAR DE TANGA – V. LIMPO (1), ESTICA (1)

TANGENTE (s.f.) – V. SAIR PELA TANGENTE

TANOEIRO (s.m.)
    Chien de garde (Alarmiste) – V. FERREIRO

TANQUE (s.m.) – V. CANA (1)

TANTÃ (adj.) – V. BIRUTA

TAPA (s.m.) – V. BARRUFO – «Deixa dar um tapa naquela beatriz que estou a perigão»

TAPADO (adj.)
    1) QUADRADO (1)
    2) V. ZEBRA (1)

TAPA-OLHO (s.m.) – V. BOLACHA (1, 2)

TAPEAÇÃO (s.f.)
    Tromperie – V. BANHO (1), BORLA

TAPEADOR (s.m.) – V. VIGARISTA

TAPEAR (v.tr.)
    Tromper (Avoir, couillonner, entuber, faire marcher, fourrer (ficher, foutre, mettre) dedans, mener en barque, en bateau, en belle, monter le coup à, posséder, rouler) – V. BANHAR (1)

TAPETE (VERDE) (s.m.)
    Terrain de football

TAPIOCANO (s.m.) – V. CAPIAU

TAPONA (s.f.) – V. BOLACHA (2)

TAQUARIÇO (adj.)
    Maigre (Désossé, sardine, sécot, sec comme un coup de trique) – V. GIRAFA, PILOMBETA (1), ESPINHA (ESTAR NA ESPINHA)

TARADO (adj.)
    1) Dépravé (Cochon, vicelard)
    2) TARADO POR – Passionné de (Fana de, mordu de, tapé de, toqué de) – V. GAMADO, VIDRADO

TARAR
    1) (v.intr.) – Avoir une conduite dépravée
    2) (v.tr.ind. et int.) – Tomber passionnément amoureux – «Tarou logo pela menina» – V. GAMAR (1, 2)

TARALHÃO (s.m.)
    1) V. FUÇADOR
    2) Garçon déjà grand

TARRAQUETA
    1) (s.f.) – V. BOTÃO (2)
    2) NA TARRAQUETA (loc.adv.) – En situation délicate – V. EMPENHADO (3), FODIDO
    3) APERTAR A TARRAQUETA – V.PENICO (2) (PEDIR PENICO)

TÁRTARO (adj.) – V. BACANA (2)

TARUGO (s.m.) – V. BOLINHA (2)

TASCA (s.f.)
    1) V. FREGE-MOSCAS
    2) V. BIABA

TASCAR (v.tr.) – V. TACAR

1) V. BAIXAR O PAU (EM)

2) V. ESBODEGAR (2) – «Lá ninguém irá tascar minhas cerejeiras»

3) TASCAR A MÃO – V. PREGAR A MÃO (NA LATA), ACENDER A VELA

4) TASCAR O FERRO – a) V. RISCAR b) V. TREPAR

5) TASCAR PINGA NA CUCA – V. CASTIGAR (1)

6) TASCAR UM MOFO – Infliger une longue peine de prison – V. MOFO (1)

TATU (s.m.)

1) V. ÓTARIO

2) V. BRUCUTU (2)

3) LEVAR, PEGAR UM TATU – Tomber (Quimper, ramasser une bûche, un gadin, une gamelle, une pelle, un valdingue, se ficher (se foutre) la gueule en bas, en l'air, par terre)

TATUZINHO (s.m.)

Voiture (Volkswagen) utilisée pour les rondes de police

TAURA (adj. et s.m.) – V. BAMBA (2)

TAVA

Première ou troisième personne de l'imparfait de «ESTAR» (estava) – «Tava feliz da vida»

TAVIANO (adj. et s.) – V. OTAVIANO

TÁXI-BOY (s.m.)

Garçon prêt à toute espèce d'aventure galante

TÁXI-SOLA (s.m.) – V. BREQUE

TCHAU! (Interj.)

Salut, au revoir (Baïbaï) – DAR TCHAU – V. MANDAR (5) (MANDAR BUGIAR)

TEBAS (adj. et s.) – V. BAMBA (1, 2)

TEBE (adj.) – V. BICHADO

TECA (s.f.) – V. ARAME

TECAR (v.tr.)

Atteindre avec un projectile – «Tecou o malandro»

TECO (s.m.)

1) Coup de feu, projectile d'arme à feu – V. AMEIXA

2) V. DAR O TECO

TECO-TECO (s.m.)

Petit avion monomoteur (Coucou)

TEIMOSA (s.f.) – V. PINGA

TELEFONE (s.m.)

Coup porté avec les deux mains sur les oreilles de quelqu'un

TELEFONEMA (s.m.) – V. TELEFONE

TELEGRAMA (s.m.)

1) V. PASSAR (UM) TELEGRAMA

2) V. BALIZA

TELELÉU (s.m.)

Discussion bruyante (Barouf, boucan, pétard) – V. BATE-BOCA (1)

TELHA (s.f.)

1) V. BOLA (1)

2) V. ABAJUR

3) V. QUENGO

4) TELHA FRESCA – V. MORINGA FRESCA

5) TELHA QUENTE – V. MORINGA QUENTE

TEMPO-QUENTE (s.m.) – V. BAFAFÁ

TENDEIRO (s.m.) – V. DRAGÃO

TENDEPÁ (s.m.) – V. BAFAFÁ

TENDREREPÁ (s.m.) – V. BAFAFÁ

TENDINHA (s.f.)

1) V. BOTECO

2) Cantine à la Maison d'arrêt

TENÊNCIA (s.f.)

1) Ardeur, cran, fermeté, poigne, vigueur (Estomac) – V. RAÇA (1)

2) Précaution, prudence

3) TOMAR TENÊNCIA DE – V. MANJAR (1)

TENTO (s.m.) – V. BOLACHA (1, 2)

TEREBENTINA (s.f.) – V. PINGA

TERESA (s.f.)

Corde improvisée par les détenus au moyen de draps ou de tissus et destinée à faciliter des échanges d'objets ou des évasions

TERNURINHA (s. f.) – V. CHUCHUZINHO

TESÃO (s. m. et f.)

1) Désir sexuel violent

2) Personne qui provoque des désirs sexuels

TESO (adj.)

1) V. LIMPO (1)

2) Mort (allongé, canné, clamcé, dessoudé, nettoyé, raide, refroidi, séché)

TESOURA (s. f.)

Mauvaise langue – V. FOFOQUEIRO

TESOUREIRO (s. m.) – V. MAGNATA (3)

TESUDO (adj. et s.)

Qui est très excité sexuellement

TETAS (s. f. pl.)

1) Seins (Amortisseurs, avant-scène, boîtes à lait, doudounes, flotteurs, laiterie, lolos, mandarines, nénés, nichons, roberts, rondins, tétasses, tétons) – V. MALACAS

2) V. MARICAS (1), BICHA (1)

TETÉIA (s. f.)

1) V. CHUCHU (1)

2) V. JÓIA

TETO (s. m.)

1) V. BOLA (1)

2) V. LISANTES, PICHETE

TEVENTE (s.)

Téléspectateur

TIAPORANGA (s. f.) – V. PIFÃO

TIÇÃO (s. m.) – V. BLECAUTE

TICO-TICO (s. m.)

1) V. CARAMINGUÁS

2) V. FELPUDA

TIGÜERA (s. f.) – V. CAIR NA TIGÜERA

TIJOLO (s. m.)

1) FAZER TIJOLO – V. ARRASTAR A ASA A

2) TIJOLO QUENTE – V. AMEIXA

TIJUCO (s. m.) – V. FAZER TIJUCO EM

TIMBALES (s. m. pl.) – V. BAGO(s) (2)

TIME (s. m.)

Equipe (surtout de football)

1) DE PRIMEIRO TIME – «É um azeiteiro de primeiro time» (C'est un rude coureur) – V. BACANA (2)

2) JOGAR NO TIME DE – Etre en bons termes avec quelqu'un

3) V. TIRAR O TIME DO CAMPO

TIMECO (s. m.)

Equipe de peu de valeur

TINDA (s. m.) – V. MAGNATA (1)

TINHOSO (adj.)

Têtu

TINIDEIRA (s. f.) – V. PINDAÍBA

TINIR (v. intr.) – V. ESTAR TININDO

1) Etre en parfaite santé, en grande forme (Bicher, boumer, gazer, être d'attaque)

2) V. PONTO DE BALA

TINOTE (s. m.)

Le cerveau

TINTIM POR TINTIM (loc. adv.)

Très exactement, sans rien omettre

TINTUREIRO (s. m.) – V. MAMÃE-ME-LEVA

TIORGA (s. f.) – V. PIFÃO

TIPÃO (s. m.)

1) Personne étrange, curieuse, excentrique

2) Personne au physique remarquable

TIPOGRAFIA (s. f.)

Exploitation de la prostitution – V. CAFTINAGEM

TIRA (s. m.)

1) Agent de police en uniforme (Cogne, flic, schmitt)

2) V. CRIVO (1)

TIRADO (adj.) – V. MANJADO (1, 2)

TIRAGEM (s. f.) – V. JUSTA

TIRAMBAÇO (s. m.) – V. TECO (1) – «Levou um tirambaço na moringa»

TIRANGUEIRO (s. m.) – V. TIRA (1)

TIRAR A FORRA

Se venger, régler des comptes (Mener en belle)

TIRAR ÁGUA DO JOELHO
Uriner – V. VERTER ÁGUA
TIRAR BANCA DE... – V. DAR UMA DE...
TIRAR CHINFRA DE... – V. DAR UMA DE...,
ONDA (4) (TIRAR UMA ONDA DE...)
TIRAR DE LETRA
Exécuter quelque chose en se
jouant des difficultés (Faire quelque chose comme dans un fauteuil,
comme sur des roulettes, facile, les
doigts dans le nez, dans le pif) – V.
GAGOSA (DE GAGOSA) – «Os lalaus tiraram o lance de letra»
TIRAR DIFERENÇA – V. TIRAR A FORRA
TIRAR FARINHA
1) Demander réparation
2) V. APRONTAR (1)
TIRAR UMA COM ALGUÉM (COM A CARA DE
ALGUÉM)
Se divertir aux dépens de quelqu'un – «Todos os tiras queriam tirar uma com a minha cara» (Se
ficher (foutre) de la gueule de)
TIRAR (UMA) CASQUINHA
1) V. BOLINAR
2) V. TREPAR
3) Tirer un petit profit
TIRAR (UMA) FINA (UM FINO)
Passer en roulant très près d'une
autre voiture ou d'un obstacle
quelconque – «O carango tirou
fina num moleque»
TIRAR (UMA) LINHA
1) Essayer de flirter – «Tirei linha
com uma gatinha e ela gamou na
hora»
2) Observer attentivement
TIRAR (UMA) ONDA DE... – V. DAR UMA
DE..., ONDA (4)
TIRAR O ATRASADO – V. TREPAR
TIRAR O CAVALO DA CHUVA
Renoncer à une espérance (Décrocher, laisser tomber) – V. ARRIAR
TIRAR O CORPO – V. ARRIAR (1), AZULAR

TIRAR O CU (DA SERINGA)
Se dérober à la dernière minute –
V. ARRIAR (1), AZULAR
TIRAR O SERVIÇO – V. DAR UM VOMITÓRIO
TIRAR O TIME DE CAMPO
1) V. AZULAR
2) V. ARRIAR (1)
TIRAR OS TAMPOS – V. RASGAR O SELO
TIRAR UM FIAPO
Jeter un coup d'oeil
TIRAR UM MAPA – V. MAPA (2)
TIRAR UM PÊLO
Plaisanter de quelqu'un ou de
quelque chose – V. GOZAR (1)
TIRAR UM SARRO
1) «Tirei um sarro da quadradice
dele» – V. TIRAR UM PÊLO
2) V. TREPAR
3) V. BOLINAR
TIRINHO (s.m.)
S'emploie pour indiquer une
courte distance – «Minha casa fica
a um tirinho daqui»
TIRIRICA
1) (adj.) – V. AFINADO
2) (s.m.) – V. BATEDOR DE CAR-
TEIRA
TIRO (s.m.)
1) Affaire délictueuse de grande
importance (Flanche du ton-
nerre) – V. ESTOURO (2), SERVIÇO (1)
2) Préjudice causé par suite d'une
faillite frauduleuse – «Deu um tiro
na praça»
3) Hold-up
TIRO-A-ESMO (s.m.) – V. PUTA
TIROLINO (s.m.) – V. TIRA (1)
TIRUNCHO (s.m.) – V. TIRA (1)
TIRUNFA (s.m.) – V. TIRA (1)
TIRUNGUEIRO (s.m.) – V. TIRA (1)
TISIO (s.m.) – V. BLECAUTE
TITIO (s.m.) , O TITIO – V. PAPAI (O PAPAI)
TIÚBA (s.f.) – V. PINGA

TÔ

Première personne de «ESTAR» (estou) – «Tô a fim de bater um papo»

TOCA (s.f.)

1) V. MALOCA (I)

2) V. BABACA

TOCADO (adj.)

1) V. PICADO

2) Très pressé

TOCAR-SE (v.pr.)

1) V. MANCAR-SE (I)

2) Être légèrement ivre – V. PICADO

TOCAR PIANO

Enregistrer les empreintes digitales à la police (Passer au piano)

TOCAR OS PAUZINHOS – V. MEXER OS PAUXINHOS

TOCAR UM FIO – V. BATER UM FIO

TOCHA (s.f.) – V. AMEIXA

TOCO

1) (s.m.) – V. BOLA (3)

2) Produit d'un vol – V. LEVAR O TOCO

3) V. BATER OS TOCOS

4) NO TOCO – Comptant, cash (payer) – V. FICHA (6) (NA FICHA) (adj.) – V. BAMBA (2)

TOCO-MOCHO (s.m.)

Billet de loterie falsifié que l'on fait croire gagnant à un ingénu

TODA – NA TODA, A TODA (loc. adv.)

A toute vitesse (A toute blinde, à fond de cale, à fond de train, à toute berzingue, à toute vibure)

TOMADA (s.f.)

1) V. ACHAQUE (I)

2) V. ATRACO

TOMADO (adj.) – V. BEBUM (2)

TOMADOR (s.m.) – V. AFANADOR

TOMADOR NA MARRA (s.m.) – V. ATRACADOR

TOMAR ASSINATURA (COM ALGUÉM)

Importuner quelqu'un sans arrêt

(Cramponner, courir sur l'haricot, scier le dos, tanner, taper sur le système) – V. AMOLAR, INVOCAR

TOMAR BANHO (VAI TOMAR BANHO!)

Va te promener! (Va te faire foutre!)

TOMAR CHÁ-DE-CADEIRA – V. CHÁ-DE-CADEIRA

TOMAR JEITO – V. JEITO (4)

TOMAR NA MACIOTA – V. BATER (I), AFANAR

TOMAR NA MARRA – V. MARRA (2)

TOMAR TENÊNCIA DE – V. TENÊNCIA (3)

TOMAR UM PILEQUE (UM PORCO) – V. ÓLEO (2) (PÔR ÓLEO), CHUPAR

TOMARA-QUE-CAIA

1) (adj.) Se dit de la partie supérieure d'un vêtement féminin que rien ne retient aux épaules ou au cou

2) (s.) Cette partie du vêtement

TOMATES (s.m.pl.) – V. BAGO (2) (BAGOS)

TOMBO (s.m.)

Capacité, inclination d'une personne à quelque chose

TOMÉ (s.m.)

Le fait de se retirer du jeu de façon inattendue

DAR O TOMÉ – Se retirer du jeu de façon inattendue

TOME-JUÍZO (s.m.) – V. PINGA

TONEL (s.m.) – V. BEBAÇA

TONTO (adj. et s.)

1) V. ALTO

2) V. BIRUTA

TOP-TOP – LEVAR TOP-TOP – V. BOMBA (2) (LEVAR BOMBA) – «Levou top-top no vestibular»

TOPADA (s.f.)

Grosse somme d'argent extorquée à un bandit pour ne pas l'inquiéter – V. BOLADA

TOPADOR (adj. et s.)

Celui qui est prompt à relever toute sorte de défis

TOPAR (v.intr. et tr.)

1) Accepter, être d'accord (Marcher) – V. PARADA (1) (TOPAR A PARADA)

2) TOPAR ALGUÉM, TOPAR COM ALGUÉM – Sympathiser avec – «Não te topo, porque tu é dedo-duro!» – «Não topava com a minha fuça» – V. CARA (10) (IR COM A CARA DE)

TOPEIRA (s.m.) – V. OTÁRIO (1, 2)

TOQUEIRO (s.m.) – V. TOQUISTA

TOQUISTA (s.m.)

Policier qui se laisse corrompre par des délinquants – V. ACHACADOR (1)

TORA – V. NA TORA

TORCEDOR (s.m.)

Supporter d'un club dans les compétitions sportives

TORCER PARA, POR

Encourager un club, une personne; être partisan de quelqu'un, quelque chose

TORCIDA (s.f.)

L'ensemble des supporters d'un club sportif

TORORÓ (s.m.) – V. CONVERSA FIADA

TORRA (s.m.) – V. CHATO (1)

TORRAÇÃO (s.f.) – V. INJEÇÃO (1)

TORRADO (adj.) – V. BEBUM (2)

TORRAR (v.tr.)

1) TORRAR O DINHEIRO – Dépenser sans compter (Les claquer, les lâcher, en écosser, les balancer à la grouille)

2) TORRAR O BAGULHO – V. PUXAR (5) (PUXAR FUMO)

3) Vendre à très bon prix, brader, liquider (Bazarder, fourguer). On dit aussi TORRAR NOS COBRES

4) V. AMOLAR

TORTO (adj.)

1) Qui a l'usage d'un seul œil, borgne

2) V. BARATINADO

TOSTADO (adj. et s.) – V. BLECAUTE

TRABALHAR (v.intr.)

1) V. AFANAR

2) Se livrer à toute activité illicite, faire du trafic – V. PASSAR

3) V. CAIR NA VIDA

TRABALHO (s.m.)

1) V. AFANO

2) V. ATRACO

TRABICAR (v.intr.) – V. TRABALHAR (1, 2, 3)

TRABUCAR (v.intr.) – V. TRABICAR

TRABUQUEIRO (s.m.) – V. PASSADOR, TRAMBIQUEIRO

TRABUZANA

1) (s.f.) V. PIFÃO

2) V. BAFAFÁ

3) (s.m.) V. BAMBA (2)

TRAÇADO (s.m.)

Eau-de-vie avec du vermouth ou du cognac

TRAÇAR (v.tr.)

1) V. CASTIGAR (1)

2) V. COMER

TRAGADEIRO (s.m.) – V. ENGOLIDEIRAS

TRAGAR (v.tr.) – NÃO TRAGAR ALGUÉM

Ne pas aimer quelqu'un (Ne pas blairer, ne pas pifrer (pifer), ne pas encaisser, avoir dans le nez)

TRAGUEADO (adj.) – V. BEBUM (2)

TRAIDORES (s.m.pl.)

Chaussures qui font du bruit

TRAÍRA (s.f.) – V. AÇO (1)

TRALHA

1) (s.f.) – V. AMARRA

2) (s.m.) – V. BISCA

TRAMBICAR (v.intr.) – V. TRABICAR

TRAMBIQUE (s.m.)

1) Transaction illicite, trafic où

l'une des parties est trompée – V. ARRANJO (2)

2) V. SERVIÇO (1)

3) V. AFANO

4) Pratique de la prostitution – V. CAIR NA VIDA, VIRAÇÃO (2)

TRAMBIQUEIRO (adj. et s.)

1) Celui qui fait des transactions illicites – V. VIGARISTA

2) TRABUQUEIRO, PASSADOR

TRAMPADOR (s.m.) – V. PASSADOR

TRAMPAR (v.intr.)

1) V. METER OS PEITOS

2) V. TRABALHAR (2)

TRAMPEIRO (s.m.) – V. PASSADOR

TRAMPO (s.m.)

1) V. BATENTE – «O moço bom saiu do trampo na sexta-feira às seis da tarde» P.M.

2) V. BARROADA

3) V. TRAMBIQUE (1) – «Aprendeu os trampos e os macetes» P.M.

4) V. BOLACHA (1, 2)

TRANCA (s.m.)

1) V. CALHORDA

2) V. PÃO-DURO

3) V. MOCOTÓ

4) V. BUQUE

TRANÇA (s.f.) – V. BAFAFÁ

TRANCAFIAR (v.tr.) – V. ENCANAR

TRANCA-RUAS (s.m.)

1) V. BAMBA (2)

2) Chauffeur qui encombre la circulation

TRANÇAR A ERVA

Faire le trafic de marihuana – V. PASSAR

TRANCHÃ (adj.) – V. BACANA (2)

TRANCO (s.m.)

1) V. BARRUFO – «Deixa dar um tranco aí!»

2) V. BOLACHA (2)

3) Réprimande – «Levei um tranco da patroa»

TRANQÜILO (adj. et adv.)

Assuré, certain, sûr (Affiché, couru) – «O São Paulo será campeão. É tranqüilo»

TRANSA (s.f.)

1) Transaction, commerce entre trafiquants – «O tira manjou as transas entre o chincheiro e a boca»

2) Échange qui, même lorsqu'il concerne des biens matériels, ne se limite jamais à une pure transaction économique mais implique toujours un élément affectif entre les pôles de la transaction – «Eu descolei esta bolsa numa transa na praia».

3) Relation entre des choses ou des êtres entre eux que le locuteur cherche à maintenir dans un état d'indéfinition et qui peut, selon les cas, être la plus superficielle ou la plus intense possible, de même que très rapide ou durable – «Eu fui ao Rio e tive uma transa maravilhosa» – «Minha transa com ele é muito boa»

4) Style de vie et (ou) de relations humaines lié à une action, un lieu déterminé – «Como é que está a transa em Paris este verão?» – «As transas de hoje na TV» – «Uma outra transa do Pedro é sua incursão nos negócios de jóias»

TRANSAR (v.tr.)

1) Chercher à obtenir – «Preciso transar uma viagem pro Rio» – «Está em Londres transando a vinda dos Beatles» – «Está transando seu passaporte para ir à Copa do mundo»

2) V.CURTIR (1) – «Vamos transar uma praia domingo» – «Eu faço cinema, viajo muito; qualquer

mulher brasileira pode transar uma dessas»

3) TRANSAR COM… Avoir des relations avec des êtres ou des choses qui peuvent être les plus superficielles ou intenses possible – «Ele não transa com a classe operária» – «Eu transo muito bem com esse cara» – «Nós transamos com a filha da empregada»

4) Faire des transactions illicites – V. PASSAR

5) (v.intr.) – V. CURTIR – «Esse cara não transa» – «O importante é saber tirar proveito dos bons momentos que a vida oferece e transar prá valer» – «Transamos legal em Paris»

TRANSADOR (adj.)

Celui qui sait « TRANSAR»

TRANSÁVEL (adj.)

Susceptible d'être obtenu, apprécié – V. TRANSAR

TRANSPLANTE (s.m.)

Echange de pièces sur des voitures volées, en vue d'en rendre difficile l'identification

TRANSVIADA (s.f.) – V. PUTA (1)

TRAPINCOLA (adj. et s.) – V. CALOTEIRO

TRAQUE (s.m.) – V. BUFA

TRAQUEJAR (v.tr.)

1) Blâmer un subordonné, à l'armée – V. XINGAR

2) Donner des ordres désagréables à un subordonné

TRASEIRO (s.m.) – V. BUNDA (1)

TRATAR-SE (v.pr.) – V. BARATINAR (4) (BARATINAR-SE)

TRATO (s.m.) – V. CHAPA (1)

TRAULITADA (s.f.)

1) V. BOLACHA (1, 2)

2) V. TROMBADA (2)

TRAVESTI (s.m.) – V. BICHA (1)

TRECO (s.m.) – V. TROÇO (1)

TRELA (s.f.) – DAR TRELA – V. BATER UM PAPO

TREMENDÃO (adj.) – V. BACANA (2) – «Pintou aquela morena tremendona»

TREMENDO (adj.) – V. BACANA (2)

TREMER NAS BASES – V. PENICO (2) (PEDIR PENICO)

TREME-TREME (s.m.)

Gratte-ciel

TREMILIQUE (s.m.) – V. CHILIQUE

TREPA (s.f.)

1) V. BIABA

2) V. BRONCA (1)

TREPAÇÃO (s.f.) – V. PICIRICO

TREPADA (s.f.)

1) V. PICIRICO

2) V. BRONCA (1)

TREPAR (COM, EM)

1) V. COMER

2) Employé absolument: Avoir des relations sexuelles (Tirer un coup)

TREPAR-SE NAS TAMANCAS (NOS TAMANCOS) – V. EMPOMBAR

TRESOITÃO (s.m.)

Revolver calibre 38 – V. BERRO

TRETA (s.f.)

1) V. BANHO (1)

2) V. MALAGRIFAS

3) V. GRUDE (4)

TRIBOFE (s.m.) – V. BATOTA (1)

TRIBOFEIRO (s.m.)

Tricheur (dans toute sorte de jeu)

TRIBUFU (adj.) – V.ESCRACHADO (4)

TRIBUZANA (s.f.) – V. TRABUZANA

TRINCANTES (s.m.pl.) – V. MASTIGANTE (1)

TRINCHA (s.f.)

Tout fer servant à forcer une porte – V. DENTROSA (2), ESTICA (2)

TRINCOSA (s.f.) – V. BÓIA

TRINQUE (s.m.) ANDAR, ESTAR NO TRINQUE – V. ENCADERNADO, ESTICA (2)

TRINTA-E-UM – V. BATER O TRINTA-E-UM

TRIPA (s.f.)

  1) V. LINGUIÇA

  2) V. BASEADO

TRISCADO (adj.) – V. BEBUM (2)

TROÇA (s.f.)

  1) V. GOZAÇÃO

  2) Rassemblement de personnes, foule

TROCA-TROCA (BRINCAR DE TROCA-TROCA) – V. CORTAR DOS DOIS LADOS

TROCADINHO (s.m.)

  1) V. CARAMINGUÁS

  2) Explications détaillées – DAR (EM) TROCADINHOS

TROCAR AS BOLAS

  Se tromper, prendre une chose pour une autre (Se mélanger les pédales)

TROCAR (O) ÓLEO

  1) V. CHUPAR

  2) V. TREPAR

TROÇO (s.m.)

  1) Objet, chose – V. JOÇA (1) – «Bobo é aquele troço que a gente leva no pulso e faz tictac» (Truc, machin)

  2) Histoire, affaire – «Contei o troço à mulher» – «Não me venha com esse troço de vender o carro» – V. BABADO (1)

  3) V. BAMBA (1), MANDA-CHUVA (1) – «Ele é troço na política» – «É troço pra chuchu»

  4) Valeur superlative quand il est précédé de l'article indéfini – «Comprei um disco que é um troço» – V. BACANA (2), BARATO (3), COISA (2)

  5) Malaise, syncope – «Quase teve um troço quando viu o preço» – V. CHILIQUE

TROLADO (adj.) – V.BEBUM (2)

TROLHA (s.f.)

  1) V. ABACAXI (2)

  2) V. BOLACHA (1, 2)

TROMBA

  1) (s.f.) – V. FACHADA

  2) (s.m.) – V. COMISSA

TROMBADA (s.f.)

  1) V. BOLACHA (1, 2)

  2) Collision (d'une voiture)

  3) V. ACHAQUE (1)

  4) V. BOFE (1)

TROMBADINHA (s.m.)

  Voleur à la tire, généralement mineur, qui exerce son activité en bousculant sa victime – V. BATEDOR DE CARTEIRA, CAVALO DOIDO

TROMBETAR (v.tr.) – V. ALCAGOETAR

TROMBONE (s.m.) – V. PÔR (BOTAR, METER) A BOCA NO TROMBONE

TROMPA (s.m.)

  1) V. CACIQUE

  2) V. BAMBA (1), MANDA-CHUVA (1)

TROMPAÇO (s.m.)

  1) Ramponneau

  2) V. BOLACHA (1)

TROMPADA (s.f.) – V. TROMPAÇO

TROMPÁZIO (s.m.) – V. TROMPAÇO

TROMPETA (s.m.) – V. FUÇADOR

TRONCO (s.m) – V. PIFÃO

TROTE (s.m.) (DAR (PASSAR) UM TROTE, LEVAR UM TROTE)

  1) Brimade que subissent les élèves de première année à la Faculté ou dans les grandes écoles (Bizutage)

  2) Farce, mystification visant à abuser de la crédulité de quelqu'un (Canular)

TROTEAR (v.tr.)

  1) Faire subir des brimades aux élèves débutants (Bizuter)

  2) Mystifier (Canuler, faire marcher, mener en bateau)

TROTUAR (s.m.)

Promenade de la prostituée, trottoir

TROUXA

1) (s.m.) V. OTÁRIO (1)

2) (s.f.) V. MORRÃO (2)

TROUXINHA (s.f.) – V. MUTUCA

TROVISCADO (adj.) – V. BEBUM (2)

TRUACA (s.f.) – V. PIFÃO

TRUBUFU (adj.) – V. TRIBUFU

TRUCHA (adj.) – V. LINHA-DE-FRENTE (1)

TRUCHO-FECHA (s.m.) – V. BAMBA (2)

TRUMBICAR-SE (v.pr.) – V. ESTRUMBICAR-SE

TRUNCHA (s.f.)

Outils d'un cambrioleur (Clous, fers) – V.DENTROSA (2), TRINCHA

TRUNFO (s.m.)

1) V. MANDA-CHUVA (1)

2) V. ARAME

TRUTA

1) (s.m.) Complice d'un crime – V. GRUPO (1)

2) V. BISCA

3) (s.f.) V. BARROADA, GRUPO (2)

4) DAR TRUTA – Créer des problèmes – «Olhar a mulher do vizinho pode dar truta» – V. BODE (1) (DAR BODE)

TUA – A TUA (pr.possessif)

Tes intentions – V. QUAL É A TUA? – V. MINHA (A MINHA)?, SUA (A SUA) (2)

TUBARÃO (s.m.)

Personne cupide, impitoyable en affaires (Requin)

TUBI (s.m.) – V. BOTÃO (2)

TUBO (s.m.)

1) V. BASEADO

2) V. CANUDO (1)

3) (au pluriel) Beaucoup d'argent (Un paquet) – «O cantor está faturando os tubos» – V. FATURAR (1), BOLADA

TUBULAR (v.intr.) – V. ENTRAR PELO CANO

TUCUDO (adj.) – V. BAMBA (2)

TUNCUM (s.m.) – V. ARAME

TUNDÁ (s.m.) – V. BUNDA (1)

TÚNEL (s.m.) – V. ABAJUR

TUNGAR (v.tr.)

1) V. TAPEAR

2) Faire subir une perte d'argent à quelqu'un

3) V. AFANAR

TUPINAMBÁ (s.m.) – V. MANDA-CHUVA (1)

TUPINIQUIM (adj. et s.)

Brésilien

TURBINA (s.f.) – V. BERRO

TURCO (s.m.)

1) Désignation des arabes immigrés (Bicot)

2) Vendeur ambulant qui propose le paiement à crédit

3) TURCO DA PRESTAÇÃO – V. TURCO (2)

TUREBA (s.m.) – V. BAMBA (1, 2)

TURMA DA PESADA (s.f.)

Gang de voleurs à main armée (Braqueurs)

TURMA-DO-DEIXA-DISSO (s.f.)

Gens toujours disposés à mettre fin aux conflits; la confrérie du «Arrêtez-ça!»

TURMA DA QUILOMETRAGEM (s.f.) – V. TURMA DA PESADA

TURMA DO QUILO (s.f.) – V. TURMA DA PESADA

TURUMBAMBA (s.m.) – V. BAFAFÁ

TURUNA (adj. et s.)

1) V. BAMBA (1), QUENTE (3) – «Ele é turuna em negócios»

2) V. BAMBA (2)

TUTANO (s.m.) – V. QUENGO

TUTU (s.m.)
1) V. ARAME
2) V. MANDA-CHUVA (1)

TUTUMUMBUCA (s.m.) – V. MANDA-CHUVA (1)

TUTUNQUÉ (s.m.) – V. MANDA-CHUVA (1)

TUZINA (s.f.) – V. BIABA

U

UCA (s.f.) – V. PINGA

UGAR (v.intr.)

Ameuter, crier, appeler à l'aide
(Gueuler au charron, aller au cri)

ÚLTIMO (s.m.) – V. SAIDEIRA

UMAS E OUTRAS (pr.ind.)

Plusieurs verres d'alcool ou d'apéritif

UMBARU (s.m.) – V. DIAMBA

UMBIGADA (s.f.)

1) V. PICIRICO

2) Danse

UNHA (s.f.) – SER COMO UNHA E CARNE,
SER UNHA COM CARNE COM – V.
CORDA E CAÇAMBA

UNHA-DE-FOME (adj. et s.) – V. PÃO-
DURO

UNHADOR (s.m.) – V. AFANADOR

UNHAR

1) (v.tr.) – V. AFANAR

2) (v.intr.) – V. AZULAR

UNTAR (AS MÃOS, AS UNHAS) – V. EN-
GRAXAR

UNTO (s.m.) – V. ARAME

URBANO (s.m.) – V. TIRA (1)

URSADA (s.f.)

Trahison d'un faux-ami (Coup de
chien)

URSO (s.m.) – V. AMIGO URSO

URUBU (s.m.)

1) Mécanicien ambulant, connais-
sant mal son métier, et qui recherche la clientèle des automobilistes
en panne sur les routes

2) Individu de mauvais augure – V.
CABULOSO

3) V. LUNGA

4) Croque-mort – V. PAPA-DE-
FUNTO

5) V. BLECAUTE

6) V. ESCOVAR URUBU

URUBUSSERVAR (v.tr.) – V. MANJAR (2),
SAPEAR

URUCA (s.f.) – V. URUCUBACA

URUCACA (s.f.) – V. CORUJA (1)

URUCUBACA (s.f.)

1) V. CAFINFA (1)

2) Sortilège

URUMBEBA (s.m.)

1) V. CAPIAU

2) V. ÓTARIO

USAR A IGNORÂNCIA – V. APELAR PRA
IGNORÂNCIA

UVA (s.f.)

1) V. CHUCHU (1)

2) V. BROTINHO

3) Précédé de l'article indéfini a
une valeur superlative – V. BACANA
(2), BARATO (3), COISA (2)

VACA (s.f.)
1) V. CAIXINHA (1)
2) V. PUTA
3) V. NEM QUE A VACA TUSSA
VACILADA (s.f.) – V. DAR UMA VACILA-DA
VACILAR (v.intr.) – V. MANCAR (2)
VACILON (s.m.) – V. BRANCA-DE-NEVE
VACINA (s.f.) – V. RABO-DE-GALO (1)
VACINAR (v.tr.) – V. RISCAR
VADIA (s.f.) – V. PUTA
VADIAÇÃO (s.f.) – V. BILONTRAGEM (1)
VADIAR (v.intr.) – V. ESBORNIAR
VADIOLA
1) (s.m.) – V. JIROTE
2) (s.f.) – V. BRISA (2)
VAGABINA (s.m.) – V. JIROTE
VAGABUNDA (s.f.) – V. PUTA
VAGABUNDO
1) (adj.) – De mauvaise qualité
2) (s.m.) – V. JIROTE
VAGAU (s.m.) – V. JIROTE
VAGOLÉU (s.m.) – V. JIROTE
VAGOLIM (s.m.) – V. VAGAU
VAGOLINO (s.m.) – V. VAGAU
VAGÓLIO (s.m.) – V. VAGAU
VAGOMESTRE (s.m.) – V. VAGAU
VAI POR MIM!
Invitation pressante faite à un tiers d'obéir aux conseils qu'on lui donne
VAIVÉM (s.m.)
Garçon de café (Loufiat)
VALENTONA – NA VALENTONA (loc.adv.) – V. MARRA (NA MARRA), APRONTAR

VALE-TUDO (s.m.) – V. NA BASE DO VALE-TUDO
VALER – PRA VALER (loc.adv.)
Pour de bon (C'est pas du bidon, de la rigolade) – V. DURO (2) (NO DURO)
VANTAGEM (s.f.) – CONTAR VANTAGEM
Faire le fanfaron – V. FAROFEIRO, BAMBA (2)
VAPO – NUM VAPO (loc.adv.)
En un rien de temps (En cinq sec, en deux temps trois mouvements, en trois coups de cuiller à pot, en moins de deux, en moins de jouge, presto, rapido, subito presto)
VAPOR (s.m.) – V. MACONHEIRO (1, 2)
VAPOSEIRO (s.m.) – V. MACONHEIRO (1, 2)
VAQUETA (s.f.) – V. PUTA
VAQUINHA (s.f.) – V. VACA (1, 2)
VARA (s.f.)
1) «Ela recusou e o homem ficou uma vara» – Extrêmement irrité, furieux – V. AFINADO, ARARA (3)
2) V. NERVO (1)
VARA DE BATER (s.f.) – V. GIRAFA
VAREIO (s.m.) – V. BIABA (1)
VARGOLINO (s.m.) – V. CARA (s.m.)
VÁRZEA (s.f.) – NA VÁRZEA SEM CACHORRO – V. MATO (4)
VASELINA
1) (s.f.) SEM VASELINA – V. MARRA (1) (NA MARRA)
2) (s.m.) – V. ENGROSSADOR, POMADA

VASILHA (s.f.) – V. BISCA

VASSOURA (s.f.)

1) Homme (ou femme) qui change souvent de partenaire

2) Voleur qui emporte tout – V. LIMPAR

VASSOURINHA (s.f.)

Pipe à fumer de la marihuana – V. MARICA (1)

VAZIO (s.m.) – V. BUCHO (3)

VEADAGEM (s.f.)

Manières et comportement de pédéraste

VEADO (s.m.)

1) V. BICHA (1)

2) V. BANCAR VEADO

VEÍCULO (s.m.) – V. BOI (1)

VELA (s.f.) – V. BARBEIRA

VELA NO VENTO – V. BANANEIRA QUE JÁ DEU CACHO

VELHA (s.f.)

1) Mère (Dabe, dabuche, daronne, doche, maternelle, vieille)

2) La mort

VELHA GUARDA (s.f.)

1) Compositeurs et chanteurs vétérans

2) Les vieux – V. COROA (au pluriel)

VELHÃO (adj. et s.) – V. CHAPA (1)

VELHINHO (adj. et s.) – V. VELHÃO

VELHO (s.m.)

1) Père (Dabe, daron, paternel, vieux, vioque)

2) V. CHAPA (1)

VELHOTA (s.m.)

Pédéraste âgé – V. BICHA (1)

VELHUSCO (s.m.) – V. COROA

VENENO (s.m.)

1) Ravissement – «Essa menina é um veneno!» – V. BACANA (2)

2) V. PINGA

3) V. DIAMBA

VENENOSA (s.f.) – V. PINGA

VENEZIANA (s.f.) – V. BOLA (1), FACHADA

VENTANA

1) (s.f.) Action de pénétrer dans les maisons par les fenêtres

2) (s.m.) – V. VENTANISTA

VENTANISTA (s.m.)

Voleur qui entre par les fenêtres (Vanternier)

VENTENA (s.f.) – V. PUTA

VENTILADO (adj.) – V. BICHA

VENTO (s.m.) – V. ARAME

VENTOLINO (s.m.) – V. VENTO

VENTUDO (adj.) – V. VENTUSCO

VENTUSCO (adj.)

Qui a un grand nez – V. BATATA (1)

VER O SOL (NASCER) QUADRADO

Etre en prison – V. PUXAR (3) (PUXAR CANA)

VERMELINHA (s.f.)

Jeu du bonneteau

VERMELHO (s.m.) – V. MELADO (1)

VERTER ÁGUA

Uriner (Changer le poisson d'eau, changer l'eau de ses olives, lancecailler, lisbroquer, lâcher un fil)

VESTIR A CAMISOLA – V. BATER AS BOTAS

VESTIR O PIJAMA – V. PENDURAR (3), (PENDURAR A(S) CHUTEIRA(S))

VESTIR O PIJAMA DE MADEIRA (PINHO) – V. BATER AS BOTAS

VESÚVIO (s.m.) – V. MAMÃE-ME-LEVA

VETERANO (s.) – V. COROA

VIAGEM (s.f.)

Réaction provoquée par la drogue (Voyager)

CURTIR (1) CURTIR A VIAGEM – V. BARATO (2), LIGAÇÃO (2)

VIAJAR (v.intr.)

Être sous l'effet de la drogue – V. BARATINADO, PIRAR (1)

VIAJAR PRO BAIRRO ALTO – V. BATER AS BOTAS

VÍBORA (s.f.) – V. CASCÁVEL

VICHENZO (s.m.) – V. OTÁRIO (1)

VIDA (s.f.)

1) Prostitution – V. CAIR NA VIDA

2) DA VIDA – Employé superlativement après des adjectifs comme FELIZ DA VIDA, LOUCO DA VIDA, DANADO DA VIDA, PUTO DA VIDA, SAFADO DA VIDA

3) QUE NÃO É VIDA – En grande quantité – «Ganha dinheiro que não é vida»

4) TODA A VIDA

a) En ligne droite

b) V. BESSA (2) – «É bom toda a vida comer feijoada»

VIDA-MANSA

1) (s.f.) – V. VIDÃO

2) (s.m.) – V. BOA-VIDA, FOLGADO (2)

VIDÃO (s.m.)

Bonne vie (Vie de patachon) – V. MOLEZA (4), BEMBOM

VIDOCA (s.f.) – V. VIDÃO

VIDRAÇÃO (s.f.)

Amour passionné pour quelqu'un ou quelque chose – V. GAMAÇÃO

VIDRADÃO (adj.) – V. VIDRADO

VIDRADO (COM, EM, PARA, POR)

Passionné pour quelqu'un ou quelque chose – «Está vidrada no Chico e em novelas» – V. GAMADO, TARADO

VIDRAR (COM, EM, PARA, POR)

Désirer passionnément quelqu'un ou quelque chose – «Conheceu um Francês e vidrou» – V. GAMAR

VIGARICE (s.f.)

Escroquerie (Arnaque) – V. BANHO (1)

VIGÁRIO (s.m.) – V. VIGARISTA

VIGARISTA (s.m.)

Escroc, aigrefin (Arnaqueur, faisan) – V. BISCA

VINAGRE (s.m.)

1) V. PÃO-DURO

2) ESTAR NO VINAGRE – V. ESTICA (1)

3) V. IR PRO VINAGRE

VINHAÇA (s.f.) – V. PIFÃO

VINHO (s.m.) – V. PIFÃO

VINTE (s.f.)

1) V. BEATA

2) V. GUIMBA (1)

VINTE-E-CINCO (s.m.) – V. ÁCIDO

VINTE-E-QUATRO (s.m.) – V. BICHA (1)

VIOLÃO (s.m.)

Hanches de femme avantageuses

VIOLÃO-SEM-BRAÇO (s.m.)

Le nombre huit

VIOLINO (s.m.) – V. CHUCHU (1)

VIRAÇÃO (s.f.)

1) Grande activité

2) Expédient douteux

3) V. VIDA (1) – «Precisou fazer viração para viver»

4) V. BARROADA, TRAMBIQUE (1)

5) V. AFANO

VIRA-COPOS (s.m.) – V. BEBAÇA

VIRA-E-MEXE (loc. adv.)

De façon inattendue et fréquemment – «Vira-e-mexe ele embarca pro Rio»

VIRA-LATA (s.m.)

1) Chien bâtard, corniaud – V. FERREIRO

2) V. JOÃO-NINGUÉM

VIRADO DA BOLA (adj.) – V. BOLA (2)

VIRADOR (s.m.) – ESTAR NO VIRADOR – V. ESTICA (1)

VIRAR (v. intr.)

1) Exercer la prostitution – V. CAIR NA VIDA

2) V. APAGAR A LUZ

3) VIRAR A BOLSINHA – V. CAIR NA VIDA

4) VIRAR A MESA – Changer de conduite (dans un sens défavorable) (Chanstiquer)

5) VIRAR BISCOITO – V. BATER AS BOTAS

6) VIRAR PACALHO – S'en aller en eau de boudin

7) VIRAR SORVETE – V. AZULAR

VIRAR-SE (v.pr.)

1) Se débrouiller (Se défendre, se démerder, s'en sortir)

2) V. CAIR NA VIDA

VISAGEM (s.f.)

Gesticulations destinées à impressionner

VISCOSO (s.m.)

1) V. CHATO (1)

2) V. MELADO (1)

VISITA (s.f.) – V. BOI (1)

VIUVA-ALEGRE (s.f.) – V. MAMÃE-ME-LEVA

VIVAÇO (s.m.) – V. VIVALDINO

VIVALDICE (s.f.)

Ruse, vivacité d'esprit

VIVALDINO (s.m.) – V. LINHA-DE-FRENTE (1)

VIVALDO (s.m.) – V. VIVALDINO

VIVARACHO (s.m.) – V. VIVALDINO

VIVAZ (s.m.) – V. VIVALDINO

VIVEIRO (s.m.)

Groupe de prostituées et de toxicomanes qui collaborent avec la police

VIVO (adj.) – V. VIVALDINO

VOADORA (s.f.)

1) V. ANDADORA

2) V. MOTOCA

VOAR (v.intr.)

1) V. AZULAR

2) V. BOIAR (2)

3) VOAR EM (PARA) CIMA DE – Faire le siège de quelqu'un dans l'intention de conquête amoureuse

VOLTA DA LUA (s.f.) – V. BOI (1)

VOLTA DA MAÇÃ (s.f.)

Tour préalable que fait le voleur pour étudier son coup

VOMITAR

1) (v.tr.) – V. BICO (3) (ABRIR O BICO)

2) (v.intr.) – Dire des gros mots

VOMITÓRIO (s.m.)

Confession forcée ou provoquée – DAR UM VOMITÓRIO – Faire avouer en employant la force (Faire accoucher, faire cracher le morceau, faire aller au refil, faire dégorger) – V. TIRAR O SERVIÇO

VÔO (s.m.) – V. VIAGEM

VOU TE CONTAR

Expression qui donne une idée d'inénarrable, d'extraordinaire – «Aí apareceu uma dona que vou te contar» – V. BACANA (2)

VOVÓ (s.f.)

Femme âgée (Mémé)

X

XADREZ (s.m.) – V. CANA (1)

XAMBREGADO (adj.) – V. BEBUM (2)

XAROPADA (s.f.) – V. PRESEPADA

XAROPAR (v.tr. et intr.) – V. XAROPEAR

XAROPE (s.m.)

  1) V. BIRUTA

  2) V. QUADRADO (1, 2)

  3) V. CHATO (1)

  4) Sous l'effet des stupéfiants – «Toda a turma xarope, quando cheguei» – V. BARATINADO, PIRADO (2)

XAROPEAR

  1) (v.tr.) – V. AMOLAR

  2) (v.intr.) – V. FUNDIR A CUCA (2) (DE CUCA FUNDIDA)

XAVECADA (s.f.) – V. XAVECO (3, 4, 5)

XAVECO (s.m.)

  1) V. CORUJA (1)

  2) V. JOÃO-NINGUÉM

  3) Discorde à la suite d'un mauvais partage du vol

  4) Machination – «O cara se mancou que havia um xaveco para encanar ele» – V. ENXAME (1)

  5) Problème, difficulté – «Esse carango tem xaveco no motor»

  6) V. BAGULHO (2), MICHO (2)

XAVEQUEIRO (adj. et s.)

  1) V. FOFOQUEIRO

  2) V. ALCAGOETE (1)

XAVIER (adj.)

  1) FICAR XAVIER – Etre vexé (L'avoir sec, avoir bonne mine)

  2) SAIR XAVIER – Quitter le jeu en ayant perdu (Attraper une culotte, embrasser Fanny) – V. EMBALSAMADO

  3) V. SEU (1) (SEU XAVIER)

XEPA (s.f.)

  1) Nourriture de caserne – V. BÓIA

  2) Restes de nourriture

  3) Vieux journal qui est vendu de nouveau

XEPEIRO (s.m.)

  1) Personne qui fait de la récupération dans les ordures

  2) Personne qui revend de vieux journaux

XERETA (adj. et s.)

  1) V. FUÇADOR

  2) V. ENGROSSADOR

XERETAR (v.tr.)

  1) V. FUÇAR

  2) V. ENGROSSAR (1)

XERETEAR – V. XERETAR

XEXELENTO (adj.) – V. ESCROTO

XEXÉU (s.m.)

  Mauvaise odeur provenant de la transpiration

XIBA (s.f.) – V. CHIBABA

XIBABA (s.f.) – V. CHIBABA

XIBAR (v.tr.) – V. CHIBAR

XILIM (s.m.) – V. XILINDRÓ

XILINDRÓ (s.m.) – V. CANA (1)

XIMBICA (s.f.) – V. FUBICA (2)

XINAPRE (s.m.) – V. PINGA

XINFRA (s.m. et s.f.) – V. CHINFRA

XINGAÇÃO (s.f.)

  Insultes (Engueulades)

XINGAMENTO (s.m.) – V. XINGAÇÃO
XINGAR (v.tr.)
   Insulter (Engueuler, incendier) –
   V. PUTEAR
XINGATÓRIO (s.m.) – V. XINGAÇÃO
XINGO (s.m.) – V. XINGAÇÃO
XINXEIRO (s.m.) – V. CHINCHEIRO
XIQUE-XIQUE (s.m.) – V. ABOTOADURAS
XIRIMBAMBADA (s.f.) – V. BANZÉ (I, 2)
XIS (s.m.) – V. CANA (I)
XISBOIA (adj. et s.) – V. ANGUZEIRO
XIXICA (s.f.) – V. GRAXA
XODÓ (s.m.)
   I) Amour, passion (TER UM XODÓ
   POR...) Avoir un amour passionné
   pour... – V. GAMADO, GAMAÇÃO –
   «Dava tudo o que tinha pelo xodó
   da belezoca»

   2) Amoureux – «Ela é o xodó do
   Zézinho»
XONA (s.f.) – V. NEGRA (I)
XUÁ
   I) (s.m.) Chose extraordinaire,
   merveilleuse
   2) (s.f.) – V. TETÉIA (I, 2)
XUÉ (adj.) – V. CHUÉ
XUMBERGA
   I) (s.f.) – V. PIFÃO
   2) (adj. et s.m.) – V. BEBAÇA
XUMBREGAR (v.tr.) – V. BOLINAR
XUMBREGO (s.m.) – V. BOLINAÇÃO
XUXU
   I) (s.m.) – V. CHUCHU (I)
   2) (loc.adv.) PRA XUXU – V. PRA
   CHUCHU

Z

ZABANEIRA (s.f.) – V. PUTA

ZANGÃO (s.m.)

   1) Personne qui racole dans la rue des clients pour photographes, hôtels, etc.

   2) V. BICÃO (1, 2)

ZANGAR (v.intr.) – V. PIFAR (1)

ZANGURRIANA (s.f.) – V. PIFÃO

ZANGURRINA (s.f.) – V. PIFÃO

ZANZAR (v.intr.) – V. BATER PERNAS – «Tava zanzando pelaí»

ZANZEIRA (s.f.) – V. ZONZEIRA

ZARANZA (adj.) – V. BIRUTA

ZARANZAR (v.intr.) – V. ZANZAR

ZARÇÃO (s.m.) – V. CAFINFA (1)

ZARPAR (v.intr.) – V. AZULAR

ZARRO (adj.) – V. BEBUM (2)

ZÁS-TRÁS-NÓ-CEGO (loc.adv.) – V. VAPO (NUM VAPO)

ZÉ (s.m.) – V. JOÃO-NINGUÉM

ZÉ-BURRO (s.m.) – V. ZÉ

ZÉ-COIÓ (s.m.) – V. ZÉ

ZÉ-DA-VÉSTIA (s.m.) – V. ZÉ

ZÉ-DAS-CANDONGAS (s.m.)

   Individu qui est aimé des femmes, se plaît à leur commerce (Chéri de ces dames)

ZÉ-DOS-ANZÓIS (s.m.)

   1) V. ZÉ

   2) V. FULANO-DOS-ANZÓIS

ZÉ-DOS-ANZÓIS-CARAPUÇA (s.m.) – V. ZÉ-DOS-ANZÓIS (1, 2)

ZÉ-MANÉ (s.m.) – V. ZÉ

ZÉ-MARMITEIRO (s.m.)

   Ouvrier (Pue la sueur)

ZÉ-NINGUÉM (s.m.) – V. ZÉ

ZÉ-POVINHO (s.m.)

   Homme du peuple, le peuple (Le populo)

ZÉ-POVO (s.m.) – V. ZÉ-POVINHO

ZEBRA (s.f.)

   1) Personne stupide (Abruti, andouille, ballot, bas de plafond, bêta, bêtasse, betterave, bille, bille en tranches, bouché, bouché à l'émeri, bourrique, branque (s.m.), buse, capsulé, cave (s.m.), con, conard, conasse, conno, corniaud, cornichon, couillon, crêpe, cruche, cul, cucul, duconneau, duchnock, empaillé, emplâtré, empoté, enflé, enflure, fada, godiche, gland, gourde, graine de con, jobard, nave, navet, noeud, noix, pied, pomme, pomme à l'eau, tourte, qui en tient une couche, une dose, qui en trimbale)

   2) Résultat d'un match non prévu par les parieurs – «Deu muita zebra na loteca»

ZEBRÓIDE (s.m.) – V. ZEBRA (1)

ZEBU (s.m.)

   1) Bossu (Bombé)

   2) Femme corpulente et laide – V. BOFE (1)

ZEFERINO (s.m.) – V. BOTÃO (2)

ZERINHO (adj.)

   Se dit d'une voiture qui n'a pas encore roulé – «Comprei um Fusca zerinho»

ZERO QUILÓMETRO – V. SELADA

ZIMBÓRIO (s. m.) – V. BOLA (1)

ZINCO (s. m.)

1) V. AÇO

2) V. ARAME

ZINHA (s. f.)

Femme plutôt jeune – «Pegou uma zinha bem moreninha» – V. BRO-TINHO, GATA (1), RABO-DE-SAIA

ZOEIRA

1) (s. f.) – V. BANZÉ (1, 2) – «Fez a maior zoeira para não entrar em cana»

2) Etat hallucinatoire qui provo-que chez le drogué un comporte-ment étrange – «De zoeira, dan-çava e cantava» – V. BARATO (2)

3) V. EMBALO (2)

4) (s. m.) – V. BIRUTA

ZOIÃO (adj.) – V. ZOLHUDO

ZOLHUDO (adj.)

Qui a de grands yeux

ZOMES (OS ZOMES) – V. HOMES (OS HO-MES)

ZONA (s. f.)

Quartier d'une ville où se trouve la basse prostitution, zone – V. BOCA DO LIXO

ZONZEIRA

1) (adj.) – V. BEBUM (2)

2) (s. f.) – ESTAR DE ZONZEIRA

a) V. BEBUM (2)

b) V. ZOEIRA (2)

ZORRA (s. f.)

1) V. BANZÉ (1) – «Fizeram a maior zorra da paróquia»

2) V. ZOEIRA (2)

ZOTE (adj. et s.) – V. ZEBRA (1)

ZUEIRA (s. f.) – V. ZOEIRA

ZUMBI (adj.) – V. BARATINADO

ZUNHAR (v. tr.)

Blesser avec les ongles, égratigner, griffer

ZUNINGA (s. f.) – V. PINGA

ZUNIR (v. intr.)

S'enfuir très vite – V. AZULAR

ZUNZUM (s. m.) – V. ONDA (1)

ZUNZUNZUM (s. m.) – V. ONDA (1)

ZURA (adj. et s.) – V. PÃO-DURO

ZURACO (adj. et s. m.) – V. PÃO-DURO

ZURETA (adj.) – V. BIRUTA

ZURUNDUM (s. m.) – V. BAFAFÁ

ZURUPAR (v. tr.) – V. AFANAR

ZURZIDELA (s. f.) – V. BIABA (1)

Index

ABANDONNER, laisser tomber (femme, ami, affaire) → arriar, mijar para trás, rifar, roer a corda

(s')ABANDONNER (à quelqu'un, à une sensation) → amarrar-se, estar na de..., curtir

ABATTEMENT, déprime → fossa

ABORDER (draguer) → cantar, paquerar, dar em cima de

ACCEPTER (être d'accord) → ir nessa, topar

ACHETER À CRÉDIT → pendurar, dar pendura

ACTE SEXUEL → trepada, picirico, pisso, bombada, transa, troca de óleo, bimbada

ADDITION → dolorosa

ADMIRABLE (être ~) → desacato (ser um ~)

AFFAIRE (Bonne) → galinha morta; (~ louche) arranjo, marmelada; jogada; (question) babado, papo

AFFIRMER (sans certitude) → chutar

AGENT DE POLICE → bem-te-vi, tira, mega, meganha, milico (de la police militaire)

AGIR, parler (avec trop d'assurance) → dar bandeira

AGITER (les hanches) → rebolar

AGRESSER → atracar

AIMER → (se) amarrar, cair de quatro, se chegar, gamar, se ligar, tarar, vidrar

AIR (allure) → panca, pinta

ALLER bien avec → conjuminar

AMI → chapa, ligação, faixa

AMOUR → gama, gamação, xodó

AMOUREUX (être ~ de...) → se amarrar em, arrastar asa por, se embeiçar, estar embeiçado por, gamar, ter gama

AMPOULE (de stupéfiant) → ampola, garrafinha

ANUS → anel, argola, botão, cego, fiantã, fiofó, rabo, rosca

APÉRITIF → abrideira, birita, umas e outras

APPARAÎTRE (soudainement) → baixar, pintar

APPARTEMENT → apê, apeteo, mocó

APPÉTISSANTE (d'une femme) → comível

ARGENT → abono, abre-caminho, algum, arame, bagatela, bagalhoça, bagarote, bagulhos, bicarbonato, bola, bolada, bufunfa, caraminguás, cacau, cação, cobres, capim, erva, grana, nota, mangos, mala, milho, tubos

ARME BLANCHE → aço, alfinete, ferramenta, ferro, espeto, cutuco, cortante, bicuda, faconaço, peixeira, piaba, chuço

ARRANGEMENT → arreglo, arrego

ARRÊTÉ (être ~) → ir em cana, estar na sombra, (~ sans raison): entrar de alegre, entrar de gaiato

ARRÊTE! → Corta essa!

ARRÊTER → encanar, pôr na sombra, no xilindró

ARRIVER À (âge, année) → emplacar

ASTUCES (d'un métier) → macete(s)

ATTENTION (faire ~) → (se) mancar

AUTHENTIQUE (vrai, sérieux) → barra limpa, batata, limpo, sem mosquito, sem enrosco

AUTOMOBILE → carango, pé-de-borracha, rodante, caranguejo

AVARE → agarrado, mão-de-vaca, muquirana, muxiba, pão-duro, unha-de-fome

AVERTISSEMENT → alô (dar um ~)

AVOCAT → advoga, falante

(s')AVOUER VAINCU → abrir as pernas, entregar a rapadura, pedir arrego, pedir o penico

BAL → arrasta-pé, bate-saco, engoma-cueca, gafieira, gafifa, gafi, sovacada

BALLE (d'arme à feu) → ameixa, azeitona, arrebite, biscoito, caramelo, pipa, pipoca

BAR (bistrot) → birosca, boca, boteco, tenda

BAS-FOND (local fréquenté par des prostituées, des drogués, des trafiquants, des marginaux) → boca, boca quente, boca do lixo, boca do luxo, boca de fumo, boca de pó, zona

BÂTARD (chien) → vira-lata

BATTU (être ~) → entrar na lenha, no pau, no sarrafo, na vara, levar uma coça, uma esfrega

BAVARDER (causer) → levar (bater) um papo, uma caixa, um blá, um plá, charlar, papear

BAVARDAGE → lero, lero-lero, plá, papo

BEAU (intelligent, agréable) → bacana, bárbaro, chu, chuchu, fofo, fofinho, tesão

BIEN (parfait) → em cima, tudo em cima, legal, nos trinques

BICYCLETTE → andadora, magrela

BIÈRE (boisson) → barriguda, birra, cerva, loira, loirinha

BOIRE un coup → dar uma bicada, um bico, uma talagada, um talho, bicar, molhar o bico, tascar uma

BONIMENTS → conversa fiada, ~ pra boi dormir, ~ mole, fofoca, onda careca, papo careca, papo furado

BORNÉ → cocoroca, devagar, devagarquase-parando, quadrado

BOUTEILLE → ampola, casco

BRAVE TYPE → barra limpa, boa gente, boa pinta, boa praça, gente fina, cara legal, ponta firme, boas pedras

BRÉSIL (le) → patropi (país tropical)

BUT (malheureux pour le gardien) → frango

CACHETTE → enruste, mocó, desova, moita

CADAVRE → presunto, apresuntado

CARESSER (en palpant) → bolinar, dar uma bolinada, amaciar, amassar

CAUSEUR (bon ~) → grande papo, bom papo, boa prosa

CÉDER → abrir as pernas, pedir arrego, pedir o penico

CERCUEIL → casaca-de-pau, pijama (paletó)-de-madeira

CHAUSSURE(S) → calcante, andante, canoa, pisante, pneu

CHEF (patron) → babalaô, bacana, cherife, manda-chuva, cacique

CHIEN → ferreiro, ladrante, tanoeiro

CHOSE (truc, machin) → treco, trem, troço, negócio

CHOSE (de peu de valeur) → micharia, ficha, fichinha, bagulho, troço, treco

CIGARETTE (cigare, mégot) → arrebenta-peito, estoura-peito, quebra-peito, arromba-peito, bituca, beata, beatriz, baseado, bagulho, crivo, fininho (V. mari-

juana), espanta-mosquito, mata-rato, guimba

CIMETIÈRE → barro, chácara-do-padre, ~ do-vigário, dormitório, cidade-dos-pés-juntos

COCAÏNE → açúcar, alegria, batizada, branca-de-neve, cartinha, cheiro, contrato, cristalina, cristal, fubá, pó, pó-maldito

COCCINELLE (voiture Volkswagen) → fusca, fusqueta, fusquinha, fuscão (VW 1500 ou 1600)

COCU → corno, corneta, cornudo, chifrudo, enfeitado, galheiro

COMMISSAIRE de police → bacana, cacique, comissa, crivo, delega, direta

COMMISSARIAT → estado-maior

COMPAGNON, ami → faixa, liga, ligação, chapa

COMPLIQUÉ → enrolado

COMPRENDRE → morar, manjar, sacar

(NE PAS) COMPRENDRE → boiar, flutuar, ficar por fora

COMBINE → grupo, arranjo, mutreta, trambique

COMMÉRAGES → fofoca, fuxico

COMPLICE → cumpincha, cupincha, compadre, esparro, roupa

COMPLIQUER → engrossar, entrar areia, dar bode

COMPRIMÉ (stupéfiant) → bolinha

CONCUBINAGE → (vivre en ~) – ajuntar, juntar os trapos, os panos, os cacos, as escovas de dente, os trens, se arranjar, baralhar as cobertas, ter cacho

CONCUBINE (maîtresse) → arranjo, encosto, cacho, galho, cobertor-de-orelha, barbiana, guria

CONDUCTEUR (mauvais ~, chauffard) → barbeiro, fominha

CONDUITE (ridicule) → papelão

CONFUSION (désordre) → angu, angu-de-caroço, banzé, bode, baixaria, bate-fundo, confa, fuzué, forrobodó, forró-de-cuia, pampeiro, quebra-pau, trambique, zona, zorra

CONNAISSEUR → craque, cobra

CONNAÎTRE → manjar

CONTREBANDE → bagulho, muamba

CONTRÔLE (des marchandises) → rapa

CONVERSATION (légère) → conversa fiada, papo furado, papo jogado fora, chacrinha, conversa-mole, conversa para boi dormir

COPULER → afogar o ganso, bimbar, dar uma bimbada, dar uma, dar uma de leve, rapidinha, meter, piciricar, foder, transar, trepar, tirar o atraso, trocar o óleo, tascar, tascar o ferro, comer

COUP (violent) → porrada

COURANT (être au ~) → estar por dentro, na jogada, no lance, morar, manjar

CURIEUX → xereta

CYNIQUE → cara-dura, cara-de-pau

D'ACCORD – (Entendu. Tout va bien) → Falou, bicho! – Falou e disse.- Tá. – Tá na base. – Tá no ré. – Tá limpo

DANGEREUX (difficile) → ser fogo

DANSER → amassar o barro, balançar o esqueleto, saçaricar

DÉBAUCHE ORGIAQUE (partouse) → suruba, surubada, embalo, festa de embalo

(SE) DÉBROUILLER → se virar

DÈCHE (Etre dans la~) (sans argent) → estar duro, na lona, na mão, na tanga, matando cachorro a grito, sem nenhum

DÉCHOIR, échouer → cair do burro, do cavalo, do galho

DÉCONCERTANT (difficile à supporter) → de morte

DÉFAILLANCE, crise de nerfs → chilique, troço

DÉFAITE (sport) → banho, lavada

DÉFI → parada

DÉLATER → alcagoetar, buzinar, dedurar, dar o serviço

DÉLATEUR → alcagoete, dedo-duro, cagoete, boca-de-bagra, boca-de-litro, boca-de-trombone, ganso

DÉLATION → alcagoetagem, deduragem

DÉLINQUANT (mineur) → pivete, trombadinha

DÉMODÉ (de mauvais goût) → cafona, careta, por fora

DENT → mastigador, mastigante

DENTIER → cremilda, mobília

DÉPIT (jalousie) → cabeça-inchada, dor-de-cornos, dor-de-cotovelo, cachorra

DÉPOSER en cachette →- (drogue, contrebande) → desovar

DÉPRESSION → farol baixo, luz baixa, fossa

DÉSAXÉ → de cuca fundida, lelé, lelé da cuca, pirado, xarope

DESCENTE de police (perquisition) → batida, blitz, caçada, geral, rapa

DÉSIR (sexuel) → tesão, gamação

DÉSORIENTÉ → desbaratinado

DÉTENU → passarinho, pensionista

DÉVOUÉ → caxias, crente, cdf (cu-de-ferro)

DICTIONNAIRE → pai-dos-burros

DIFFICULTÉ → abacaxi, areia, encrenca, galho, grilo – Não é bolinho (= C'est difficile)

(FAIRE LE) DIFFICILE → fazer cu doce, fazer frescura, estar com frescura

DIMINUER → desmilingüir, michar

DIRE des sottises → dizer (falar) abobrinhas

DISPUTE, altercation → bate-boca, arranca-rabo, bate-língua, bafafá, tempo quente, pega-pra-capar

DISTRAIT (Etre ~) → estar fora do ar, ser (estar) desligado, bobear, dar uma bobeada

DOIGT → gadacho, gadanho

(SE) DONNER À FOND → botar pra quebrar

DORMIR (sous l'effet de la boisson) → morgar
(Faire la sieste) → pegar (puxar, tirar) uma palha, tirar uma pestana

DOUBLER (en faisant des zigzags) → costurar

DOUCEMENT → de leve, de mansinho

(EN) DOUCEUR (sans bruit) → de fininho, na moita

DROGUÉ (halluciné par la drogue) → aplicadão, alto, a vontade, baratinado, doidão, dopado, embalado, injetado, pirado, zumbi, viajando, de zoeira, xarope

DRÔLE (personne, chose) → sarro, barato

EAU-DE-VIE → cachaça, pinga, aço, água-bruta, água-de-briga, água-que-passarinho-não-bebe, aquela-que-matou-o-guarda, aninha, ardosa, bandida, boa, branquinha, cambraia, cana, caninha, catuta, dona branca, jeribita, marafo, mata-bicho, malvada, mel, parati, samba, suor-de-alambique, umas e outras

ÉCHAPPER À UNE SITUATION DIFFICILE, À UN ENGAGEMENT → tirar o cu da seringa

ÉCHEC (à l'examen) → bomba

ÉCHOUER → dançar, entrar pelo cano, entrar bem, entrar areia (em), (se) estrepar, (se) estrumbicar, dar zebra, ir pro brejo (a vaca), ir pras picas, ir pras cucuias, dar com os burros na água, dar crepe, (se) foder

EFFORT (faire un gros ~ mental) → fundir a cuca

EFFRONTÉ → cara-dura, cara-de-pau

(S')ÉLANCER → decolar, deslanchar

ÉLOGES (faire des ~) → confete (jogar ~)

EMBÊTER → amolar, aporrinhar, atazanar, azucrinar, encher o saco, tomar assinatura, torrar, torrar o saco

EMPRUNT (d'argent) → facada

EMPRUNTER → dar facada, morder

(S')ENIVRER → amarrar um bode, amarrar um fogo, amarrar uma fogueira, tomar um fogo, encher a cara, encher o caneco, ficar alto, ficar de fogo, ficar de porre, tomar um porre, tomar um pifão

ENNUIS → amolação, aporrinhação, encheção (de saco), injeção

ENVIE (avoir) → a fim (estar)

ÉPATANT → bacana

ÉPOUSE → costela, cobertor de orelha, cara-metade, patroa

ESCROC → vigarista

ET CETERA → (e) os cambaus

ÉTRANGE (original) → figura, figurinha

ÉTRANGER → galego, gringo

ÉVIDENT (être) → estar na cara

EXCELLENT (dans tel ou tel point) → bamba, bárbaro, cobra, lenha, quente, tártaro, o bom

EXCENTRIQUE → boko-moko

EXPÉDIENT (douteux) → viração

EXTORQUER → achacar

EXTORSION → achaque

FACILE (être ~ à obtenir) → barbada, canja, mole, sopa

FACILEMENT → (de) gagosa, (no) mole

FACILITÉS (faire des ~) → (dar) colher-de-chá, colherzinha, uma força (forcinha)

FAIRE DES SIENNES → chibar, esborniar, deitar e rolar, lavar a égua, pintar e bordar, pintar o sete, pintar

FAIRE LE... (jouer à...) → dar uma de..., bancar, pôr banca de...

FAMEUX → badalado, do balacobaco, do cacete, do caralho, porreta

FATIGUE (donner des signes de ~) → abrir o bico

FATIGUÉ (être) → (estar) no prego

FAUX (falsifié) → (de) araque, fajuto, fajutado, frio, micho

FEMME → rabo-de-saia, zinha; plutôt jeune: brotinho, cabrita, cabrocha, gata, mina; de 30 ans ou plus: balzaquiana, balzaca, balzaque, balzaquia, coroa; belle: avião, chuchu, pancadão, peixão, uva; laide: anta, bagaço, bagulho, bofe, bonde, bruaca, brucutu, bucho, briga-de-foice, canhão, couro, estrupício; riche et de mauvais goût: dondoca

FESSES → alcatra, bateria, bunda, bumbum, culatra, fiantã, fiantão, fiofó, fiofiz, garupa, loló, lordo, panaro, pandeiro, popó, rabo, rabeira, porta-malas, holofotes

FÊTE (où l'on boit et mange librement) → boca livre

FINI (c'est ~!, perdu!) → Babau! (c'est ~!, terminé!) → Fim de papo!

FLATTER → badalar, engrossar, puxar o saco

FLATTERIE → badalação, engrossamento, puxação

FLATTEUR → badalador, engrossador, puxa-saco

FOU → aloprado, biruta, pirado, tantã

FRAPPER → arriar o pau, descer o pau (o cajado, o sarrafo), dar uma coça, dar conselho, fazer um carinhozinho

GAGNER (de l'argent, faire des affaires) → faturar

GAGNER (au jeu) → lavar a égua

GARDIEN (de prison) → alardio

GÂTER (choyer) → paparicar

GAVER (se ~ de drogue) → chapar-se

GIFLE → bolacha

GONFLÉ (moteur) → envenenado

GOSSE → bacuri

GRATUITEMENT → de beiço, no beiço, de meia cara

GROUPE (d'amis, de joueurs, de délinquants, de drogués...) → batota, confraria, curriola, patota, patotinha, ser da política (faire partie des drogués)

GUET (faire le ~) → campanar, campanar a barra, campanear, acampanar, cozinhar, manjar, urubusservar

GUEULE DE BOIS → ressaca

HABILLÉ (bien ~) → almofadinha, encadernado, na estica, no trinque

HABITS → aduana, duana, beca, becado, encadernação

HÉROÏNE → cheiro

HÉSITER (manquer une occasion) → bobear

HOMME (de petite taille) → amostra-grátis, caga-baixinho, catatau, caticó, cheira-peido, tampinha; (de peu d'importance) → joão-ninguém, fichinha, café-pequeno

HYMEN → cabaço, cadeado, casca de limão, selo

IDÉES (se faire des ~) → minhocar

IMAGINER (échafauder) → bolar, cranear

IMPORTUN (gênant) → chato, cricri

IMPORTUNER → alugar, amolar, aporrinhar, azucrinar, chatear, dar no saco, encher, encher o saco

IMPUISSANT (sexuel) → arriado, broxa; être impuissant → broxar, broxear, bater pinos, dar para trás, negar fogo

INCOMPÉTENT (bon à rien) → bolha, bolha-d'água

INDIVIDU (en général) → cabra, cara, pinta

INDOLENT (mou, paresseux) → banana, bunda-mole, borocoxô, cagão

INFIDÈLE (mari, femme) → pulador de cerca, que dá seus pulinhos

INGÉNU (crédule, qui se laisse tromper) → anastácio, arara, aru, babaca, babaquara, baiacu, biriba, capiau, curiboca, migué, miguel, minhoca, minhoca fresca, marruá, mocorongo, otário, palhaço, panaca, pato, tatu, trouxa

INNOCENTER → livrar a cara

INSIGNIFIANT (chose) → café-pequeno, chinfrim, micho, mixuruca

INTELLIGENT → bamba, crâneo, quente; peu intelligent → anta, mula, tapado, toupeira

INTENSIF (beaucoup, très, en excès) → apelido (é ~), aquela, aquele + subst., baita, barbaridade, à bessa, pra burro, pra cachorro, pra cacete, pra caralho, pra chuchu (xuxu), pra diabo, paca, mato (ser ~), o máximo, o fim, uma pá, pai-d'égua

INTÉRESSÉ (~ à) → ligado

INTERROGATOIRE (poussé) → prensa

INTOXICATION (par la drogue) → baratino, barato

IRRESPONSABLE → biruta, porra-louca

IRRITÉ → afinado, arara, bronqueado, emputecido, fula, tiririca, uma vara

IVRE → alto, bebum, bebunzado, bêbado, borrachão, cachaça, cachaceiro, caixa-d'água, chumbado, chupa-rolha, chutado, esponja, gambá, de fogo, de pileque, de porre, na água, mamado, pau-d'água, porrado, tonto, tomado, torrado, xambregado

IVRESSE (état d'~) → beba, bebedice, bebunzada, borracheira, bruega, cachaceira, camunheca, cardina, carraspana, chuva, ganso, gata, pifão, pileque, porco, porre, prego, pua, rasca, rosca, tiorga, trabuzana, tronco, truaca, vinhaça, vinho, zangurriana, zangurrina

JETER → tacar

JOUER À... (imiter, se faire passer pour) → dar uma de, bancar, pôr banca de, tirar uma onda de

JOUIR DE... → curtir, transar; (jouir sexuellement) → gozar

LÂCHE → alcides, aleijado, borra-botas, cagão

LÂCHETÉ → cagaço

LAISSE TOMBER! → deixa para lá!

LETTRE DE CHANGE → papagaio

MACHINATION → xaveco

MAIN → gadanho, gadunha, raqueta

MAISON DE TOLÉRANCE → açougue, conventilho, curro, putedo, puteiro, casa das primas, randevu

MAISON DE JEU → cumbuca

MALADE (être ~) → estar batendo pino, estar bichado

MALCHANCE → cafinfa, nhaca, peso, uruca, urucubaca

MANGER → bater, boiar, castigar, rangar

MANQUER (une occasion) → dormir de botina, dormir no ponto; (à un rendez-vous) → dar o cano, dar (o) bolo

MARCHANDISE (à très bas prix) → galinha morta

MARCHER BIEN (être possible) → dar pé

MARI → editor responsável, encosto

MARIÉ (personne) → bilhete corrido, papel queimado

MARIER (se ~) → (se) amarrar

MARIJUANA → alfafa, aliamba, diamba, liamba, riamba, bang, bengue, birra, capim, canjinha, chincha, cabeça-de-negro, congo, gongo, coisa, coisa boa, coisinha, da-boa, erva, fumo, fumo-de-angola, fuminho, graveto, mato, pango, manga-rosa, soruma, tabaco; (impure) → batizada

MASTURBATION → bronha, punheta

MASTURBER (se ~) → descascar o palmito

MAUVAIS (minable) → escroto

MÉCONTENTEMENT (Interjection exprimant le ~, l'impatience) → cacete!, caralho!, pô!, porra!, pombas!

MÉDIRE → meter o pau, pixar

MÉFIANT → escabreado, cabreiro

MENOTTES → abotoaduras, argolas

MENSTRUES → boi, paquete

MODE (de déroulement d'une action) → na base de…

MOI → o papai (aqui), o degas

MONSIEUR (familier, au vocatif: M'sieu; mon ami) → précédé ou non de ó: amizade, nossa amizade, chefia, coiso, ilustre, ligação, meu liga, meu

MONTRE (horloge) → bobo, bobo alegre (réveille-matin), sonante

MOQUER (se ~) → tirar um sarro, tirar um pêlo

MOURIR → alimentar tapuru, apagar (se), abotoar, abotoar o paletó, apitar (na curva), bater as botas, bater a canastra, bater a caçoleta, bater a pacuera, bater o pacau, bater com o rabo (a cola) na cerca, bater o trinta e um, bater com as dez, dar com o rabo na cerca, dar o couro às varas, comer capim pela raiz, capotar, cufar, embarcar, empacotar, esticar, esticar (espichar) as canelas (os cambitos), fechar o paletó, ir pra cucuia, ir pro beleléu, michar, pifar

MULÂTRE → café com leite, lusco-fusco

MULÂTRESSE → roxa, roxinha, lusco fusco

NÈGRE → azul, blecaute, lustroso, tição, tisio, pau-de-fumo, urubu

NOURRITURE → gororoba, grude, mastigo, ragu, rango

OBTENIR (quelque chose de façon non conventionnelle) → descolar; (gratuitement) → filar, serrar

OEIL → V. YEUX

PANNE (tomber en ~) → pifar

PAPIERS (d'identité) → babilaques, babi

PARESSEUX → come-dorme, encostado, folgado

PARLER (devant la police, avouer) → abrir o bico, abrir o jogo, bater (dar) com a língua nos dentes

PARLER, ÉCRIRE BEAUCOUP (sans aller à l'essentiel) → encher linguiça

PARTAGER → rachar

PARTICIPER (à une affaire) → entrar nessa

PARTIR (se retirer) → abrir o arco, (se) aguçar, arrepiar, azular, bater asas, bater a rica (linda) plumagem, bater os tocos, desinfetar, dar de pinote, dar o pira (o pirandelo), dar o fora, dar no pé, (se)

espiantar, ir chegando, ir nessa, levantar (acampamento, vôo), (se) mandar, puxar, puxar (o carro), (se) picar, picar a mula, pôr sebo nas canelas, sair à francesa

PASSION (amoureuse) → gama, gamação, vidração

PASSIONNÉ → gamado, grilado, tarado, vidrado

PÉDÉRASTE → bicha, bicha-louca, bicharoca, boneca, boy, fresco, fruta, desmunhecado, galináceo, perobo, veado; (~ actif et passif) → gilete, gilo, que corta dos dois lados

PÉNIS → cacete, caralho, pau, passarinho, peru, pica, pinto, pistola, piroca, pirulito, rola

PERDRE TOUTE RETENUE → desbundar, botar para quebrar, rasgar a fantasia

PERDRE AU JEU → sair xavier, ficar embalsamado

PERDU (paumé) → baratinado, biruta, borocoxô, banana, enxaropado, estrepado, empada, fodido, goiaba, mocorongo, matusca, matusquela, pancada

PEUPLE (petit ~) → zé-povinho

PEUR → cagaço

POLICE → dolorosa, justa, dona Justa, dona Justina, dona Laura, dona Maria, os home(s), raça (police militaire)

PORTE-BONHEUR (personne qui ~) → pé-quente

PORTE-MALHEUR (personne qui ~) → pé-frio

PORTEFEUILLE → coringa

PORTER MALHEUR → secar

PORTUGAIS → cotruca, cotruco, portuga

POSSIBLE (est-ce ~?) → Será o Benedito? será o Benê?

POULE → penosa

POURSUIVRE → dar em cima

PRENDRE SON TEMPS → ensebar, enrolar, fazer cera

PRISON → cana, canil, casa-do-cão, casa-de-pedras, convento, galera, tabique, tanque, xilim, xilindró

PROBLÈME → V. DIFFICULTÉ

PROMENER (se ~) → bater pernas, dar uma(s) banda(s), dar um giro, dar um rolé

PROSTITUÉE → andorinha, ave, bagageira, bagaxa, bandida, barca, bisca, biscaia, biscate, biscateira, cadela, carro-novo, couro, cuia, dama, égua, frete, fubana, lacraia, libélula, mariposa, michê, michela, moça, mina, mulher-dama, mulher-da-rua, mulher-da-vida, mulher-da-zona, mulher-de-viração, mulher-do-fado, mulher-do-fandango, mulher-do-mundo, paloma, piranha, perua, quenga, reboque, solteira, vadia, vaca, vaqueta

PROSTITUTION (quartier) → boca do lixo, zona; (pratique de la ~) → trambique, vida, viração

PROTÉGÉ → cupincha, cumpincha, calçado, peixinho

PROTESTATION → bronca, estrilo, esporro

PROVOQUER DES INCIDENTS → aprontar

PROXÉNÈTE → (masc.): cáften, cafetão, cafeta, cafifa, cafiola, encosto; (fém.): caftina, celestina, madama, madame, madre Celestina

PUISSANT (sexuellement) → dar no couro

QUANTITÉ (une grande ~) → uma pá (porrada) de...

RAILLER (se moquer) → gozar

RÉCLAMER (se plaindre) → abrir o bué, bufar, chiar, estrilar

RELATIONS (de toutes sortes) → transa

RENSEIGNEMENT → dica, bizu

RÉPRIMANDE (protestation, mécontentement) → bronca, bronquite, carraspana, chamada às falas, ensaboada, escrache, escracho, escrachada, esculacho, esculhambação, esparramo, espinafrada, esporro, ronca, sabão, sabonete

RÉSISTER (tenir bon) → agüentar a mão, agüentar o apito (o galho, o rojão, a marimba, as pontas, a parada, o repuxo, o tranco), (se) agüentar, segurar o apito (o foguete)

RÉSOUDRE (une difficulté, dépanner) → quebrar o galho

RÉUSSIR (avoir un grand succès, briller) → abafar, abafar a banca, botar pra quebrar, estraçalhar, ser uma bomba, ser um estouro, estourar

RÉVÉLER (se ~; manifester un aspect inconnu de sa personnalité) → desbundar, botar (pôr) as manguinhas de fora

REVOLVER → berro, berrador, berrante, bufador, bufante, bufoso, draga, máquina, pau-de-fogo, trabuco

RICHE → abonado, armado, arranjado, calçado, cheio da nota (grana, erva etc.),

estribado, podre (de rico), sentado em cima da carne seca, tubarão

RIDICULISER (discréditer) → avacalhar, esculhambar

RIEN → bulhufas, lhufas, neca, neres, neres de neres, neres de nereidas, neres de petibiriba, nerusca, neris

SÉDUIRE (par de belles paroles) → baratinar, cantar

SERRER (la vis) → arrochar, dar um arrocho

SITUATION (circonstances pour agir) → a barra; (défavorable, délicate) → barra pesada, barra suja, boca-suja; (favorable) → barra leve, barra limpa, boca-rica

SITUATION (être dans une ~ fâcheuse) → enrascado, enrolado, enroscado, numa fria, num rolo

SOCIÉTÉ (bidon) → arapuca

SOMME D'ARGENT (importante) → bolada

SPERME → gala, mingau, porra

STUPÉFAIT (être ~) → cair duro

SUBIR (les conséquences) → pagar o pato

SUBORNER (se laisser ~) → comer bola

SUIVRE (quelqu'un) → estar na cola, ficar na cola, ir na cola

SYPHILIS → mal-americano, mal-canadense, mal-céltico, mal-da-baia-de-são-paulo, mal-de-fiume, mal-de-nápoles, mal-dos-cristãos, mal-escocês, mal-francês, mal-gálico, gálico, mal-germânico, mal-ilírico, mal-polaco, mal-turco

TAIRE (se ~) → calar o bico, fechar o bico, fazer boca de siri

TAPISSERIE (faire ~, au bal) → tomar chá-de-cadeira

TÉLÉPHONE → crioulo

TÉLÉPHONER → bater o fio, dar um fio

TÊTE → bola, coco, bestunto, cuca, moringa, telha

TIRER (se ~ mal d'une affaire, se faire avoir) → dar com os burros na água, entrar, entrar bem, entrar pelo cano, (pelos tubos, pela tubulação), entrar em pua, entrar numa fria (no pau, numa biaba, numa sola)

TIRER (des coups de feu) → cuspir ameixas

TRANQUILLE (sans problème, à l'aise) → amarrar o burro na sombra, estar por cima da carne seca, estar de beleza

TRAVAIL → batente, basquete, basquetório; petit travail supplémentaire → bico, biscate